趁着年轻，我偏要勉力强

詹青云 著

中信出版集团 | 北京

图书在版编目（CIP）数据

趁着年轻，我偏要勉强 / 詹青云著 . -- 北京：中信出版社，2022.1（2022.2 重印）
ISBN 978-7-5217-3624-3

Ⅰ.①趁… Ⅱ.①詹… Ⅲ.①詹青云－自传 Ⅳ.
①K828.5

中国版本图书馆 CIP 数据核字 (2021) 第 194561 号

趁着年轻，我偏要勉强
著者：詹青云
出版发行：中信出版集团股份有限公司
（北京市朝阳区惠新东街甲 4 号富盛大厦 2 座　邮编　100029）
承印者：北京中科印刷有限公司

开本：880mm×1230mm　1/32　　印张：10.25　　字数：220 千字
版次：2022 年 1 月第 1 版　　印次：2022 年 2 月第 3 次印刷
书号：ISBN 978-7-5217-3624-3
定价：59.00 元

版权所有·侵权必究
如有印刷、装订问题，本公司负责调换。
服务热线：400-600-8099
投稿邮箱：author@citicpub.com

目 录

一个叨叨叨的序   I

去看更大的地方——成长轨迹

单位是故乡——厂矿子弟   003
    附一   问答
    如果有孩子，会让他在哪里长大呢？

青春都一饷——县城叛逆   022

幻彩咏香江——港漂"俾心机"   035

北调杂南腔——留美影集   055

仿佛若有光——我与爸妈二三事   084

"做题家"的一点感想——考试学习

山中岁月长——厚积薄发   109

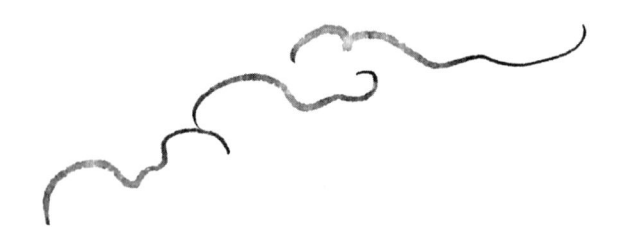

附二　辩论
　　家长什么样的教育风格更有利于孩子的成长：严格 vs 宽松

炎海变清凉——从心所欲　　　　　　　　　　125

山人无妙方——刻板学习　　　　　　　　　　138

归来对寒窗——生无所息　　　　　　　　　　154

书是永不负心郎——读书意趣

时有落花香——读书乐趣　　　　　　　　　　171

　　附三　辩论
　　人生中有"不得不读的一百本书"吗？

细雨湿流光——读书日记　　　　　　　　　　185

隔岸红尘忙——读书时光机　　　　　　　　　201

不贵的诗和远方——旅途记忆

桃源不堪访——支教困局　　　　　　　221

他强任他强——论辩有余　　　　　　　233

问就在路上——那人那地　　　　　　　266

　　附四　辩论
　　旅行的意义是否被高估了？

一川夜月光——高原青旅　　　　　　　296

后记——明日又茫茫　　　　　　　　　307
致谢　　　　　　　　　　　　　　　　310

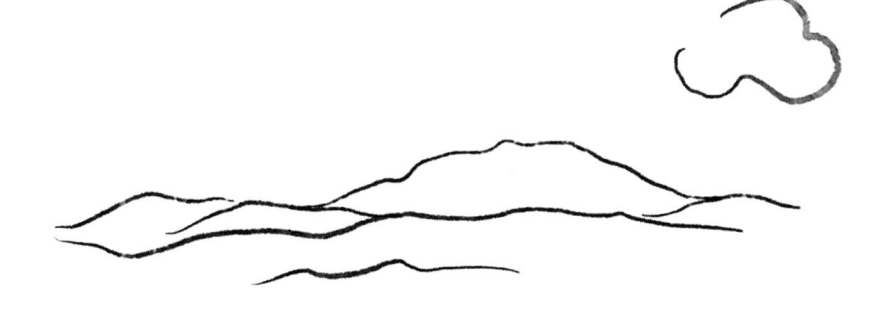

一个叨叨叨的序

我小时候也曾有过作家梦，梦见我闲居乡野，有了整天忙工作的丈夫和不爱出声的狗，一天天缓慢地写悬疑故事里的情爱，生活温暖平凡而灵魂清冷孤独。因为那时我知道且喜欢的女作家只有阿加莎与伍尔夫，能想象出的就是类似她们的那种生活，但又不像她们那样被瞩目和期待，是自己的小编辑圈子里一个神秘的存在。如果我那时候知道有一天，会有出版社编辑约我写书，且是写自己的故事与感想，要励志，要真实，我可能反而会觉得故事的美好结局来得有些简单粗暴，不符合我幻想中气质忧伤的人生台本。

我在上大学以前（竟然真是写作还用纸的时代）经历过一次次满怀希望的时刻，一边把一沓稿纸装进信封，寄给从足球杂志到散文诗的各种编辑，然后年长月久地等；一边读着好多作家年轻时候不得志、年长月久地等编辑部的信的故事。印象最深的是郁达夫，他写了太多真实的细节，灰暗的天，灰暗的楼道，仿佛我们就住在同一栋家属楼。我推开六楼的玻璃窗看天，一低头，能隐约看见他在楼梯口郁郁地抽烟。爱加戏、多臆想如我，的确十来岁就想到了，把这些漫长的等待岁月，当作坎坷作家路的一部分，有一天写进我的书的序言。

故事没能有激动人心的转折。没有人拿着我的手稿上门，来一场"倾城之恋"，也没有人在贵阳的阴雨天不说话，陪我散步，一转眼就几十年。那些投稿大多一去无回音，好像现在发的微博私信，都不知道对方是否已读。我后来读到了九岁的张爱玲写给编辑的那封有名的信，怎么说呢？"你就知道，有的事情你得不到，是有原因的。"

我最后一次拾起这个梦想，是在读中学时期，《萌芽》杂志刚开始举办新概念作文大赛，韩寒和郭敬明刚得过冠军。我没想过我也能成为作家，但我想过靠这个比赛，绕过高考，去上北大。真的无他，就是觉得这样比通过高考上北大，还要更酷一些。于是我从初二起，到高三止，每年按最大限额认认真真写四篇风格各异的文章寄过去。五年沉默地过去了。高三那年，我收到了一张"入围奖"的奖状。我爸爸是个过度提倡赏识教育的人，一个入围奖，硬要高高地挂起来。我"事无不可对人言"，一早说过不想参加高考，需要一个一等奖，他想是怕我难过，连说自己已经很骄傲了。那时候，高考已经离我很近了，我看着那张奖状，看见的不是入围奖,真就是"梦想弄人"。这奖状没来,还可以自欺,道是我们这山区小厂矿的邮局,把寄去上海的稿子寄丢了也正常,等我的文采被世界发现之日,这还是坎坷作家路的一个悲情段落。可惜这奖状来了,入围已太迟,它只告诉我,五年,不过勉强靠上了会写作文的同龄人,最外层的那个圈。

那奖状是一份迟来的清醒和自知,也是一份割舍,我非常努力了,对得起自己做过的梦了,我只是才华不够。我还是得去参加高考,但有了种别无选择也别无牵挂的坦然。如果大家在等待一点正能量,这就是我一直拥抱的人生观,怀着最大的希望,竭尽所能做任何想做的事,如果被现实冷冷地证明不行,就不再纠结、不再追悔地接受:不行的,搞不来。

而后,我看到了对金庸的采访,他说年轻人写不了武侠小说,过了三十岁,懂了生活,再去写。我想一切深刻的作品莫不如此,这个梦就被搁下,直到如今。

人贵有自知之明,我何尝不知?如果不是一场意外的走红,以及许多过度的赏识,我连海投都放弃了,又怎么可能有出版社编辑找上门来,要我写本书呢?这本书能出版,背后是由许多"人设"支撑的,我也不知道它们能不能撑住。被约写书是个我不曾想过的梦想,而那个自编自导的作家梦,可能连最外边的圈,我也靠不上了。

所以张爱玲说"出名要趁早"呢。等人长大了,不那么容易被自己或爸爸的赏识教育骗到，有的东西终于得到了，滋味却变了。

我已经站在三十岁的开头，生活，却还远远没有懂。

时代已经改变了。当年买来还没有用过的稿纸，整沓地发黄，变得又薄又脆，可见退一步看，好多东西实在不必买贵的。我那些年读过的阿加莎和伍尔夫，多已留在了家里的书柜上。日子太忙，已经不敢再读，不敢轻易地着迷或悲伤。我是一个竭力抗拒时代改变的人，却在这个时代赢得了它的一种力量：小，但可以一用的名气，俗称流量。

我在最初得到这样机会的时候，野心很大。我不愿只做贩卖这一点点名气的蹭热点的作家，而想写真正有内容的作品，可以在时间中存留，可以在"粉丝"以外流传。

我也蹭上了另一种热点，以平凡的出身与天赋，上名校，上综艺，那么高调地谈理想主义，赶上了每个个体都在发出声音、寻找可能的时代里这咬牙奋斗的一股气。御气而行，不平则鸣。这些日子里有许多出版社编辑约我写女性励志、个人成长的故事和学习方法方面的书，每次我都会问："我想出一本英美法系方面偏学术的书，你们考虑吗？"最后都被婉言谢绝。

我是什么时候看清楚了自己的角色，"走到了人群中她应该在的位置"呢？大概是偶然读到了朱庆育老师关于小产权房的一篇文章。小产权房是我念政治学博士那两年研究的主题。那两年里，所有的阅读、讨论、走访、调查，都是为了理解这四个字。可我写不出那样清晰、生动，把小产权房说了个明白的文章。

我其实常常看网上批评我观点的文章，也就是看别人怎么骂我。这需要一些勇气、一些冷静下来的时间的。可最后，除了那些为了批评而批评的批评，我常常可以诚实地承认，许多批评是有道理的，世间多的是比我懂、比我专业的人。越辩论到后面，我越很难坚定地、掷地有声地慷慨陈词，因为对很多事都不能再像读书的时候那样简单地去说，觉得自己为道义代言。我有时候在想，世界上所有的领域和知识点，除去自我经历和主观感想这些独属于自己的东西，有没有什么是我敢自视权威、不惧挑战的呢？没有，一个都没有。

在读文科博士以前，我听过一个差点使我放弃读博的讲座。一位历史系教授说，在我们这个年代，要想在学术界生存，可以被人称一声"专家"，靠什么呢？靠不断缩小自己的研究范围。在知识的总量也小、知识分子也少的时代，历史学家可以做通史研究，看中外，通古今。如今不行，懂历史的人那么多，你靠什么挣得自己的位置呢？做朝代史研究，只研究清朝，还是太大了，最好是只研究嘉庆一朝；可嘉庆一朝纷繁复杂，各门各类，各有专才，那你最好只做嘉庆一朝的服装研究；甚至服装这个题目也太大，最好只做嘉庆朝服装上扣子的变化，则在学术界可有一席之地。后来我读到郑渊洁的一篇短文，虚写了一个人怎么靠研究《红楼梦》里的绣花鞋，成了红学家里的流量红学家，有些可笑，

v

但更有些"还真就是这么回事""还真不一定能想到绣花鞋"的淡淡忧伤。

这故事大约只是玩笑话，可使我一阵清醒，知道我并没有自己的"扣子"。我还远远没有在知识圈或职业圈里拥有一席之地，敢写一本学术著作且觉得自己够格，同时心里没有等着被骂的忐忑。

我有的，还真就是在这时代洪流里，蹭上的一点热度，是平凡如我，在我的人生起点仿佛踩上了青云的机遇和运气，所以敢真诚地高谈理想主义，给予一些人鼓励。是的，此刻我还只能写自己，如果我的故事和我的态度鼓励了一些人，那这本书只是写给他们。

我不喜欢被称呼为"学霸"，因为既不觉得我真称得上这两个字，也不觉得这两个字可以概括我。走到更大的世界里去的过程，就是不断见识同龄人可以有多优秀的过程。过一段日子，就可以更新一次，"真学霸者，唯使君与使君尔"。我已经见过太多比我优秀的人了。可我既不感到不服，也不觉得痛苦。

人生最后是自我评价，只能自己和自己比，这是什么意思呢？就好像打麻将，人人牌运不同，有的人占天和，有的人抓起牌来就叫上了，和他们比输赢，不会开心，也无可奈何。牌技高明的人，不是把把清一色，而是无论抓起什么牌，都能尽牌所能，打出些声色来。如果起手平平，中间手气也平平，但好歹把牌叫上，不至于最后全包，一无所得，也可算对人生给过自己的这次机会说一声，"我仁至义尽了"。

我觉得自己这手牌打得还不错。抓起来一般，没有什么送上门来的暗杠，像家底、贵戚、天生的才华这类东西，但有不少陪伴我一生的好顺子，比如父母的爱、还不错的记性、纯洁美好的童年环境。后来手风也不错，有许多良师益友，许多机缘巧合。拿出眼下这手牌去跟人比，是不敢的，我也觉得没有意义，只能说，三十年，一路都用心了。

在一场辩论赛里，我兴之所至，说了一句"我偏要勉强"，这当然本是赵敏的经典台词，是那时候情绪到了，说出来的一句负气话。看到有人说把它当作了所谓的座右铭，试了试在人生中处处勉强，发现不行，怪这是一句毒鸡汤，我有些惴惴。这不是我的本意。即便是赵敏，这句话也是轻易不说出口的，它是人生困境里的自我鼓舞，是底色，而不是用在时时处处的方法论。我们最好只在不得不说"不"的时候，勉强一次。

其实人生中一定有奋斗，也有凑合；有妥协，也有这次不再妥协的决定。勉强不是永远对抗。我可以被生活本身、被他人的意见、被文化传统左右，我只是不愿被它们决定。

事实上，懒总是容易的，走大部分人走的路，做大部分人劝你做的事，总是容易的。勉强是累的，总是要自己想清楚去哪里，又该怎么去，是很累的。可是唯有如此，才不会在上路以后，一直想如果追随内心，走了另一条路会怎样。我在香港学到一句广东话，不是很文雅，但是我好喜欢："路系自己拣，仆街唔好喊。"（路是你自己选的，如果咔嚓摔地上了，也不要叫唤。）

这不是鸡汤，我们小时候说过不少打气的话，校运动会的通告，国旗下的讲话，帮班主任给同学写的期末评语，在全校大会上做的报告，一年一度的"一二·九演讲比赛"，多的是打气的话。人确实常常需要打气，"我偏要勉强"却是负气的话。越长大，越觉得打气不够用了。有的人一开始已经在山的那一边，有的山大部分人一辈子也翻不过去。气打得多了，只觉得累，只剩下那一点负气，是自己选的，是执着但清醒的，是不叫唤的。

这是这本书的主题。我的成长穿过二十世纪九十年代最后的国企单位，穿过小县城，穿过西部的省城，穿过正在寻路的香港，穿过"极左翼"会聚的美国新英格兰地区，暂时停在了经济开始衰退的日本。一路上，我总是来不及享受，就要不停接受陌生和更强大的敌人的摔打。走在这些路上，我选了自己想选，并可以接受摔倒的结局的路。

这本书是在常常熬夜加班的日子里，我断断续续写的。从动笔到现在算来已有两年了。两年又是起起落落的两年，生活发生了许多改变，有意外之喜，也有绵长的悔与痛。昨日的文字回头看时，又有许多已经不相识了。我还在不断地改变，这些文字写着过去，也写着此刻，它是人生旅途中的一份纪念和记录，关于过去，也关于此刻。

这些思索和探索，不是为了提供什么指导或答案，它们陪伴过我，还陪伴着我，它们来自这个社会截然不同的一些侧面，来寻找一些共鸣、一些碰撞。如果此书有什么特色，就是作为双子座兼职记者和辩手的我，会无法自拔地和自己对话，和自己辩论。

以前去参加节目，听说我从贵州来，渐渐就会有我爸爸是煤老板、暴发户的流言，一时流言的风向变了，又转为我出身贫寒、艰苦奋斗的人设。《奇葩说》播出过后，我有时笑看那些跟我素不相识，写起文章来却似乎跟我很熟的公众号，要么说我来自高知家庭，要么说我爸妈都是贫苦农民。我真是很好奇，为什么剧本非得如此具有戏剧性？不是的，我的爸妈既没有那么极端的人设，也不是一直不变的两个人设，他们有自己人生的起起落落，也有改善生活的奋斗。

我们都一样，起手平平的一副牌，只要牌友们常互相提醒，是可以打得很起劲的，之所以要有输赢，终究只是为了这一场欢聚，要有些气氛，打得起劲、打得开心才好。

去看更大的地方

———— 成长轨迹

单位是故乡——厂矿子弟

前几年，刚有朋友圈，微信把联系中断了好多年的朋友又拉回一个群、一个圈，我小时候的朋友们都转起了一篇文章，叫"我是厂矿的子弟"。我只大约记得是一位在厂矿长大的记者，写他的回乡见闻。那篇文章很长，不只写厂矿，也写时代、制度、人心。这些太沉重的话题，在这个注意力很难集中的时代，能真正读完的人并不多。只有我们这样突然被写中的人，突然发现自己身上有一个很有历史感的标签，一群散落四方却满是相通记忆的人，忍不住奔走相告，互相辨认。

我是厂矿的子弟。在国内香港和国外的这几年，被问起"你从哪里来"，我一直固执而艰难地解释"我来自一个单位"，有人以为我在谈上一份工作，有人以为我小时候是童工。

可事实就是这样，小时候被问起家在哪里，我们都会说"九化"，意思是贵州有机化工厂，它的前身是吉林省第一〇一化工厂。在三线建设时期，一群说着东北话的人，万里迁徙，在贵州度过半生，他们中有的是工厂领导，有的是技术工人，有的是我的小学和中学老师，有的是工厂医院的医生。至于我爸妈这代人，他们来自贵州的四面八方，或是招工，或是大学毕业分配而来，所以到我们这代，所有人的普通话和方言都说得不纯正。我小学的数学老师，给全班每个人分了一句专属的东北话歇后语评语，我的是"马尾巴穿豆腐——提不起来了"，这让我一直对豆腐有些偏见。在高中和大学的各种联欢会上，大家赞我东北口音纯正，让我得以专注主演白云大妈，想是那时候打下了基础。

同一时期，搬来贵州的，还有散落在山区的军工厂。我小时候不知此中含义，觉得那些地方来的同龄人很酷，因为他们的厂子没有名字，只有一组数字。我总在想我的一个朋友到了美国，别人问他从哪里来，他会不会回答"one seven zero"（170）？

来自化工厂的回答，总是会引发香港同胞和外国友人的一连串问题。我初次感受到了距离产生的美，自己习以为常的事，在别人看来可能有谜一样的魅力。在不断被追问的情况下，我发现自己其实对化工厂的历史知之甚少。在厂里长大这件事太自然了，它几乎覆盖了我全部的生活，而且仿佛永恒不变。

爷爷十九岁时，跟着红军"土改"，从江西走到了贵州，好像放下行李，就是往后余生。我妈妈十九岁从师范学校毕业，分配到厂子里做英语老师，一直干到退休。我三十一岁了，别说往后六十年，就是三年以后会在哪里，我自己都不知道。

这当然源于时代在改变。我们作为体验了社会主义不同阶段的几代人，又眼看着这些阶段渐渐消失。我离开家出去读书的那几年，贵州落后其他地区平均发展水平好几年以后，也终于开始了国企改制。建厂的艰辛，二十世纪八九十年代的辉煌，都随着一个时代的落幕，而渐渐不再被人提起。

我长大以后，看过好几次著名的烟花会演，在好几个迪士尼乐园，在香港维多利亚港，在日本的夏季烟火大会，和在巨人队面海的旧金山球场悼念 Prince（普林斯）的仪式上。所有这些，都比不上小时候四十还是四十五周年厂庆，在舞厅前的广场上，我和发小站在各自爸爸的身前，看过的烟火。那不仅是人生初体验的惊艳，还带着厂里人特有的一种骄傲，牵连着那个时候莫名但又很真实的集体荣誉感。

爸妈和他们的朋友们常说起，刚改革开放时，二十世纪八九十年代的工厂如何之红火。我对红火的印象，只留在了每天广播准时报时，提醒人们起床上班那阵子。轰隆隆的自行车队伍从楼下的马路上经过，跨过公路去厂区上班，一边飞骑着一边和走着、骑着的人打招呼，夹杂着东北话和贵州各地方言。后来读到"车如流水马如龙"，觉得，懂。当然，人小时候少见多怪，记忆难免是被夸大的。不过那时候工厂就是我们生活的全部，工厂的红火也会渗透我们全部的生活，很难不被感受到。那几年经济好，工资按时发，也有许多到各处去闯荡的人，周末会回到工厂的家；在夏天晚上的凉风里，一家人散步，空气中飘满火锅香，混合着旁边居民楼传出的家庭卡拉OK声、搓麻将哗啦啦的声音，以及我妈一路上不断同人打招呼聊天的亮嗓门。那时候，小孩子间清楚大人们在麻将桌上的故事，似懂非懂、故弄玄虚地传播些关于家长们和厂领导的流言。红火的时代才有这样的流言。到后来新的技术和企业要取代我们的市场的时候，流言里也只有亏损、改制和莫测的未来了。

单位是一个没有秘密的小社会。我把它称为"前微信时代的微信群式恐惧"。这是一个我一时兴起想到的名字，请大家不必细究。它的特点就像微信群一样，具有一对多和可转发的高度扩散性。我在很小的时候，认为这个信息网络完全是针对我而存在的，因为我在学校做下的傻事、老师的评语、同学的耻笑，都会通过不同的渠道，以不同的速度和版本传到我妈那里。那种感觉，可以用"防不胜防"来形容。我要到很久以后，离开家去了香港读书，正式成为我自己的故事唯一的报道者，才有一种老大哥看不到我了的解脱。那个时候，我因为感受到人情的冷淡，一个人像孤岛一样地生活，而美化并怀念过去。

我后来知道自己只是这个网络里不甚重要的一分子。在那个孩子们是同学、丈夫们是同事、妈妈们是牌友的小社会里，人们每天用八卦交换着八卦，把每个人在不同场景里的面貌拼凑到一起。是的，那个社会的眼睛无所不在，所以它看人也算公正和立体。它毕竟是前社交网络时代人们相交三五十年的一个社群，不至于像今日的网络这样无限地放大人生的某一瞬间，忽视一个人的所有过去和其他侧面。它也不像今日的许多微信群，比如家长群，人们只因为某些单一的目的而联结，所以有很明确的立场跟利益。它只是，无所不在。

回想起来，那时候大人和老师其实鼓励着孩子们的告密文化。因为圈子太小，这种告密风，还带着竞争的性质。前阵子大家热议告密事件，有人不理解"告密"两个字到底有什么原罪，我觉得这是要放在个人的经历里去理解的。那时候的告密有两种，一种是告真的"密"，也就是把小圈子的事拿到大圈子里说，典型的是在班会上互相揭发别的同学做了什么不该做的事，结果是小事被审判，成为见不得人的丑事，报复和拉帮结派之风蔓延；另一种是打小报告，比如我的同学兴高采烈地告诉我妈，我今天又怎么被老师骂了，后果是我本来可以跟父母坦承错误变成有关学校的羞耻感和恐惧感，而那位同学得到了幸灾乐祸的快感。后一种的问题不在告密，而在密告，既不当众，也不当着当事人，私底下报告、揭发，不给人验证或反驳的机会，它的后果，是无忧和简单的童年的消逝。

反过来，因为关系的无所不在，单位里人们的一举一动，也都满溢着人情。我相信这人情，大部分是真实的，因为一个厂不只是今天的一个企业，人们不只是同事。它是一个关联着人生荣誉感的集体，人们是集体的一分子。人和人之间，在工作关系之外，还因为种种生活琐事，累积着难以算清的人情。比如我爸和我妈当年谈恋爱，我妈脾气火暴，吵架之后直接拎包出走，去了外县，是厂里领导把她劝回来的，这就是我爸在工作以外又欠下的人情了。而因为单位的组成很少有剧烈改变，类似这样的人情不断积累，每次我妈要我回家给谁谁带点礼物，总能把二十年里的旧事又捋上一遍。

这关系的错综复杂也成为一种约束力量（比如我的老师今天骂了我，隔天可能她先生要去厂医院看病，而医生的太太却是我爸的下属。又如我妈愤愤不平找骂我的老师吵架，后来却发现老师的另一个学生，正是我爸领导的司机）。联系无处不在，因此人们都会尽量给面子。而又因为人和人之间的联系是方方面面的，所以上下级关系就不那么分明。比如我爸的顶头上司的儿子可能正是我妈的学生，彼此之间，都会给面子。

被问起如何形容那个社会，我总会说它单纯，不知是否只是因为童年的眼光和记忆单纯。我们的工厂其实是一个天南地北的组合。老一辈是从吉林一起南来的同事家人，中年一代是被国家分配到此的贵州各地青年，小孩子们则是生长在这工厂的子弟。贫富差距很小，课外辅导班既少，升学的选择则全无，我们从小便知道无论成绩如何，都会在厂里读子弟幼儿园、子弟小学、子弟初中和子弟高中，再后来的事，还来不及去想。一方面，大部分人关注的目光很少越过周边几个厂，出厂去打拼有如下南洋那样前途难测，而外面的世界，除了变动的政策，很少影响到我们日复一日的平凡生活。

而另一方面，因为一个厂决定了生活的方方面面，下班以后人没有办法到他处，没有办法从工厂本身的体系和关系里逃脱。我们有另一种单纯，就是人很难活得多面，活得跨圈。迪斯科高手、篮球健将也有，可他们的小圈子依然是工厂大圈子的一部分。我们那时候还没有听说过"拼爹"这个词，因为家长的身份、地位不会改变我们的出身，大家都是厂矿的子弟，最多只和别的厂矿比高低。"拼爹"不会改变我们成长的环境，因为并没有别的环境可以选，但它影响每个人在这环境里的处境。我从我爸下海闯荡到回厂复职，生活陡然的变化里，学到了人生最初的人情世故。

单位的生活区，不只有家属楼，还提供生活所需的一切公共设施。因为这些设施都不会重复建设，所以它们都没有名字，说去公园当然就是去那个唯一的公园，约游泳就知道是在那个唯一的泳池见。开碰碰车，踢足球，看电影，去买菜，莫不如此。有两处平凡生活里重要的娱乐设施，也是全厂只此一家，一处是一栋很大的二层建筑，叫俱乐部，一层的前一半是舞厅，后一半是电影院，至于二层是什么，一直是个谜，总之是小孩子们不能去的地方。我们的电影院常年垄断生意却不谋取暴利，整个二十世纪九十年代都在告别李小龙，依然场场满座。舞厅更加红火，整晚闪烁着我眼中梦幻迷离的彩灯，声震四方地传出迪斯科音乐。只是在没有活动的白天，这两个地方都隐秘安静，电影院据说是"幽会院"，舞厅则神秘地空旷着。

某天我和班上男生在广场踢足球，那是舅舅送我的生日礼物，坐我后面那胖子用力过猛，球从广场飞上了台阶，直飞进了舞厅。我们扒着门，忐忑地去要球，很快就被一个大叔粗暴地赶出来了。我是一个相当安之若素的人，回到家也只是跟我爸报告，而不是抱怨。我爸说："走，我们去要回来。"那一刻虽然他"爸爸力"满格，却并没能给我注入什么信心。其实我们很小就知道，在单位之内，小孩子间的相处，都带着家长身份的影子。两拨人起了冲突彼此威胁，通常会说"你敢惹他，他妈妈是医院的""他奶奶是老师，不怕你就骂吧"。像我妈，是我们子弟高中一位著名的铁面无私、性格火暴的老师，手下又有一大批高中大哥给我撑腰，说出来便十分好用。至于我爸，从我很小起就离开了工厂，被外派办分厂，又去了私企打工，在单位里一时被赏识，一时和领导起冲突，起起落落，我对他有多少能量也把握不准。但回到舞厅，就在那个大叔的脸上，我看到了一种可以用谄媚来形容的笑容。我爸说："小孩子顽皮……"大叔说："哟，小女孩踢足球这么厉害，我还在想是谁的足球……"我说："你刚才怎么说没有球……"

我们拿着球回家，我问我爸为什么大叔态度变了（那时候还不知道有个词叫"看人下菜"），我爸说："他给我面子，像你，就是不给人面子。"

单位另一处重要所在是大商店。那是一个说起来很有年代感的存在，在我家对面开起第一家私营小卖部合作社以前，大商店几乎垄断着厂里所有生活用品、文具杂货。商店里的阿姨因为并不急于卖掉任何东西，常年都近于把自己而非顾客当作上帝。这一次，轮到我的新篮球没气了。我爸说："走，我们去大商店打气。"我人穷志短，问："为了一个篮球，难道我们要买一杆气枪（打气筒）吗？"我爸说："不用，我们去借大商店里的气枪打一打，就不用买了。"我和我爸关系很好，加上人善良，没忍心翻他白眼。大商店里售货的阿姨，是你去买钢笔想蘸水试试，都会被冷冷问"到底买不买"，想见人逛逛商店，都会两眼精光一闪问"是只看还是能买"的厉害人物，怎么可能借气枪给我们呢？而且我想起来一件事，有次过年，我朝大商店里扔了一粒摔炮（就是用力往地上一摔就能炸的那种五毛钱一粒的鞭炮）。由于用力不足，并没有炸响，而我则因过度紧张在撤退途中有如碰瓷般撞上了一辆摩托。在可能负伤的情况下，我脑海里首先出现的念头，仍是这下要被那些售货阿姨逮到了。我在对她们记仇的恐惧和对她们冷漠的麻木里跟着我爸去了，结局是，四个阿姨放着本来也没有的生意不做，争相帮我们打气，我爸是"詹经理",我也从东北话的"这小孩"和贵阳话的"小娃儿"变成了"詹千金"。

我不知我爸是否因为发现我在人情世故这方面的发展十分滞后,有意给我一点暗黑教育。在回家的路上,他给我讲了一个如此朴素而重要的道理,"因为商店现在划到了我的公司管,谁影响别人的钱包,别人就会为谁服务"。这个道理,我现在做了乙方,终于懂得透透的。

所以,大概没有什么环境是全然单纯的,只是大家费心思的用力点不同。我今天生活在陌生的大城市,倒时常觉得生活很单纯。所谓的歧视和冲突,可以大到阶级之间、种族和文化之间,个人则因为活得很疏离,生活氛围稀薄,人情上束缚不多,束缚多是钱上的。我理解的是,一个人在任何环境里,有越多选择就越容易活得自在,从买菜、买服务、找工作,到找自己的小圈子,都是如此。唯一的乡愁,就是在这个疏离的城市里,再想找所有人关心所有人生活的全部那样的小集体,已经找不到了。无论是在单位、社团、球迷会还是书友会,我们都只带着自己的一个侧面参与其中。人更自由了,也更明白自己没有那么重要了。诚实地说,那种看着你的眼睛无处不在的感觉,是让小孩子忐忑的,但也是让人怀念的。

同样地,我们痛恨,但也享受"特权"。权力这种东西,大概是很容易腐蚀小孩子的,我经不住几次那样的优待,一定忍不住常常去大商店亮亮身份。只是改制以前，改革就常有，各个部分和分公司分来划去，我爸也不是一直能影响别人的钱包。集体里的中层干部们一般服从组织的安排，能自己把握的事情不多。幸亏我人情世故反应迟钝，对这些起伏没有什么感觉，心态一直稳定。我爸"出走"了几年，我既感觉不到空气中的好奇和隔阂，也感受不到后来老师们的偏袒与照顾。我还一直以为，一切都是我应得的。唯一的意外，是我小学读到后面，做了升旗手，有一年的"六一"，升旗的时候我太过投入，用力过猛，把红旗卡在了旗杆顶上。几个校领导的愤怒指数从一到五，都很生气。但我"多才多艺"的爹，从消防队借到了吊车，把红旗取下来了。后来，升旗的钢丝断了，校领导拜托了我的班主任，请我爸再去借一次吊车。我后来感觉到他们对我的态度有所改变，不知是否因为发现了我也是"有用"之才。再后来，我爸说他要请消防队的人吃饭，我就懂了，这是为了感谢对方给的面子。

这种有面子好办事的好日子，并没有过多久。在这个联系无处不在的小社会，人不是独立的个体。父母在企业里是干部，就会被用"干部的孩子"的标准来要求，看能不能用好成绩给父母挣面子。某更高层领导的儿子，某年考上了清华，大家就觉得这才是个配得上的儿子。我就不是很给力了，虽然我很小的时候也因为能滔滔不绝地讲《三国演义》《水浒传》，一度有过"天才儿童"的美名，上学前班第一天，所有人自报姓名，我以"我姓詹名青云，字某某，号某某"的"三国演义"式套路介绍了自己。结果我学习不开窍，考试拖低全班平均分，老师得出的结论是这个孩子"又怪又笨"。从数学老师当众说我是"笨猪"的阴影里走出来，又花上许多时日。

我初中离开了工厂子弟学校，去了县城读书，撞上了一种截然不同的生活方式，回看单位里的童年，夹杂着单纯的无聊和单纯的美好。童年结束的时候，我没想到有一天单位也会消失不见。正是离开家的那几年，开始了改制。国企改制这个话题，后来被我许多次用在了写大学论文、考研究生和实习的面试中。香港的教授对这个话题兴趣浓厚且似乎所知不多，这样的话题最容易选题成功，而我足不出户，就是它的调查对象和样本。

所谓改制，就是国家把企业的所有权交给工人，偿还他们这些年相对较低工资的付出，但也不再承担企业工人养老。我们的上级单位派来的评估人员，评估国家交给工人的工厂设备价值，也划定工人们每一年工龄的价值。两种评估过后，就是账面上的交换，工龄交换为股份，从此工厂民有，自力更生。根据股份和工龄之间的差值，有时管理层可以出资购买额外股份，成为较大的股东。这些民营企业也从此告别了国有体制的束缚跟保护，要在市场里见真章了。有技术、有市场、有资源的那种在传统上一直盈利比较多的分公司，改制以后一身轻松，迅猛发展。但也有很多小企业，带着老旧设备，失去了集体的庇护，在开放的行业里，举步维艰。

许多研究从经济学角度讨论中国的国企改制，可是不知道有没有人从社会学、心理学、社会心理学的角度探询过这些曾经依附企业而生活跟生存的人，发现他们的社会化人格、自我认知的改变。

我爸是改制前一个分公司的经理，改制后成为分化出来的民营企业的董事长。自改制那一天起，工人们就成为企业的股东，一种集体所有变成了另一种集体所有。法律规定有股东大会，作为股东，人人有建言献策乃至参与决策的权利。后来我爸感慨，股东大会沦为过场，没有人提议，没有人批评，没有人争取。大部分工人没有行使过做股东的权利，而是继续做服从安排的下级。倒不是管理层有意如此，而是这么多年了，人和人相处的模式已经成为自然，所有制的改变可以在旦夕间完成，人的思维方式和行为模式却不能。这即所谓政治学里的民主不是一种制度，而是一种文化了。

可人不得不面对改变，从经济到文化，从体制到生活。聊起改制，大家会聊中国经济的转型，国有资产的潜在流失，改制前后所证明的企业管理模式和所有制的关系。我直到现在，才隐约明白，整场变革，要站在历史的维度上，去看它如何创造性地变革所有制，又如何牵动整个社会，从经济到法制、社会文化、城市聚落的种种转型。可最初在我们身边一天天改变的，就是一个集体，被打散成独立的公司，甚至独立的个人，每个人都要重新审视自己，从物理和心理上踏出舒适区，"出去"面对生活的挑战。他们的青春和傲气可能都不在了，却走出了曾以为一分配就是一辈子的工厂，有了自己的选择。

那时我们虽小，但自认为对这个复杂概念十分熟悉，因为在它真正到来之前的那几年，它到底意味着什么曾是所有人聊不完的话题。到后来，几经探索，尘埃落定，不同的改制有了不同的结局，这个话题反而从生活里淡出了。

整个单位，整个单位体系和单位体系的时代也就都淡出了。改制以后，一些人下海经商或外出打工，一些人转入其他国有或私有工厂，学校和医院划归地方。厂还在那里，仿佛从未改变，那个因厂而凝聚甚至封闭的小社会，以及那种封闭小社会特有的生活方式，却已烟消云散。我每次回家，总有一种强烈的疏离感，不知是人之常情，还是一个人的小世界被打破之后特有的孤独体验。不只是大批的外来者打破了那种满街都是熟人的舒适感，还有原本身在其中的人，接受了时代改变，改变了相处模式。再后来，整个行业换代升级，环保标准开始严格落实，许多不再从事生产的旧厂房逐渐被拆除，那就真的是童年世界在物理意义上被拆毁了。

其实人们当时便明白，工厂在二十世纪九十年代末期汹涌的竞争里已经风光不再，渐渐让位于老对手更大的产能、新对手更好的设备。改制是红火时代结束后的应对方法，而不是好日子结束的原因，只是人们习惯把这两个字当作时代转弯的标志。毕竟，从改制那天起，再被问起从哪里来，这个问题就很难回答了。矫情地说，我们也是失去了故乡的人吧。这个故乡不是一个地方，而是一种生活方式。我们是厂矿的子弟，我们见证过一段历史，又大多在厂矿成为历史以前，纷纷跟它挥手道别，各自上路了。

附一 问答： 如果有孩子，会让他在哪里长大呢？

问：你会不会感到遗憾，跟你后来的许多同学相比，小的时候在"小地方"长大，没有享受到更好的教育资源？

答：哎，不遗憾（笑）。从小孩子的角度来说，可能反而会觉得幸运。我小时候想学钢琴，可惜我们那里没有老师教；参加过的兴趣班，大家因水平和期望值有限，也真的都是以孩子们开心为主，而不是以考级为目标的"兴趣"班，所以从没有经历过被特长填满的周末。直到高考前，我们都还是一群每天都有空打篮球的人。可能正是因为教育资源相对有限，使我们度过了相对完整的童年。

问：所以小时候的教育资源，对一个人的成长其实没有影响？

答：当然不是，影响是很大的，(会使人与人之间)有很大差距，长大以后要用漫长的时间追赶、跨越。我越是长大，越是感受到这种差距。一是感受到这差距之大，不只在于我们高考用的全国Ⅱ卷比自主命题的省份的试卷要简单得多这种纸面上的差距，而是方方面面的。我一个好朋友在上海读初中的时候，他们的班会是用英语做演讲，而我在那个时候，除了朗读课文，基本上是说不了英语的。她高中毕业去了印度做义工，救助被遗弃的孤儿，我在那个年纪，可能脑海里还根本没有义工这样的概念，更别说机会和实践。二是感受到这差距关乎基础，影响之深。我本科读的是经济学，最初两年大家一起学经济学这个新的学科，学它的概念和思维方法的时候，可能看不出什么差别，悟性好的人学得快，稍微用功的人都能跟上。可是越到后来，深入地去做学术研究，经济学就越来越像数学，考验的就是一个人的数学基本功了。在那个时候，我觉得我和山东同学之间就是硬实力的差距了。

问：所以地域差别带来的，是眼界，是基本功的差异？

答：是，这种差异又会带来心态的差别。我真正成长为一个自信的人，不因自己是从小地方来的，而害怕自己想法幼稚、见识浅薄，也有一个漫长的追赶过程。记得读高一的时候，我入围了"叶圣陶杯"作文竞赛的决赛，到北京参加一个小作家训练营。同营的同学大部分是北京、上海的学生。我感觉到，从话题到话语，他们是一个我融不进去的整体。更重要的是，我天然假定了我就不可能融得进去，认为和别人的见识、底蕴有差距是正常的，所以从没有自信地去尝试。他们在我眼中是因为不熟悉又高大上，从而显得深不可测的人。我在训练营中有个北京同桌,他镇定自若地说,现在《武林外传》的延伸空间已尽,自己在着手写"武林内传"了,我竟然信以为真,好几年一直在等。

问:那你为什么又说并不觉得遗憾呢?

答:因为事已至此,只好微笑着把过往浪漫化起来(笑)。话说回来,你可以说把成长环境的封闭描述为纯真是在自欺欺人,但我们的童年的确压力比较小,人比较傻,比较开心,虽然坐井观天,但真是蛮高兴的。

问:而且最后结局也不差?

答:是啊!资源少,选择少,可是竞争也小。一个没有女孩子穿高跟鞋的地方,你穿了双内坡跟,就算是拼了。生活于我们,要容易一些。看到的世界比较小,欲望就没有那么强烈,偶然的得与不得,也是惊喜多,失落少。有的事情,像经验和经历,可能别人轻轻松松就得到了,我们却要汲汲地去争取;有的事情,像高考,可能别人付出的努力更多,我们的"结果"却更好。

问:是不是有时候还蛮感谢中国有高考制度,还有高考的地区保护政策?

答:是啊!高考对我太重要了,包括高考前因为学习好得到的那些优待和高考后因为成绩好得到的机会,我的一切都是拜高考所赐。在中国,考试的地区保护措施其实从科举时代就有了。也是因为自古以来考试在我们国家都是一个可以决定和改变命运的机会，所以从古至今都有人觉得地区保护这个概念和各种具体的保护方法导致不公平，可大家也都明白，一旦没有了这种保护，很多地方的人就完全没有机会了。

问：既然这样，等到你自己有了孩子，是不是也想让他在你的故乡长大，童年轻松一点，长大以后机会也不差？

答：不能不矫情一下，我已经没有故乡了。我成长的那个工厂，或者那种社会组织，已经不存在了，而我小时候拥有的那种因为所有人机会有限，而由高考实现的均等，其实也不复存在了。

问：这话怎么说？

答：我小的时候，我和在上海长大的同学，都紧盯着高考，一门心思想读北大、清华。我们的基本功再不一样，也还是有机会在本科学校新的学科里，重新开始。聪明和勤奋的人，还有许多机会，一点点缩短起点的差距。到今天，新的机会出现，父母的不同资源和选择，已经不只是改变起点的高低，而是决定孩子在哪个赛道上跑了。我朋友的表妹，从小读国际学校。不管我表妹努不努力，两个妹妹都已经不在同一条赛道上竞争了。

问：现在地域或者起点的差异，不是程度，而是路线的区别了？

答：是啊！我和我的朋友，学得快或慢，深或浅，至少都背过一样的古诗文，而我们俩的妹妹，却连看世界的方式都完全不同了。

问：这样长大的两个人，是不是更难有共同的话语了？

答：那倒不一定，只是我和我朋友从长大到在大学里相逢，聊天时能唤起共同的回忆。我们俩的妹妹，将来长大后遇到，聊起彼此的童年，可能就真是来自两个世界的人，对彼此全都是新鲜跟好奇了。

问：所以你不想让自己的孩子在你故乡那样的地方长大？

答：我回头看我的成长，确实是毫无怨言的。我的父母那代人，他们的选择有限，父母做的很多选择是为了我，而不是他们自己的最大利益，我没有什么可遗憾的，也没有什么可抱怨的。人生发给我的这把牌我只能接受，去看它的光明面，而且它确实有光明面。可当我自己可以选择的时候，我该怎么替我的孩子做决定，他的童年应该纯真，或是成熟？应该少一些压力，还是多一些选择、机会跟挑战？何况这样的选择不是轻易可以回头的，它可能从一开始，就意味着完全不同的人生路，完全不同的朋友圈、知识点和世界观。

问：在不同的地方会长成完全不同的孩子吗？

答：在某种意义上是吧。我也希望他或她跟我一样幸运，在一个起点的差异没有那么清晰，后天努力可以改变的东西还很多的时代，既能简单地生活，又不至于失去太多未来的选择。可惜，我们已经来到了有条件的人都穿高跟鞋的时代，想要逃避，来不及了。

去看更大的地方——成长轨迹　　021

青春都一饷——县城叛逆

对于十二岁离开厂矿的我而言，距此不过二十分钟车程的小县城，就是全然陌生的，是灯红酒绿、纸醉金迷的大世界。

人生中有好几次，我会突然间感到，新世界的大门在眼前打开了。有的大门是精神世界的，比如第一次读到《再别康桥》，第一次读阿加莎、金庸、泰戈尔和福柯，都是令人恍恍惚惚、韵味无穷的新世界。所以，第一次走进大学的钱穆图书馆，我就有一种无数个新世界正等着我去打开的狂喜。这些年逛书店、图书馆，渐渐知道人生匆忙庸碌，真正能读的、能懂的有限，对世界已经有了许多成见，这种打开精神世界新大门的狂喜慢慢变得很难得了。还有一些大门是地理意义上的，将要出发去美国读法学院的时候，我明明拿到通知书，得偿所愿，有一阵子却突然觉得有种说不出的失落，在那边几乎一个认识的人都没有。好朋友突然很有仪式感地对我说："可是一个新世界在等你啊。"

不过，后来这些看上去更大的新世界对我造成的冲击，都比不上最初离开厂矿转学去县城读书的那次。

那仿佛是我童年的结束，结束在我爸妈一个蛮有勇气的决定里。在厂里读书的时候，我从没有想过升学的事，因为我们只有一所子弟小学、一所子弟初中、一所子弟高中，如果没能考上大学，还有一所子弟职业技术学校。我和同学们，我们这些工厂的子弟，从小到大，都沿着同一条路往前走。我妈是子弟高中的老师，我从小就忧心忡忡地知道，我妈在那里等我。我爸给厂里的技校讲过课，他说不定也在那里等我。

读到初一，我妈突然觉得这样下去不行。小而温馨的子弟学校对抗不了这个竞争的时代，我在这个小世界里不出去，永远不会知道外面世界的竞争是怎样的，别人家的孩子可以有多厉害。他们决定让我转去附近县城里的中学。

择校，一件让天下父母费尽心机、各显神通的事，原本是再自然不过的。不过是去附近的小县城而已，也算不上什么大手笔，但为此做出更大的改变和努力、付出更大牺牲的父母，也不在少数。只是从我们那个工厂，那个人和人紧密联系的人情社会里出走，特别是学校老师让自己的孩子转学去外地，在我们的小小社交圈子里，却算得上是很大、很"叛逆"的事了。

爸妈当年那么做，想来承受了不少压力。原本我们在厂里的生活正渐渐走上正轨。我爸回厂复职，领导着自己的分厂和车间，那几年效益也好，我妈也不在我家客厅办周末英语班补贴家用了。我到初二的时候，学习已经开窍，成绩能稳定在年级前十名。因为从小学一年级放学就跟着我妈混迹在各个老师办公室，所以我的初中老师，有许多是看着我长大，上课还叫我的小名的。身边的同学还是那一拨人，不过打乱重新分了班，在小学六年里班和班之间形成的竞争和对立，有些消散了。谁和谁"好过"又分手，八卦更新得很快。那时候大家都用"玩"这个字描绘懵懂的情窦初开，既好奇，又要显出不在意。送过的情书又要回，翻脸的闺密又和好，少年的心情，原本是这样不定，风风火火，但底色是快乐的。

我对眼下的一切十分满意，再没有更高的追求了。小时候因为开窍晚、学习差，曾经认为遥不可及的那些同学，好像渐渐没有那么厉害了。小时候最好的那些玩伴，仍旧是玩伴，在我们极小的世界里，努力创造着新鲜的乐趣。报纸办过了，侦探社开过了，功夫不练了，忙着打球、看球、收集球星海报、上课递情书了。我一边收着情书，一边感叹男生们才华平平，做起代人写情书的生意了。

那些日子最大的烦恼，就是我妈离我更近了。我的班主任和我妈正是一个办公室里的邻桌，有什么我的班主任知道的事，我妈也一定知道；有什么我的班主任不知道的事，我妈说不定也知道了。我和我妈"斗法"的叛逆期，大约是从那个时候开始的，在接下来的几年里，始终是我屡战屡败，屡败屡战。

在厂里长大，人也实在是很单纯的，所谓叛逆期做的坏事，不过是上我不喜欢的课（比如生物、化学）的时候，练字、走神、看些课外书，逃掉无聊的补课，去打球、看球；又或是考试时早早做完了卷子，奉了我妈的严旨不能早交卷以免显得"狂妄"，只好在卷子底下悄悄看足球杂志。而真正比较严重的错误，比如我早恋之类，我妈只是略有怀疑，查无实据。我在辩论上的小小天赋，确曾用来掩饰承诺，而我代写情书，她好像不曾风闻。但是反映到她那里的诸般问题，已足够让我妈常常勃然大怒，让我常常瑟瑟发抖了。

这些错误，到我适应了新环境，见识了新同学们的"玩"法之后，便觉得实在算不上什么了。

我们的工厂隶属清镇县，改作过贵阳市的一个区，后来改为市。"清镇"两个字，细读便有历史的痕迹。一直到明朝永乐年间，贵州"改土归流"才正式成为省级建制，我们周边的地名，多有"镇宁""镇远""威宁"之类，便是中原王朝最初的驻军之所。我一直到带着香港的同学回贵州支教，顺便在贵州旅游，路经家乡，听导游介绍才知这段历史。原来我长大的地方，也是旅游大巴上，导游会专程介绍的，心里也立刻生出许多虚荣感。

县城有一处景点，城边有一个大湖，名字很美，叫"红枫"。我小时候一直以为那里是望不到边也游不到边的奇妙世界，长大才知道是个人工湖。湖中星散许多小岛，开发了贵州民族风情游，白天可以到侗族的岛上爬鼓楼、逛"风雨桥"，晚上可以去苗族的岛上看"上刀山，下火海"。多少年的暑假里，家长们在湖边打麻将，我们在湖边钓鱼、烧烤、游泳、划船、打游击，在湖上第一次坐快艇和游船。我小时候，戏精上身，现实生活常常用来为脑中的幻想服务，所以并不喜欢那些刺激项目，每次都在侗寨买一把石剑，要我妈带我去坐竹篙撑的小木舟，悠悠荡荡之时，满足了一种自己是流落江湖、烟波浩渺中的"异客"的幻觉。我妈是个性格火暴的人，但还是配合了我这些奇怪的偏好，有一次她说漏嘴，原来坐小木舟的票价比快艇的便宜了三分之二！

县城跟红枫湖紧挨着，但气质、形象全然没有相似之处。小时候，从厂里去贵阳，只有每天一班的大巴车，需很早起才能赶上，路上总要一小时。去清镇呢，就可以站在厂门口的马路边，拦往来的中巴车，沿途还上人，晃荡十几分钟也就到了。所以前者给我留下了高冷的印象，后者则亲切随意许多。

读书那几年，县城的开发刚起步，新城区最初只是一条宽阔的大街，沿街渐渐开满了火锅店和粉面店，但总觉得冷清。老城区是混乱的街，铺子挨着挤着，巷子里有几家老店，名声在外，甚至没有门牌路标。街口有百货商场和书店，旁边一栋新的大楼是银行和保险公司，背街有小吃摊，往深了走，扯布的店，卖鞋的店，同一行业的仿佛故意凑在一起，虽然是竞争，但容易让人想起和找到，又让人路过的时候总产生看看的冲动。我的"路痴"症状非常严重，不大的县城，也从来没有走清楚过。我记得这些地方，大抵不过是我妈每次只会带我逛这些地方。

县城的好处，是做什么都有该去的那一个地方，买衣服有，买书有，吃冰粉和米豆腐也有，整个城里有什么、在哪里，大家心中是分明的。要扯布做窗帘，知道往哪里走；要给我买画笔、颜料，也知道往哪里走，一天的路线，我妈总是盘算好的。不像在城市里逛街，也不一定是为了什么，也不知道会遇到什么，所以我妈会更兴奋，我一下车就已经觉得累。

县城给人的感觉从来不是繁华。特别是老街，路是石板的，好多电线杆子歪斜着，店面也是老的，一溜的小平房、木板门，但永远特别喧闹，人都挤着，嘈杂着。不像我们工厂里，即便是过年那些天，也没有这样喧闹的感觉。生活在那里总是十分热闹，大家都匆匆地要往什么地方去。

无论地盘大小，县城的人流车流、物品种类、美食、娱乐门店，都介于工厂和后来读高中的省城之间，但热闹超过了两边。工厂和城市好像有各自的轨道（一边是我太熟悉了，一边是始终不太熟悉），县城却总是扰攘着。

县城的人，不知为什么，好像活得特别带情绪，所以是热闹的，易笑也易怒。我后来去了贵阳读书，大家玩的地方更多，更高档有趣，但好像都不如我们初中时玩得那么用力。我想到高中的时候出去玩，印象最深的是 KTV 和甜品店。初中时期在县城的娱乐，记忆就是一帮人在火锅店里拼啤酒。

我对转学情绪复杂。一来，转学可以保证我妈永远不会成为我的班主任；二来，我们分隔两地，她便不能时时盯着我的一举一动，这实在是我十二年来未曾幻想过的好事。我对清镇县城有一些不错的印象，我小时候去那里，只有两种消磨时间的方式。一是我妈去逛街，把我搁在书店打发时光；二是跟我妈去吃那里有名的炒洋芋和丝娃娃。我就是在清镇不大的新华书店里，一坐一整天，整个周末都这样，学会了对店员的冷言冷语充耳不闻，看完了"阿加莎·克里斯蒂全集"。

但是，县城毕竟是"外面"，是陌生而让人害怕的世界。我和我最好的闺密，也完全把二十分钟的车程当作了生离死别。在我说要走以后，我们交换了无数含泪写下的信，里面记载着那个年纪的伤别和诺言。后来呢，她妈妈就被我妈说服，让她和我一起转学了。

县城中学里，多是像我这样外来的人。

大家因外来而相似，许多都是父母在外地上班，看中这里学校的名气，把我们送来，给我们租了房子，假期我们会回家，有空他们会来看看。有人来自其他工厂，有人来自其他县城和农村，许多人的家乡比我的更远。

唯其如此，我们这些半大小孩，在这样的喧闹之地，离开父母的身边，找到了一种叫自由的感觉。

爸妈在学校附近给我租了房子。他们只要不忙，就会过来陪我，有时候是外公、外婆来陪我。房子最初是县城中医院的家属楼，虽然在一个小院子里，但是独栋的，一边紧挨着KTV，一边挨着医院。从前在厂里住着家属楼，邻居们窗户对窗户，望出去都是熟人，半夜了看哪一盏灯亮着，就知道是哪家的哪个孩子还在学习。我自从知道这件事能给我带来刻苦的形象，让我妈心疼我，就养成了晚睡晚起的习惯，让我的台灯总在深夜亮着。现在，每天从学校回医院旁边的家，身旁是陌生人在穿梭，甚至是陌生人的生死。晚上KTV营业，陌生人声嘶力竭地欢唱，也有人声嘶力竭地号哭。我的日子本来平静得像秋天不起风浪的红枫湖，却突然处处是爆裂的情绪。我的生活变了。

离开家的那阵子做了些什么呢？也许就叫作叛逆吧。

新世界的门向我打开了。从前我只知道这个县城有商场、书店和小吃街，现在知道有酒吧和麻将馆，这是工厂里没有，或者我从来没敢进去的地方。早恋以前我只知道牵手、写情书和送礼物，现在才知道约会，知道感情这事理当热烈，可以因为失恋而逃课买醉，因为吃醋而打架斗殴。我的同学之中，有人抽烟、喝酒、打群架，和社会上所谓的"帮派"有神秘联系，大家结拜或早恋，都是分分合合，轰轰烈烈。

我无法拒绝这个新世界的诱惑，一边是喧闹和拥抱喧闹的同龄人，一边是突如其来的自由给予我们这样的同龄人的巨大空虚；一边是融入新环境的愿望，一边是对往日的"背叛"和告别带来的悲壮快感；一边是想要身边人知道我也是个"会玩的人"的愿望，一边是想要家乡旧友们知道"我已和你们不一样"的成熟感。

那个年纪的所作所为，有一种令人难以置信的活力和戏剧感。一方面我们对抗那些我们讨厌的老师，说话、打闹、逃课、传字条、拒绝学习；另一方面我们如饥似渴地读书、看电影、写作文，还写歌和诗。我一直觉得那是我一生中最喜欢创作，也最有创意的年纪。但我今天已经完全无法读自己在那个年纪写下的东西（它们都被我妈小心地一页页收集起来，放在一个小柜子里），因为那个人带着那么充沛的激情、自信过头的口气，加戏到不行，我有点受不了她。但我们那时做这一切，全凭一种快感，而并不考虑更多。人和人之间，不只是关系好和闹矛盾，而是要讲恩怨情仇的，表白和分手，都恨不得用上玛格丽特·杜拉斯的台词。

就连我的班主任老师，看我在自由大梦的道路上忘了自己是谁地狂奔，在身后极力地拉扯和劝说时，都用上了不少戏剧化的台词。

那个年纪，真是精力旺盛，做任何事，都是全情投入的。发起狠来突然很想读书是全情投入的，发起狠来就是不读书，就是要浪、要浪费时间、要对抗权威，也是。大家传看安妮宝贝和《萌芽》杂志是全情投入的，后来我的语文老师引导我去看张爱玲，我也是。就连陷在她的文字那种无法排解的阴郁情绪里，也是全情投入的。

转学的第一个月，奶奶去世了。我的人生有一种断裂的感觉。

在新学校第一次写作文，我写了一封给天上的奶奶的信。语文老师从那以后都很喜欢我的作文，她也喜欢我的字、我的黑板报，喜欢跟我聊聊苏东坡的词。哪怕我后来不学习，跟物理老师对着干，物理成绩不能及格，她都没有放弃我。

我的语文老师，也是班主任，是位很有活力的老太太。好多年以后我忽然和她微信联系上，她直说："我在看电视剧，等下好好回你，免得你以为我水平下降了。"

读初三那年，我和她有好几段想来全是戏的对白。她知我那时候无心学习。特别是上课传字条，被物理老师手撕了一整个幽意笑语无数的字条本，我越发铁了心不学物理，自己调了座位跟玩得好的男生坐到一起，上课凑够人打牌。她也知道我那时有一段暧昧故事，因为那时候我们的周记要同学间互相批改，有许多冲动无法抑制，管不了许多，大段的表白光明正大地用红墨水写了。那一阵子，她每天总要叫我去办公室聊聊天。但也就真的只是聊天，聊过《飘》和泰戈尔，没有恶语，也没有苦劝。

不过终于有一天，她说："我在教室前排正中间帮你找了一个好位置，周围八个人，都是不肯上课跟你说话的，什么时候想搬过去，就搬过去。"最后，她又讲了一个撒切尔夫人的故事，只说："优秀的人，总是想坐到前排的。"

此言不虚。我后来读书，但凡下决心要苦学的时候，总是想办法坐到前排去，若只想蒙混的，就缩在角落了。

那个前排的位置，她为我空了一段时间，我一直说不想搬过去，她也没有强求。后来我们又聊过一次杨过，她最后说："人生可以适当游戏，但不可以游戏人生。"

到后来，这些很像是未来有一天可以写进自传的话听得多了，我自己也有了情绪。有一天一个人回了租住的房子，百无聊赖地看着电视，正好看到电视剧1994版《三国演义》，又听了一遍"这一拜，春风得意遇知音，桃花也含笑映祭台"。不知为什么突然很难过。小时候，看《三国演义》，被一种莫名的雄心壮志鼓舞着，披着绿色的被单，提着塑料的青龙偃月刀扮演关公的日子，突然回来了。我想，我曾经是一个很有梦想的人啊！如今这样虚度光阴是为了什么？

那个年纪的我，好像随时行走在一个小剧场的舞台上，所有事都自带些戏剧意味，也偶尔点燃高潮到来时的使命感。那天，我突然决定不再重复叛逆、荒诞、沉沦的戏，要演一幕浪子回头了。自带配乐地，我去找语文老师，说我要换座位了。

她竟然没有配合一句提升戏剧张力的金句，而是说："去找物理老师道个歉吧。"我一直不知道这是为什么，那时候有一种这是"投名状"的感觉，去找物理老师服软、道歉，就是跟那个帅气有性格、偏激不在乎的我道别了。倒是物理老师，配合了我一句，"浪子回头金不换"。

后来，就有一些常见的浪子回头片段。我翻了整晚席慕蓉的诗集，挑中一首"余生将成陌路"之类的诗，作为"分手情书"递了出去。对方来问我为什么，我就说："我还想考贵阳一中。"编剧的水平只到这里了。又幼稚，又苦涩，但竟然是真的。

初中毕业那天，我们都去了数学老师家里喝酒打闹。后来我一个人回了租来的房子，隔壁的KTV在唱《后来》，唱得并不好，但唱得很用力，也挺难过。我后来都分不清那是我喝醉了幻想的，还是画面真如此戏剧性。不过，回忆那段时光，完全不是"栀子花，白花瓣"，而是红玫瑰，被拍到墙上，也还是浓烈的一片绚烂。就当是我夸大、美化了回忆吧，毕竟，那几乎是我唯一和最后的叛逆了。

十五岁以前的那几年，是我人生中一段很混乱的时光。我们聚集在喧闹的小县城里，没有父母的约束，也没有理想来自律。以为自己已经非常成熟，以为人生最重要的是在别人眼里活得很酷，而自己已经了然什么是酷。那时我们组成一个文艺的圈子，如饥似渴地阅读和写作，既因为"青春就当如此"，为写而写，也是因为真有很多东西想说，想记下。可惜那段日子混乱着过去了，并没有什么留下来，到最后，我也没有想明白要的是什么。那些人也都消失在人海了,后来我们联系过,有种相见不如不见的感觉,也就再次断了联系。

后来,我确实考上了贵阳一中。和班主任、我妈斗过几次法,但是叛逆的年纪已经过去了。那时我喜欢上一个人,也只是暗恋,在本子里写过几首诗,高考过后离开家,也并没有带上。那个有话就会说出来的年纪,已过去了,我很怀念它。

虽然,最后给了故事一个喜剧结尾的,是初三最后那几个月,日复一日,单调的学习。

幻彩咏香江——港漂"俾心机"

二〇〇八年,我一个人飞到北京,看了奥运会万米长跑。一圈又一圈,看到后来完全不知道谁领先,晕头转向,恰如那时候要一个人去香港读书的心情。

几天以后,怀揣一本《广东话速成》小册子,一路练习着"轴省""塞手杆海边多",我一个人飞到香港。

那之前,十八年都在贵州长大和生活,除了语文课和英语课,其他课都是用贵州话教学。除了元旦晚会诗朗诵或者排演小品,连普通话也用不上(自然也就说得不是很标准)。突然间要去一个据说上课全用英语或广东话的地方,我十分忐忑。

后来在大学里学广东话拼音,老师为防止大家睡着,时不时放一首广东话的歌助学。放得最多的是黎明的歌,老师说,黎明是北京人,说话字正腔圆,所以广东话也说得(比一般土生土长的香港人)标准。想不到换了赛道,还是输在了起跑线上,我终于彻底放弃了我的广东话。

去香港读书是一时冲动下做出的选择，而一个暑假过后，我已经开始后悔。去之前，我对香港没有想象，唯一的回忆是香港回归那一年，我才七岁，一家人嗑瓜子看电视，不知道为什么，就觉得"香港回归了"是一件非常值得高兴的事。此后，香港的画面只在我爸妈在家庭卡拉OK里合唱《东方之珠》，以及春晚的一些小片里出现。这个城市在我的认知里，只是一个什么都很贵、需要办证才能去、有迪士尼乐园的地方。当然，关于香港的印象，还来自张爱玲、李碧华、王家卫，亦真亦幻的故事，这里好像是，一个人无路可走了，就会去的地方，是大起大落都已经历过，人们卷一支纸烟，在迷离夜色里，看透是是非非的地方。所以，去了香港，我妈的同事总以为我每天会遇见黑帮，我的朋友总以为我上街就能要到明星签名，我总以为，街头的某位大爷，说不定就是段小楼。

刚到的那一天，香港中文大学的学长、学姐去机场接我们，我坐着大巴，第一次经过青马大桥，阳光热烈，两边碧色的海闪烁着粼粼金光，有种不真实的感觉。好多年以后，回香港实习，汗流如雨，挤过中环步履匆匆的白领们，在一条狭窄的过道上，排队等一碗八十港币的重庆小面，我突然感到，这座城市曾映在我眼中的金色外壳，已然剥落了（这段描写太过矫情，那感觉其实就是，去迪拜以前我以为那里富到空气中都飘满金粉，去了才发现，空气中只是飘满黄沙）。

刚去那阵子，我妈常试探着问，香港人（对内地人）友不友好。我很傻地照实说，越贵的地方，态度越好。比如铜锣湾的商店，逛了一下随便一个包要两万多块，我还以为是自己数错零，又数了几遍，那店员也没有反应，还说着"港普"，陪我试了半天。但我们食堂的大叔，脾气就不大好，一时点菜说不清楚，他就凶巴巴地催。

不过我后来发现，说广东话的香港同学去买饭，一时改了主意或者犹豫不决，那大叔也一样生气骂人。我最初印象中的香港人就是这样，麻利、着急、一刻不停，效率很高，但脾气不好（但在我记忆中，香港的警察、办事处的各种领导，脾气都不错。一个同学有次在地铁上丢了书包，死守在自己下车那站"刻舟求剑"，报警之后一名警员来陪她一趟趟地铁找过去，找了一下午，最后真的找到了，而且什么也没丢）。

工作以后，我有一次和日本同事去香港出差，有一天她自己出门去逛，回来以后一副委屈巴巴的样子，一问，原来她在地铁站问路，说不清楚，被人骂了。我忍不住哑然失笑，打电话的时候跟我妈提起，两个人都有点好笑，"原来对日本人态度也这样"，我们似乎都还在解当年的心结。

不过一天天急下去，也就习惯了。离开香港以后，天气凉下来，空调热上去，扶手电梯慢吞吞，去买个快餐，美国的收银小哥非要聊他自己乳糖不耐，我反而有些不耐了，只觉得急火攻心。

去看更大的地方——成长轨迹　　037

不过刚去香港的时候，没有广东同学做伴，我一个人都不太敢上街。第一次在茶餐厅结账，低声问旁边的大叔："我吃完了想给钱，该怎么说？"那大叔笑笑帮我叫"埋单"，我觉得好亏，原来是一个我会的词。随后我发现，只要熟练掌握"唔该""埋单"这两个词，自信使用，日常出街已经够了。

不过那时候，我身边的香港同学，已经有一些上过教普通话的小学、中学，大家聊得起天了。且只要我显出兴趣，他们都非常热衷于教我广东话，每天像等大新闻一样，急急地问我又从老古董广东话教材里学了什么老古董词，就像我笑话他们学多了北京人编写的普通话教材，每句话非得加个"儿"，整天"我上堂儿""我写论文儿"。

我在香港前后待了六年，到最后，语言仍是个障碍。读博的时候，在带本科生的讨论课上，一开始我坚持尝试用广东话，后来实在觉得无法准确表达自我，换普通话讲了一阵子，然后问大家我说得明白吗，他们说："仲好过你讲广东话哦！"

可是日子久了，这种逐渐改善的障碍，并不妨碍人和人感情的亲近。学校的宿舍每层有一位工友阿姨，我们这层的阿姨叫陈姐，一来就叫我"阿文"，我吓了一跳，因为我小名叫文文，同学里并没有人知道。我心想，怪不得大家都说香港是信息中心，这阿姨连我的小名都知道了！后来在广东话课学习朗诵《再别康桥》，大家嘻嘻哈哈念"作别西天的云彩"，我才发现在广东话里"云"

就是念"文"的，原来她是叫我"阿云"。

我和陈姐从此亲近起来。她除了每天帮大家打扫清洁，有空还会自费地煲糖水，一层楼人人有份。我就边喝边跟她抱怨，经济学教授整天不知所云，香港这地方四季蚊虫遍地，她总是能用"港普"很精准地反驳："咁你又咁迟起床，又迟到？""咁你又怕蚂蚁，你昨晚在你个房里边吃东西，碗又不洗？"我都唯唯诺诺，低头认错。

我觉得她身上，就有朴素的"狮子山精神"，做一份工，无论多平凡，都很认真地去做，对自己要求很高，所以总是忙个不停。她对自己的工作是引以为傲的，既不端架子管人，也不自轻，和这些大学生以朋友相交。但她还是时不时地跟我说："我要是可以读书，我都读书啦！""还是读书好！"

开学以后，我很快有了些香港朋友，一个喜欢打篮球的女孩，叫Fanny（我心想，一个女孩子，偏偏叫范妮，很有意思）。为了融入香港同学之中，我也给自己起了个英文名（那名字起得太好笑了，我不会说的，当年认识我的人，我都给过封口费）。后来去美国读书，发现已经不时兴起英文名了，美国人读不明白我的名字，就让他们多练习几次吧（何况这样一来，上课就很难被教授点名发言），我的美国同学都叫我"詹"。

我想象中的香港人，跟我们很不一样，结果却发现很多地方都很像。范妮的偶像是林丹，那年有航天员访问香港，她要到两张票，我们一起去了，结果有容祖儿来演唱，两个人都觉得赚到了。

去之前我以为香港人都是豪富，结果似乎不是。范妮很省钱，点菜只点能吃完的，买衣服只买真要穿的，有时候她看我冲动起来买一堆一看就知道没用的东西，会给我一个"感觉你背景很深我又不好问"的眼神。

范妮和她的家人属于被叫作"新移民"的上百万"新香港人"中的一员。她和父母拿着"有去无回"的单程证来香港定居。他们往往要从社会底层做起，经过艰难的打拼，才拥有一个小小的家安居。我那时听说她这么大了还要和妹妹住一间卧室，睡上下铺，不禁感激内地的独生子女政策。再后来，我读博的时候，每月有一万多块的工资，又可以住学校宿舍，觉得自己富得流油，消费自由，但我的香港同学还是挺省，我才知道她是家里老大，每月要拿钱补贴家用，就更庆幸我不用早当家。

范妮带我在旺角尝过很多小吃，我最初都觉得一般，很遗憾她的足迹从未超出广东省和香港地区，没试过贵阳的串串，对美食的理解太过局限。当然，离开香港以后，我常常在夏天怀念凉茶和冻糖水。

去香港以前我以为香港人是有国际视野的，后来发现他们中许多人的世界其实挺小。我们有位教授特别文艺，春天来了总带大家在学校里踏青，有一天安排了在湖边的竹林里感受大自然。十七八个人挤在七八棵竹子中间享受竹林，我一时有种睥睨众人的感觉，不知怎么向他们描述赤水河边一座座遍地是竹的大山，用形容词不行，用"这我看不上"的表情和诗词歌赋都不行，真是难受。

我发现，我们这些"内地生"去了香港，最初对这座城市都不怎么喜欢，三五个人聚到一起，敞开心扉能抱怨一年。我们和香港本地同学之间，最初有些距离。内地生有自己的小圈子，有自己的学生会、辩论队、篮球队、话剧社、杂志、校报和歌唱比赛。香港同学很喜欢的活动，两个不认识的男女组队拍写真、贴大海报选系里的 Mr.（系草）和 Mrs（系花）之类，我们觉得太好笑。

第一个学期读完回家，因为爸妈想去参观我的学校，假期没过完就一家人提前去了香港，我整个人是强颜欢笑的。也许，不只是因为那是香港，去任何地方，最初总是很难的吧。我后来去哈佛大学读书，第一个寒假过后又从香港飞回美国，心情的跌落有如身边的气温。

有好多人，始终很不喜欢香港，大学毕业，或者还没等到毕业，就已经匆匆离开了。第一个学期，听了两节很令人失望的中文和历史课，我认真地想了想，如果现在回去复读，还能不能考上北大。

也有很多人，时间久了，习惯了这座城市，留下来了，有的觉得留下，未来的选择多些，机会更好，有的是真喜欢这里。我读博以后某一天在学校邂逅篮球队队友，她说她加入了某个老电影协会，一周去香港电影资料馆看五六部老片、文艺片、小众纪录片。这是她喜欢上香港的方式，有什么特别的爱好，它会给你资源去开拓和实现，而且"人情冷漠"，别人不大在意你做什么，也没有人叨叨叨。

我再没遇到一座像香港这样，因为挤，方寸之间应有尽有的城市。每个自成一体的生活区，都能找到各个档次的商场、各个价位的餐厅，方圆五百米内好像总有两三家便利店，再往外五百米就能有便宜的化妆品店、电影院、游戏厅。这里有夜景，有海港，有殖民时期的建筑，也有"黄大仙"，有喧闹的街道，也有幽静的禅院，有大佛，有缆车，有出名也的确好玩的游乐园，有每年上百场来自世界各地的文艺演出，有漂亮的登山径，也有不算太糟的海滩。

这座城市也有自己的方式跟节奏。生活在这里的人，或者从小到大，或者好不容易，适应了这节奏，难免很难离开它，难免会用它的方式和节奏去衡量世界上一切其他的地方。我的好多香港朋友，觉得留在香港是理所当然的，外面的世界，偶尔去看看就好。所以他们看世界有一套很"香港"的方法——笑点低，易震惊，易难以置信，易三观被刷新。

读本科的时候，我加入了一个支教社团，因为是贵州人，自然就负责起贵州中小学的联络。后来，我的一些香港朋友也来找我帮他们的青年狮子会或支教社联系贵州学校。我某天碰到一个叫雪莉的朋友，从贵州支教回来。我问她在贵州开心吗，她十分激动，着急她普普通通的普通话难以表达出小朋友是多么可爱，最后她说:"我没想到人和人之间是可以那样亲密的。"

这句话不知为何我一直记得,有时候想起来觉得很开心,有时候觉得很遗憾。雪莉和范妮很不同,是中产家庭的乖乖女。有一次我要她来我宿舍吃饭,我动手太迟、上菜太慢,只好让她帮忙,结果她开心得不行,说自己在家里从来没有尝试过动手做菜。后来每次在超市碰到她,她都激动地凑上来问:"买菜吗?做饭吗?"我赶紧说我是买泡面。

据说,很多香港精英阶层的子女,都出国留学了,不会就读本地的大学。跟香港同学聊这件事,他们觉得挺好,不嫉妒,不羡慕,最重要的是那些精英,不要来抢本地大学学位。不过后来,又有传言说班上某某是捐了某栋教学楼的某某的长孙,只是非常低调,又开始八卦和好奇"赛马会会员"那个圈子。

那个圈子的香港人的生活,我和我的大部分同学,当然都只是道听途说。多的是小报杂志报道,但六成还是九成是假的,大家也说不清楚。后来我一个朋友做了实习记者,亲自混进一栋遗嘱风波里的半山豪宅,回来以后俨然是"宇宙中心"。后来她在新闻素养和义气之间挣扎了一阵子,不知该不该如实报道,不知该不该出卖放她进门的巴基斯坦保安。再后来,大家都把这栋豪宅忘了,因为这时开始竞选香港特首了。

再后来,我自己找到一份在浅水湾做普通话家教的兼职,每周两天,跟着他家的菲律宾司机去国际学校接两个小女孩,"逼迫"她们跟我说普通话，再带着她们写写中文作业，一个月能挣六千块。我于是深深地感受到了，去挣有钱人的钱，自己也容易有钱。他们家在浅水湾的别墅，却叫我失望了。一来很小，远远比不上我们那里做煤矿生意的同学家的别墅；二来生活也不见十分奢华，只有一个做饭的菲佣，另一个菲佣操持家务且照顾两条哈士奇。她们的爸爸整天做生意出差不见人影，妈妈整天在楼上办公，她们俩有时寂寞了，会给我打电话。小的那个孩子七八岁，十分淘气，整日求我给她玩我的手机，或者陪她演戏，我有时候一想，寓教于乐，也就顺从了。大一点的姐姐会用谴责的眼神看着我们，自己默默学习，菲佣则会悄悄上楼告状。

我小时候有个庸俗的理想，就是让我的孩子，将来一出生，就是富二代，琴棋书画，星辰大海，随心地长大，没想到富二代的生活如此奢侈。我想我还是更喜欢我的爹，他会陪我打球、下棋、滚雪球，躲在山上丢石头吓唬我妈、我姑姑，带我没日没夜地看《天龙八部》。在大学的暑假一回家，我爸得意地说帮我买好了《新三国演义》的DVD（光盘），还调整好了可以躺在床上看一整夜的角度，我觉得自己幸福多了。

很多时候，大家用地址就判断了阶层。某次又有八卦说某知名男演员在浅水湾斥资八千万元，也不过买了八十平方米的公寓。那半山上的小别墅，我渐渐明白了这辈子可望而不可即。我另一个在美国长大的香港同学，英语口音标准，去了一个中产家庭做英文家教，后来我一问，她教的孩子只有三岁，正在准备幼儿园的英文面试。又有一次，在星光大道，我看见一个爸爸带着小小的孩子一边学着上下台阶，一边要跟着学数"one, two, three……"（1，2，3……）。我心想，好吧，我再也不抱怨我英语基础不如人、学习辛苦了，人没有什么东西是白白得来的，上帝打开一扇门的时候，可能关上了许多的窗。

这座城市的繁华总是给人身在其间，身又不在其中的疏离感，这种感觉可以浓缩在每天晚上在维港（维多利亚港）上演的灯光会演"幻彩咏香江"里。随着音乐，维港对面那些各有独特设计感的高楼与民同乐，卖力展示身上变幻的光线，但广告牌一直明亮。各色灯光投进维港，水楼相接，一时幻彩迷离。音乐停止以后，人群便快速散去。每次有亲朋好友去香港，我就带他们去看"幻彩咏香江"，一来我路痴，维港算一个不用看地图，也能走过去的地方；二来这就是我最初对香港的感觉，说也说不清楚，只能手一挥，"都在水里了"。

明明身在那里，却要在香港的电影院看过《天水围的日与夜》《桃姐》《岁月神偷》之后，我才觉得和这座城市亲近起来。那也是许多次在旺角的卡拉OK唱歌，见过凌晨四点送货的阿爷和小哥忙碌的样子，在许多正在"凋零"的二楼书店坐过，在吐露港看了几次日出，看着李嘉诚捐的观音像竖起来，也吃过许多藏在菜市场里或街道尽头的大排档之后了。

去看更大的地方——成长轨迹　　045

再多些理解，还是靠读书吧。那些风云际会年代的豪门世家兴起而变迁的历史，填满了图书馆里的好几排书架，我最初是当作八卦读，豪门与豪门的八卦恩怨难清、盘根错节，续集和番外一样一家家读了过去，也就仿佛看到了这座城市在时代里沉浮的朦胧影像。后来从《四代香港人》起，我开始读平凡人的故事，跟香港同学一起看老电影，世事沧桑，人潮滚滚，这座城市的传奇也属于那许多没有被记住名字的人。我很快厌倦了逛中环、铜锣湾，惊喜地发现上环坡道上的一条条小街，那里有卖奇怪的衣服、不知真假的古董的小店，小盒子一样的铁皮奶茶店，还有一次我逛到一对老爷爷和老奶奶开着的搞活字印刷的印刷铺子。那奶奶要我挑几个字带回去做纪念，我仿佛挑了"做个好人"。

但那繁华最初是很吸引人的。后来跟着攻略推荐，我看过许多排行榜上的城市夜景，都比不过第一次坐小火车上半山，回头看见的维港。有一天，我心情不好，独自在维港看海，一个印度大叔来和我搭讪，他问："你在和海说什么话？"我看着对面的大楼和一个个巨大的 logo（标识），说："我在想，将来我会在哪栋房子里，拥有一张小办公桌。"他说："不啊，你应该想，哪一栋楼将来会属于我。"

我冲他笑了，就是那种"谁也别逗谁了"的呵呵的笑。那时候，我的香港同学已经给我科普了一个概念，我们每天从早上起床到晚上睡觉，所做的每一件事，都会把钱放进某个大家族的口袋。从早起开灯、开空调用的电，上网或打电话，去餐厅吃早餐，或是去超市买菜，坐巴士或地铁，都逃不过。后来有人传给我一张人生中第一次看到的股权结构图，才知道我平时喜欢的那些餐厅，看上去个个不同，往上看几层股东，最终都是那几个财团。那一阵子出门吃饭，我一心一意要避开几大家族、几大财团，可是那些街边街市里的茶餐厅，街坊邻居彼此相熟，节奏又快又忙乱，每次进去，引得阿姐、阿叔大声询问，总觉得自己是尴尬的外来者。

可是不去试试那些街边转角的小店，总是看疏离的夜景吃浓浓游客风的连锁店，真会永远觉得自己是外来者了。我好像逐渐认识了两个香港：一个高而遥远，是明信片上的维港；另一个是旺角夜色里的人流，大围的菜市场，离岛上的小吃摊。这后一个香港，其实保留着很多传统，过年的时候抢的包山，中秋的花灯，元宵的灯谜，学校里还有舞龙舞狮队，虽然人不多，每周敲锣打鼓，却十分热闹。这一切，好像长大之后，在贵州也很少见到了，它们是在一座陌生城市遇到的童年记忆，所以学校每年的灯谜会，我都去，每年会赢许多糖果零食。

读大一那年，我们不用选专业，可以自由地上课。我选了中文、历史、政治、心理、经济、文化研究和人类学。社会科学院的专业里，我唯一没有考虑的，好像是法律。最后，妥协在理想和现实之间，学了经济。

那阵子，心情有些低落，我原本是立志学考古的人，却被香港改变了。那时我们才告别高考以及一切为高考服务的生活，内地同学间还一度暗暗比较高考分数。突然之间，大家已经开始讨论工作和实习。赛马会和新鸿基地产，已经来学校校招了，挑选一部分人做培训生，会承担他们的奖学金，将来优先录用。我的香港同学的学制跟内地学生不同，只有三年，绝大部分人完全不考虑读研，早已忙碌地找工作、谋生活了。

我被抛进现实，抛得太快了。我作为好学生"小公举"、应试教育里的佼佼者被照顾了太久，这时候还在学习开银行卡，用公共洗衣机，自己选课，大概十门全新的学科，还都是英语教学。而身边每个人的履历表上，每天都在添加新的事项，竞选、兼职、社团、交换项目、暑期计划，我懵懂地追随着这一切，在自己的履历表上逐一打钩，又时常对一切感到迷惘。

刚去的时候逛小店，看到贝壳、爱心和飞机穿在一起的手机链，被学姐提醒这是广东话课的考点，才想到这是贝、心、机，广东话是"俾心机"——比"你走点心吧"语气略强！我觉得这份礼物实在是很"香港"，买了好多份送给去了全国各地读大学的朋友。那时候大学食堂有一个香肠、一勺酱、一大盘饭的所谓"颓饭"，又便宜吃起来又省时，深受宅在宿舍里打游戏的青年男女的欢迎，和"俾心机"对立统一，是很"香港"的两种态度。我双子座骑墙，好几次就要点"颓饭"，心想，不能就这样认了，俾点心机，还是点个两餸饭吧。

那是一段不容易的日子，是一个人重新寻找自我的过程。我那时很怀念高三，怀念那种单纯的、人人同步、我已习惯而又颇为擅长的竞争。到后来，我找到了新的自己，天大地大，难以相信那时候常常做梦梦见考试，醒来觉得是个好梦。

我发现自己没有那个夏天，亲朋好友恭喜我爸妈的时候，说的那么优秀。应试教育给过我自信，可我身边突然有山东、北京的高考状元，我在高考分数的比赛里被远远甩在后面，羞于再提了。与他们相比，适应从教材到课堂、作业、考试突然全部换成英文的学习，对我来说没有那么容易。而对于寻找一个新的自己这件事，我还一直在抗拒。

像小时候每次刚转学的时候那样，我总觉得对于身边的许多人来说，人生轻松得不可思议，可惜对我来说不是。我需要时间。我申请去美国做一年交换生，辅修政治，把大学拉长到五年，其实是种逃避。我讨论未来的时候总一口咬定想读研、读博，其实也是种逃避。它们都帮我推迟着决定，掩饰成长的慢节奏，以及对未来无所知的迷茫。

当然，这一切也有一份真实的动力，我越来越发现，我还是喜欢学习。到最后，我已分不清是因为擅长，因为好奇，还是因为逃避。但是喜欢写有关辛亥革命的论文，一个月在图书馆席地而坐，读那些发黄的县志；喜欢在美国跟随他们的视角再学一次马克思，读很厚的英文原典；喜欢那种偶尔读懂了一点点苏格拉底、柏拉图的感觉；喜欢被抛向宏大的那些问题和猜想，比如经济学在利率、失业率、通货膨胀率间画出相互牵扯的曲线，政治学挖空心思地寻找因果，把论文写成通俗科普了，还赫然名为"国家为什么失败"。

交朋友、做兼职和进社团，最初都是我用力去做的尝试，不是我的安慰，但学习和读书是。不停被环境告知应该面对现实的时候，某些课还在让人超越现实。

大学里超越想象的课，是香港最初给我的多重震撼里，最正面的那一种，有那么多不开心、不习惯，最后还能总结一句"不虚此行"，主要是因为这些课。令我印象很深的有很多，其中一例是我大一为了挑战锻炼自己，选的一门广东话教的政治课——Thinking Politically（思想政治），课上的内地学生只有我和一个厦门男生。那门课的全部主旨，只在理解生活中无处不在的权力。没有固定教材，没有体系，没有大纲，只有一个个话题，比如"火从哪里来""中国人为什么要用筷子"。这些问题并无标准答案，我们自认后现代主义福柯一脉的教授，引导的方向，便是权力。可是，不接受也没关系。

某天的课，我们全班一起坐车到上环，参观了孙中山纪念馆。回来以后那节课，教授则让大家七嘴八舌，讨论孙中山纪念馆。同学纷纷开始批判，有的说孙中山其实跟香港联系不大，这是香港为了自证历史意义，硬说孙中山的政治思想是在香港受到启蒙的；也有的说纪念馆是先想好了一个故事要讲，再挑选展品，引导参观者对孙中山的判断。总之，这纪念馆几乎可说是"又傻又坏"，唯一做得好的，是门口那座青年孙中山的塑像，很帅气，很像古巨基。

等到大家批判得差不多，教授才笑吟吟道："纪念馆馆长今天也来了。"就见一位不起眼的小个子爷爷从人群中站起来。我还以为同学们会见风使舵，给人点面子，收回一些话，谁知他们只有变本加厉，一上来就问那馆长老爷爷："铜像是按照古巨基的样子做的吗？"

我见馆长老爷爷势单力薄，支持不住，忍不住有些气急。因为那时候广东话能听懂却还不大会说，所以我在那门课上一直很沉默。那时心头火起，我忍不住站起来，用普通话发表了一次演讲。讲了些什么，已经不记得了，但一定是在那个以批判为主调的课上，很不和谐的正能量，大约是，就算是先有故事，又怎样？这故事全无价值吗？

讲完以后，气平了，有些忐忑，想全班如果群起而攻之，我和爷爷两个挺瘦的人应该顶不住。结局是，我今天想来仍然很感动，全班人给了我很久的掌声。那节课过后，教授找我聊天，鼓励我多发言，"带来一些不同的声音"；有好些同学，开始整天带我和厦门男生看电影、看话剧，劝我们做头两个选政治专业的内地生。

后来，我还是向现实妥协，学经济了。"头两个"是很大的诱惑，也是很大的压力，我那时候，还没有那样的自信，能活得随心所欲。顺从自己内心所爱去读政治，不管别人怎么看，也不管能不能找到工作，是到我读博的时候，才终于决定的事。

可是那段时光，真是美好的青春。每天都在热烈地思考、辩论、批判、质疑，每天都觉得自己发现了天大的秘密，领悟了刷新三观的真理，每天都感到任重道远和自命不凡，然后分享、碰撞，被挑战、生气、困惑、再读书。当然，我那时候也已表现出文科生的毛病——学术功底不牢，就爱空谈、批判、上纲上线。我后来读博士，因为大部分博士同学是在内地读的本科，和他们相比，我尤其觉得在香港读书这个问题的严重。不少内地同学有读书人的呆气，不太善于表达自己，但多是扎扎实实做过学问的，而我们，有太多具有批判精神，还没有立，已经在破，已经破了，却不知道怎么立。

政治专业一直少有内地学生参与，一来是不大现实；二来是我打听到香港的公务员面试是说广东话，以我的水平想来是无望，从政做议员更是不知从何说起。后来我还去香港某本地党派实习了几天，整日里都在设计小区的垃圾站，中秋节向小区居民派月饼，和来访的阿公、阿婆也不知聊点什么。

这个专业太过"香港"，所以我们和它总有距离，因为我们和香港这个社会，也总有距离。

我和香港同学聊起过各自的中学课本，发现在进入大学之前，我们学过和学到的东西全然不同。我在读博做助教的时候，无意间发现香港学生对中国历史所知甚为有限。某一天讲国际关系中的制衡，我偶然问他们知不知道楚汉相争和韩信，结果只有一个人举手，说有朦胧印象。那个学期，我像说评书一样，给大家讲了《前汉演义》。很巧，之前去贵州的中学支教，能让我们班上整天打打闹闹的男孩子听得起劲的，也是这段故事。

一百年不同的历史所带来的种种不同，是需要时间去彼此理解的。而在融合过程中，又难免出现新的现实难题。一次我表姐请我帮她从香港买两罐婴儿奶粉，我从学校旁边的超市一路逛到了旺角，所有超市的奶粉架上空空如也，我能体会买不到奶粉的爸妈们的怨气。其后两地都采取了不少措施，但"水货客"总是有对策，有一阵子，我们只要从香港买两罐奶粉，在罗湖口岸外转手卖给那些专等着收奶粉的人，就能轻松挣一百块钱。诸如此类的问题，还有不少。两地的体制和体量如此不同，在融合的过程中，碰撞在所难免。只是渐渐积累的怨气，有时被发泄到无辜的普通人头上。我妈有一次看新闻，一位内地游客在沙田被一群人骂作"蝗虫"，决定再也不去香港旅游，虽然此前，她挺喜欢香港，地方又干净，人又守秩序，她和我宿舍的阿姨陈姐一见如故，能聊个没完。我感到难过，但也理解她。

今天回头看，在困境、问题、误解、争议最初出现的时候，如果我们都能更努力一点，也许一切就会是另一个样子。我们初去香港的时候，一个学长说我们这些来香港读书的内地学生，是两地间的桥梁。我们也曾经以此自命而努力。我和朋友在当时还流行的人人网上办过一个广播小站，邀请内地学生和香港同学对话，聊分歧，聊共识，聊不同看法，也聊各自的经历。我们想，只要大家交流，总是有希望彼此理解的，哪怕只是聊聊童年趣事，我们至少会发现，原来彼此的童年和那时候认知的世界，在彼此的眼中是那么遥远和新鲜。可惜我们只是普通大学生，影响力有限，每期节目有上百人听，就挺满足了。是啊！甘于平凡，没能更努力一点。

如今回首已经十年了，那时同上思想政治课的同学，有的人做了公务员，有的人还像以前一样喜欢批评，大家默契地不再联系。很多年前，我们有那么多的不同和分歧，但诚心沟通，便能在一个教室里为彼此鼓掌。二〇〇八年的夏天，第一次坐车经过青马大桥，天气晴好，一个忙碌的繁华都市展现在我眼前。那以后的许多年，我敢一个人在凌晨四点的旺角夜行，因为这城市平和、安全。那里的人虽然急脾气、快节奏、多挑剔，可给过我的，多是善意。

东方之珠，我的爱人，你的风采是否浪漫依然？……
让海风吹拂了五千年，每一滴泪珠仿佛都说出，你的尊严。
让海潮伴我来保佑你，请别忘记我永远不变，黄色的脸。

北调杂南腔——留美影集

每次回想起对美国的印象,我都会首先想起遇到过的那些 Uber(优步)司机。

在法学院读书的时候,晚上坐 Uber 去波士顿市中心面试,我遇到一个染发、文身、穿鼻环的朋克风姐姐。美国大城市天黑以后的治安状况是众所周知地糟糕,临要下车,这个姐姐回头看着我说:"女孩,别害怕,我就是为了保护搭车的单身女性,才这个点出来开车的。我会看着你平安地走进这栋楼再离开。我反对持枪,这个国家让人人都能有枪简直愚不可及。"她说着从副驾驶座上拿出一把长几十厘米的砍刀,看着我的眼睛说,"所以,我会用这个保护你。"

又一次赶时间打车去挺远的一个地方办签证,聊着天发现司机小哥是个库尔德人。我好奇心大盛,开启了访谈模式。他似乎也很高兴能跟人分享,用口音浓重的英语跟我讲了他和他哥哥怎么逃难，怎么拿到难民签证来到美国，在这里找到另外两个先来的库尔德人，他们借给他钱买这辆二手车，他就做起了 Uber 司机。他一直等我排队办完了签证，又载我回来，两个人又聊了一路。从他的故事里，我感到库尔德人作为一个族群，在中东的夹缝里生存，而在美国的他也是一样。来美国一年了，他的朋友圈并没有超出另外三个库尔德人，他无比渴望友情。他后来开车载客到哈佛大学附近，我带他去吃了火锅，看着这小哥把菜都摆在盘子里晾着，然后用手抓着吃，我又惭愧完全没想到他们这个习俗，竟然带他吃火锅，又忍不住有点好笑。

还有一次在学校附近打车，开车的竟然是位哈佛教授。那阵子美国大选正火热进行中，他出来开 Uber 的唯一目的，就是尽可能地向更多人宣传他的政治主张——不要投票给特朗普。我笑说我是中国人，只是看看热闹。他很严肃地说："你是中国人，那可不是看看热闹了。"他推荐我回去搜好几个特朗普演讲的视频，说，"特朗普一上台，就会把美国的一切问题归罪到中国头上。"我说："那不还有俄罗斯吗？"他恨铁不成钢地看着我说："咱们等着看吧。"

我对很多地方的第一印象都是由当地的出租车司机决定的。我在美国前后住了四年，这第一印象还是没变，许许多多血缘、民族、肤色、背景、口音、三观截然不同的人，混杂在这里，不见得融合，但又都挺"美国"。

第一次去美国是大三做交换生，我去了加利福尼亚州南边临近墨西哥的四季如春、晴朗干燥、吸引许多人前来养老的圣迭戈。圣迭戈郊区有许多小别墅，有一天我和朋友步行回公寓，穿过这一栋栋小别墅。不过晚上八九点，大街上路灯稀疏，空旷无人。我突然理解了费孝通的《乡土中国》，他说中国的乡土社会像是在小池塘里丢进去小石子，一圈圈扩散开去；西方人的社会，是麦田上割过的一捆捆的麦子，各自扎成一堆。我一直不明白这个比喻是什么意思，直到看到这一栋栋的房子，仿佛就是那一捆捆自扎成堆的麦子，人们的生活都在各自的房子里，隔着车道和花园，不通声息。

在圣迭戈，我知道这些房子里，至少有两种截然不同的生活。一种是我的房东姐姐和她的基督教教友们的生活，他们是虔诚的教徒，大多有固定的小团体，其中有我的同学，有博士，有房东姐姐这样工作了的人。十几名教友各自在家里做两道菜，带来一起热闹地吃吃喝喝。饭后一个"弟兄"或"姐妹"弹吉他或钢琴伴奏，大家一起唱几首柔和的赞美诗，再一起读一会儿《圣经》，讨论讨论神的教导，然后早早回家睡觉。另一些房子里是我那些据说临到考试，会给自己来一针兴奋剂，喝许多红牛饮料疯狂读书的美国同学。平日里，他们聚会不断、整晚狂欢，偶尔从小房子里冲出来，开心地奔跑着大喊。

我的房东姐姐和她的教友们，都是一些非常好的人。我刚去美国时，举目无亲，没有车，也没有驾照，他们开车带我去打疫苗、办入学手续、开户和买家具。房东姐姐是中国香港人，比我和室友都大十几岁，俨然长姐如母，每次我用我半生不熟的广东话跟她讲话，她都会憋了笑，用她那半生不熟的普通话说："我们说中文吧。"周末短途旅游，假期长途旅游，平时带我们做饭、下馆子。过了好几年，我又去了美国，在哈佛法学院读书，假期到旧金山实习，她结婚也搬到了旧金山。这时我已经年近三十岁，考了驾照，做了律师，她眼里的我还是那个不靠谱的小孩，每周末她都把我约出来，坐在我的副驾驶座上，看我怎么开车，动作规不规范，超不超速，守不守交通规则，好像我多在她面前开一会儿车，她就能多放心一点。我的生活里，只有驾校教练和我爹这么对过我。

他们当然一直希望我皈依基督教。我参加过他们的许多次活动，饭很好吃，赞美诗有的挺好听，晚上读《圣经》，则成为非常有趣的辩论活动。我带着好奇读了几章《圣经》，只觉得到处都是矛盾，满心都是困惑，他们也鼓励我说出来。后来我整晚舌战群雄、挑战反驳，他们也不生气。有个大哥辩论水平极高，总有办法解释，我和他反复交锋，最后既没有改变彼此，也没有改变听众。我也不能像另一些人说的，不用想和辩，只是去信。我没有迈过"信"这个坎，也给他们看了我脖子上系着的，从西藏求来的佛像。不过直到我离开美国，他们还是待我很好。

我的另一些美国同学，不唱赞美诗，有的是运动型，有的是聚会型，前者白天冲浪、划船、跑步，每天吃鸡胸沙拉，后者晚上蹦迪，白天就开始喝酒，但平时大家都穿着印着学校名字的套头衫，浑然一体。我刚在香港开始学着捯饬自己，到了圣迭戈，发现自己买衣服的走心程度高出平均水平，也就不再努力了，去手染工作坊染一些衣服给自己穿，我爸说："一件比一件像发霉了。"

爱运动的那拨人是真爱运动，帆船、独木舟玩得风生水起。在香港的时候我还没觉得自己这么瘦弱，先是加入一拨美国女生打篮球，可怜我在本校还是内地生篮球校队成员，感觉自己在场上被撞得飞来飞去，不知球是我还是我是球。学校有一面临海，有的人大白天在沙滩上进行日光浴，好多人在海里冲浪。学校里有个冲浪俱乐部，也是学生自己办的，教其他同学冲浪。我因好奇也参加了，理论都学会了，匍匐在板上划水出海，到了有浪的地方，我已经筋疲力尽，又匍匐着回去，一整个学期都在练划水。教练每次见到我，就劝我多去健身房——练划船机。

做教练、救生员，也是这些同学自己挣学费的方法。当然，另外一拨走聚会型路线的同学也有自己的挣钱方法。有一天一个印度尼西亚的同学带着我去买口红，由于我的口红知识为零，她对我进行了大段的科普和推荐，过了一周，她告诉我，那家化妆品店对她印象深刻，她开始在那里兼职做导购了。

美国人的自来熟水平极高且极"话痨"，特别擅长"小对话"，刚认识就不会冷场。我发现在香港的时候，大家在一门课上认识，下课聊天主要是吐槽教授；美国同学虽然也抱怨某教授的课很难，但主要热衷于分享自己的学习方法，就算成绩平平，也无改于他们的自信。圣迭戈地近墨西哥，加之国际学生自成一个小圈子，我也认识了些墨西哥同学，他们尤其快活爱玩，刚一起吃了一顿饭的同学P，临走朝我和另一个同学眨眨眼说："晚上来吧，带你们做有趣的事！"

加利福尼亚大学的圣迭戈分校，按理说也是美国挺好的大学了，好些著名教授年纪大了喜欢到圣迭戈养老，因此本地也算名师荟萃，但大部分美国同学确实不算努力。学校中央的图书馆全是落地窗，每层靠窗处摆了一圈躺椅。刚去香港，我下了早课还随大流去图书馆读一会儿书，到圣迭戈久了，入乡随俗，一下课赶紧去抢躺椅，趁中午阳光好睡觉，进行日光浴。

我当时读的是经济学专业课还有相关的数学课，不用特别努力，不仅能拿A，基本都能考满分，因为课程实在简单，大家又实在不用功。我由此对美国同学产生了轻视，后来考上了哈佛大学法学院，听说学习十分辛苦，我还想了想要不要提前预习呢，转念一想，这些美国人不到考试前一周是根本不读书的，我有什么可预习的，后来付出了惨重的代价。我的哈佛同学仿佛不是美国人，好多人提前读完了书，有的人在读法学院之前已经成为"案例点读机"。我有一种当年去读贵阳一中理科实验班，开学第一天发现我的同桌已经学完了高中化学知识,那种"你们早说啊,早说我带兄弟来了"的受骗感。

哈佛同学还是爱喝酒,爱聚会,但与此同时,他们整个学期人人疯狂学习。我想,我傻啊,我怎么不明白,麦子和麦子是不同的,这一捆,乃麦子中的"战斗麦子"。可谁能想到差距这么大?

在圣迭戈的时候,我也遇到过很喜欢读书的同学,我们俩整天约着去图书馆读书,大家以为我们在约会,仿佛两个惺惺相惜的奇葩。两边学校的教授每周都有"办公室时间",教授们坐在办公室里等着大家来问问题。哈佛一边总是人满为患,所有话都有人能接上,挤不到一个提问窗口。在圣迭戈的时候,我选了几门专业以外的课,那时候英语不够好,离开了数学,听课、读书都很吃力,鼓足勇气在办公室时间请教,整个学期都没遇到过别人。

圣迭戈分校的教授因此待我很好。我选了一门讲美国社会史的课,每个星期都差不多要读完一本书,我全无根基,完全跟不上,听课云里雾里的。本来想去问 H 教授,能不能给我划下重点,让我力所能及地读一读。结果他看我爱学习,非常高兴,从书架上拿了一本《密西西比中国人》,说这书是讲中国人在美国的社会史,我也许会有兴趣。看我面有难色,他笑着说:"别急,慢慢读,下周读完了咱们再讨论。"

H 教授和中国有一段缘分,他和太太从中国领养了一个女儿。他跟我说他们排了很多年,年近五十岁,终于有了这个孩子,爱若珍宝。他们带着女儿回中国寻根几次，不过年纪越来越大，将来，就只有她自己回去了。他们的女儿患有天生的阅读障碍，比别的孩子认字晚、读书慢。H教授并没有显出丝毫难过或遗憾，反而微笑着说，也因此，她比别的孩子长得慢一些，他们有更多的时间，陪伴她阅读。我一时感到心里挺温暖的，但一想到他安排我额外读那么一大堆书，心想，你难道不应该很了解有阅读困难的人阅读起来有多辛苦吗？

无论是唱赞美诗、冲浪、泡吧，还是读书，都像是各因爱好，划成的一个个圈子，也就是一捆捆交集不多的麦子。人无论用哪种方法，总会想要进入一两个圈子过日子。就好像傍晚走在空阔的街上，如果没有加入任何一个房子里的活动，大概是会感觉挺孤独的。最好笑的是我认识另一个印度尼西亚朋友，她前一年考托福分数不高，她妈妈把她送到美国学英语，结果她在美国遇到一群印度尼西亚人，整天聚在一起，叽里呱啦说印度尼西亚语，她说她仿佛没来过美国。这一年她又去考托福，"结果你猜怎么着？"她笑说，"比去年还低一分！"

我的室友D，是个没有什么圈子的很特别的人，所以她和整个环境都十分疏离，总是在房子里安静地画画。她是个在美国长大的中国台湾小孩，整个人非常单纯，晚上既不参加唱诗班聚会，也不参加其他各种聚会，既不爱玩，也不费心学习。我们俩偶尔一拍即合，都有一点"幼稚病"。有一阵子决心锻炼，两个人画了好多瑜伽造型的小人，贴满了整个卧室，还把房东姐姐叫来参观，让她做见证。练了两天，太累了，两人把瑜伽小人都撕了，改成画各种美食贴在墙上，又把房东姐姐叫来，问她会不会做。

美国同学从长相到气质，普遍早熟。后来读法学院，跟我关系最好的教授总是跟我说，我职业道路上最大的阻碍，是我看上去"太年轻了"。不过他们当中天真的那些人，也真是晚熟和天真，比如D。我和D差不多同时满了二十一岁，终于都可以在美国合法喝酒了。好多没满二十一岁的美国同学，会在周末开车跨过国境线，到墨西哥去喝酒，大约第二天睡醒了又开回来。我请了几个朋友来家里喝酒庆祝生日，事先跟房东姐姐请示，她满脸叹息，但还是答应了，还帮我们做了几个菜。我问D要不要一起合法喝酒，她说她早已想好了二十一岁生日的庆祝计划——上街去买一张彩票，因为满二十一岁才可以在美国合法赌博。大家一时呆住。

D最"美国"的一个侧面大概是她每天都吃超市里的速冻食品，用微波炉热比萨，用微波炉热肉饼，甚至用微波炉热胡萝卜和青豆。她妈妈每天都会和她打电话，问她当天有没有吃蔬菜。D非常诚实，叹口气说"好吧"，然后从冰箱里拿出一棵芹菜，略洗一洗，切成小节，蘸花生酱吃。后来我在法学院跟几个同学组成了模拟法庭代表队，整天坐在一起准备比赛，查法条、写辩护词，有人提议说，明天咱们都带着零食来吧。第二天开开心心一去，我发现这些同学各自拿出了小袋的生芹菜和胡萝卜，甚至没有花生酱。

我终于在差异中发现了共同点，美国人不论年纪和成绩，对食物的品位都是如此糟糕。

D的爸妈是读大学才来美国的，生活习惯完全是中式的，D的爸爸做中餐就很好吃。那年春节，他们看我一个人在美国，邀请我去他们家过年。我前面几天陪D的妈妈做饭，其实是给她打下手；陪D的弟弟练网球，其实是帮他捡球，真没拿我当外人，把我累坏了。到过年那天，来了好多华人，一大屋子热热闹闹的，我和D的外婆是最开心的两个。这些叔叔、阿姨，到美国的时间长短不一，到过年了，决心搞一些体现中国传统文化的活动，我一开始还以为要写春联、对对子，已经跃跃欲试，结果他们想来想去，决定——搞成语接龙！我毫不客气地大杀四方，整个晚上，我和D的外婆还是最开心的两个人。

圣迭戈的一栋栋房子，虽然各有自己的生活和节奏，但终究是同一个中产小区里的房子。在不同地方的小区、地区，世界的参差就大得多了。

有一年暑假我在华盛顿哥伦比亚特区实习，晚上想去和同学们聚会，问我的房东："华盛顿晚上安全吗？"她想了想说："要看是华盛顿的哪里。"在市里，一旦天黑就不安全，但我们住的郊区，非常安全。城里城外，是属于不同人群的世界。城里的夜晚路灯稀疏，黑暗中总让人产生对暴力的恐惧；郊区的夏天，清新怡人，傍晚有许多萤火虫在飞舞。

去美国当交换生那年，我们跟团在美国旅游，我最喜欢的城市是旧金山。起起伏伏的山路，漂亮的小别墅，穿过花坛的九曲回廊长街。所以读了法学院后，第一年找实习时，我毫不犹豫就选择了旧金山。接着，我便发现坐着旅游大巴穿过的城市，和我去打工、生活在那里的城市，不是同一个。我工作的州检察官办公室，因为是政府大楼所在，所以旁边的广场，聚集了许多流浪汉，等待每天中午政府派发救济粮。他们有时在街头随地便溺，漂亮的州议会和政府大楼周围弥漫开阵阵的臭味，这是坐在旅游大巴里闻不到的。

旧金山除了金门桥，还通过好几座不同的桥，连接几个地区，也仿佛连接几个不同的世界。我为了省钱，和在伯克利读书的朋友合租，住在东边的奥克兰，据说那里在整个美国也是谋杀案发生率最高的地区。有一次开车去靠近硅谷的南湾区见朋友，我才感慨阶级的差异是多么肉眼可见。两边都是独栋的小房子，但我们的房子是密集、低矮和破旧的，而南湾区的，是那些曾经在小时候家里的日历上出现过的房子。也许是心理作用，我觉得他们那里的天都更晴朗、更蓝。然而事实就是，我们住的是黑人区，旁边是穆斯林街区。南湾区住的则多是白人和亚裔。

安全性的差异我也亲身体验过了。有一天我大早上去上班，一个黑人小哥迎面冲过来抢走了我的手机，我只和他搏斗了三秒，立刻想起这里是人人都可能持枪的地方，let it go（随它去）了。

那天去办公室，大家照例客套一句"how are you"（你今天怎么样），那是我第一次回答，我不太好。我的本地同事们大概是为了安慰我，纷纷分享了自己过往的糟糕经历，结果让我感觉更不好了。一个同事说，坐地铁千万不能坐在门边，因为会有人到站抢手机夺门而出；另一个同事说，在路上被抢都算好的，他一个朋友大晚上在家里睡得好好的，被人破窗而入。

我的睡眠质量一直极高，那之后我却有些风声鹤唳，有一天听到窗户外嗒嗒嗒的声音，猛地惊醒，看见一只小浣熊，我和它在月光下都瞪圆了眼睛。之前我每天下班都和几位黑人老爷爷一起在比萨店看NBA（美国职业篮球联赛），后来再也没去过。之前每天坐地铁上班，我有时候还感慨，从伯克利出发的乘客都好有文化，一位爷爷在看数学书，一位奶奶在看芭蕾舞，所以我也读我的《资治通鉴》。那之后我在地铁上，像《狂人日记》里的狂人，警觉地看着所有人，个个都像要来抢我的手机。后来一个朋友要去旧金山实习，问我找房子的经验，我只告诉她："不管借多少钱，住到南边去！"

因为那时候，我在街上迎面遇到任何黑人男性，都会心跳加快。一边理智告诉我这是糟糕的刻板印象，一边感受着真实的、难以克服的恐惧。可是，同样是在那个时候，我在实习的州检察官办公室所遇到的，让我最为佩服，也一直诚心诚意给我最多帮助的副检察官，是一个黑人。回到法学院，我们一个班，一群不可一世、非常自信的人，公认一个黑人同学是最聪明的天才少年。

这个社会划分出许多不同的人群，同一种肤色的人群，当然又划分出许许多多不同的人。回想起来，每天下班回家，我常跟隔壁的黑人小孩打篮球。他们家有七八个孩子，除了最小的一个是妹妹，其他全是男孩，个个淘气，分不太清谁大谁小。我们两家门前的人行道上，立着一个篮筐，一整天也没有一两辆车来，我们就在坑坑洼洼的马路和人行道上比赛，球"哐哐哐"砸在他家门口一辆很老的丰田车引擎盖上。后来有一次，他们的爸爸开着那辆车回来了，也投几个篮，把自个儿的车砸来砸去，浑不在意。我当然也就放心地抡起来，也自有我们这个穷人区粗糙的快乐。有一天下班打球，我把钱包、钥匙忘在篮筐底下，他家大哥轻轻敲门给我送回来，脸上是一抹羞涩的微笑，和那些带着恐惧入睡的夜晚一样，都是奥克兰的一部分。

当然人和人不一样，每个人又都是复杂的。这种印象在美国格外鲜明，大概因为美国人自信又爱表达，观点和反对意见都非说不可，而很多观点上升到背后的信念，不是可以在辩论里改变的，整个社会还在朝极端和分化的路走。我的室友D的妈妈，一个特别善良又热心帮助人的人，那年加利福尼亚州搞反对同性婚姻合法化的公投，她也积极参加。我有些不解，因为她是个很宽容的人，而且就算不支持同性婚姻，至于积极参与反对运动吗？后来才知道，她是教徒，而且坚定地相信同性婚姻是违反上帝的意志的。

哈佛同学这个人群，和我在圣迭戈遇到的同学，是很不一样的两群人。哈佛这群人又以观念分出派别，辩论起来，三观也是泾渭分明，气势剑拔弩张。大部分哈佛学生是坚定的左派（自由派），当年特朗普当选总统，学校里看直播的人，许多失声痛哭。第二天上课，有的教授说着说着，自己也哭起来，还有的教授上课演讲，鼓励同学们不要绝望，准备战斗，大家含着泪听。但是法学院里也有一批坚定的右派（保守派），支持持枪，反对堕胎。他们学习很好而且非常团结，据说只给自己人分享学习资料。我们班上大部分美国同学是左派，"自信"两个字分明地写在脸上，说起话来滔滔不绝。坐在我旁边的R一直很羞涩，聊天会脸红到耳根子。他正是右派的一员，来自宗教家庭，早早结了婚，已经有了好几个孩子，每天穿着衬衫、西裤来上课，下了课也不和大家喝酒，早早回家去。过了两年，我们那一届校内模拟法庭比赛进行到了决赛，美国联邦最高法院的大法官亲临坐镇，全校瞩目，勇夺冠军兼最佳辩手的人，是R。我和好朋友何老师一起感慨，右派是闷声干大事的人啊！

哈佛的同学和圣迭戈的同学很不一样也是正常的，美国在本科阶段不设法律这个学科，法学院是搞职业教育，必须先学点别的再来这里，平均入学年龄是二十五岁，大家都已经有了一两个学位，在社会上跌打了些时光，经过分化，经过重新选择在法学院相聚。我当初从政治学博士辍学，改学法律，我的同学们都颇为惊奇，只有我的导师一直告诫我"学术这碗饭并不容易吃"，鼓励我跳出去闯荡。等我到了法学院，发现像我这样学了经济又学了政治的，倒成了很典型的法学生，好像从一开始就设计好的。这里当然有同学本科毕业于藤校①，有华尔街经验，再来读法律的；有读了河对岸哈佛商学院又来读哈佛法学院的或者兼修哈佛法学院和政治学院的；还有老爹或者哥哥在哈佛商学院做教授的。但也有其他形形色色的人，本科读政治的人是最多的，但排名第二的本科专业竟然是艺术史。我感到很不服气，这些人本科学了那样一个享受的专业，美滋滋地过了四年，不像我算供求曲线算了四年，结果他们读起法律来好像一点亏没吃。至于他们为什么改学法律，我的好朋友何老师从前就是学艺术的，她说是"实在没钱了"。

有的同学从前做过记者，有的同学在南非创过业，我们班的W大哥，三十好几岁时，物理学博士毕业做了教授，又来学法律，在我读书读不动了，觉得自己老了的时候，他的故事一直鼓励着我。还有一个同学毕业以后一直在做职业保姆，而且她毫不隐瞒这段过去，经常讲她带过的好几个宝宝的故事。

说起来，我们的经历既相似又不同，大概因为法学院招生首

---

[1]指的是美国常春藤盟校，分别是哈佛大学、耶鲁大学、普林斯顿大学、哥伦比亚大学、布朗大学、康奈尔大学、达特茅斯大学以及宾夕法尼亚大学。——编者注

先看本科成绩和考试分数，其次看"政治正确"的多样性，越彰显自己的多样性，申请成功的希望就越大。我在法学院参加模拟法庭代表队，我们四个人，只有我是中国人。一个队友是土生土长的纽约人，自小父母离异，但在各方面都有一种一切尽在掌握的领导气质。但一有空就跟我们倾诉，快到举行毕业典礼了，她不知道如何安排亲生爸妈共处一室，因为这两人见面就干架。一个队友是奥地利人，欧洲外交官的女儿，金发碧眼，气质迷人，她是一个积极的平权主义者，和她的黑人男友高调恋爱，准备好了投身于公益事业。还有一个队友是加拿大籍印度人，两岁的时候他们举家拿着难民签证到了加拿大，经过多年奋斗，她舅舅成了一名米其林星级餐厅的厨师，在纽约有了自己的餐厅。我们去纽约比赛，她舅舅场场来看，因为我们模拟诉讼的话题里正好有难民这一项，我看到他偷偷擦过眼泪。

　　我在读法学院之前，从学前班算起，二十年来一直在中国读书，我的同学们和我很不一样，大家好像是在全世界打卡的。我的好朋友S，毕业以后先在华盛顿上班，觉得无趣，去了开罗，到了当地才开始学阿拉伯语，待了四年，然后又学了西班牙语去了哥伦比亚，间接参与了哥伦比亚游击部队"哥伦比亚革命武装力量"和哥伦比亚政府的谈判。S总结说，自从适应了开罗，她感到自己能在任何城市生存了。后来，虽然没能完全适应哥伦比亚，但她感到，自己可以在任何地方生活，活着就好。

像 S 这样的人，因为有很多国际经验，接触了各色文化，认识了各色的人，不像很多美国人一样是美国中心思维，交往起来反而是容易的。我认识的许多美国人，人挺善良，只是对美国的一切认为理所当然，对世界和文化差异比较无知。有一天我正在酒吧看欧洲杯比利时队的比赛，旁边桌两个阿姨喝酒聊天，一个说："比利时是德国的，对吧？"另一个瞪大眼睛，不可思议地大声道："不！比利时是个国家！是个南美洲国家。"我一时呆了，最令人震惊的是，她们竟然不知道现在正在播欧洲杯。

我去奥尔巴尼参加司法考试，遇到一名 Uber 司机，跟我说起她不久之前刚刚完成了人生中最远的一趟旅行，去了纽约，足开了四小时的车，"太远了，我累得不行"。我想了想，奥尔巴尼也在纽约州呢。她问我从哪里来，那次我正好是从新加坡飞去纽约，我说："如果将来有了直飞航班，从新加坡只要飞二十小时就到纽约了。"

美国人觉得美国已经很大了，人又多又杂，比国土面积更大的是有些人的三观，歪到没谱，不可理喻。跟 Uber 司机聊天，很多人说"美国完了"或者"快要完了"，只不过右派觉得左派是异端、空想、虚伪，迟早会把美国搞垮，而左派觉得右派愚蠢、保守、歧视，甚至邪恶，即将把美国拖入深渊。但是反过来，我又常常觉得许多美国人对美国很有信心，大概他们对"自己人"和自己，还是自信的。

S也是非常自信的人，不过大概在外面的世界待得久了，就容易接受和理解不同的文化。我们期末一起复习的时候，点中餐外卖，喝我的八宝茶，房子里缭绕着她的中东音乐，考完试，我们又一起去唐人街唱卡拉OK。读法学院那年正值《琅琊榜》热播，我推荐给S。一开始"油管"（YouTube）上有英文字幕的版本，她看得不亦乐乎，看到一半，大概因为版权问题，英文字幕版突然被下架了。S锲而不舍地在网上找资源，终于给她找到一个西班牙语字幕的版本，于是她一个美国人，开始听着中文配音，看着西班牙语字幕，看中国的古装剧。我有时候会想她到底有没有看明白，毕竟她整天说的是这发型好漂亮，这庭院太美了，还有小炉子上的茶壶太有意思了。过了几天，她看到霓凰郡主和梅长苏相认，打电话激动地说她连看了几遍，哭了几场，我终于相信优秀的文艺作品是跨越文化和语言的。

其实人和人到底有许多相似之处，S比我还大几岁，找了一个墨西哥男友，她妈妈比较担心，偶尔给她介绍些相亲对象到波士顿来，S不胜其烦。我说我有经验，因为我以前经常帮我本科的室友对付她妈妈介绍到香港来玩的相亲对象。

当然她也有很"美国"的时候。我们在法学院临近毕业，大家都邀请了好多亲戚来参加毕业典礼，美国爸妈虽然不出钱给孩子读大学，参加活动倒是挺积极的，一时间方圆五十公里内酒店价格飞涨。S一点没着急，说："我已经买好了大床垫子放在客厅里,等我爸妈来了,就睡床垫子。"我一惊:"你自己睡床,叫你爸妈睡地上的床垫子?"她非常夸张地说:"你是不知道我爸有多胖!"接着她非常夸张地比画了一下,说:"他要是把房东的床睡塌了怎么办?"

很奇怪,我在S身上发现了这么多有趣的个人特质,遇到过这么多形形色色的美国人,还是会在某个瞬间,觉得她很"美国"。我和韩国、日本同事,有时候开着会,会忍不住悄悄对视一眼,低声笑说"美国人"。这种很"美国"的东西到底是什么呢?

有一次我跟S开玩笑,说你已经在中东和南美都有工作经验了,你们家又是欧洲移民,你就差来中国工作几年,将来靠着履历多样性,就可以竞选总统了。S很平静地说:"有道理,我有想过。"过了一会儿她又说:"在当总统之前,我得把我的姓改掉,'总统D',听上去多奇怪,多没气势!"我一时呆了,我的可爱的朋友,三十多岁了,没有成家,没有立业,还没有从学校毕业,但她觉得她成为总统的最大障碍,是她的姓和"总统"这个词组合到一起不够有气势。

S不算是一个突出的例子,法学院的同学们都是自信的人。每次上课老师提问,我们班的P回答问题时,要缓缓从课桌上抬起头来,起势,一篇发言是有抑扬顿挫、起承转合的,我和何老师就相视一笑,"未来的美国总统又要发表'国情咨文'演讲了"。当然P不是那种虚张声势、没有内容的人,他确实非常优秀,混乱不堪的合同法历史判例，做到了信手拈来，临场发言除了回答在点上，还能兼顾文辞优美，我是很佩服的。不过那个范儿确实比较夸张。当然这还远远比不上大家口口相传的——查理·芒格，巴菲特的生意伙伴，在哈佛法学院读书的故事。据说有一天没有读案例的查理，被老师叫起来回答问题，查理不紧不慢地说："先生，你告诉我这个案子的事实，我来告诉你法律。"

而我在圣迭戈的同学们，学习没有那么刻苦，语言没有那么华丽，发起言来一样非常自信。我们小时候最讨厌那种一边用谦逊的语气说"我这次没怎么复习，每天看电视，考得不好"，一边拿出考了九十九分的卷子的学霸同学，我在圣迭戈的朋友P，是正好相反的。快要考试，她一早会主动斗志昂扬地跟我说"昨天我读到凌晨四点"，出成绩了，她会用"真的很为自己骄傲"的语气说："想不到我考得这么好。"一看考了六十多分。

当然，哈佛同学里也有那种整天抱怨"我今天还要去朋友的生日会，这么多书怎么可能读得完"，其实悄悄住在图书馆里的人，但是很多同学已经自信地跨过了这个虚与委蛇的阶段，会淡然地说"嗯，这周的书我都读完了，下周的也预习了，周末这两天我会复习"。一想到我这周还有二百来页的书没有读，我就想，有时候，虚伪也是一种美德。

别说这些未来的律师了，在美国的律所实习的时候，我们律所里的黑人秘书大妈，也是气场强大、风风火火的，律师发过去的东西，她自己动手就给改了，再发回来叫人好好想想，遇上动作慢的律师，秘书大妈是会发火的。过了几周我到日本实习，秘书换成一位日本阿姨，温柔和气，连说话也很慢，一句话要说成五句，真是世界的参差。

有一次我请我的日本秘书阿姨帮我寄几份礼物给我妈，她仔细地问了每个包装里的礼物是什么，然后联系快递公司来取件。过了一会儿，她给我打电话，非常着急，说海关好像不允许寄茶叶，我说："我寄的不是新鲜茶叶，是抹茶粉，干燥的粉，奶粉不是可以寄吗？"她说："是啊！很奇怪，这个规定，我也认为，确实啊，按理说是可以的……但是写抹茶，看起来，就不给寄。"我说："那我们不能写个别的上去吗？"她说："对啊！写了别的，他们也不知道，而且是抹茶粉，好的，我写个别的。"过了一分钟，"嗯，我写什么呢？"我一呆，没想到她还在纠结，说："抹茶……碗？"她说："对啊！碗，形状也像，没错，而且是抹茶粉，啊！太感谢您啦，太麻烦您啦，辛苦啦……"我只好也说了三分钟感谢的话，放下电话，觉得她有点可爱，又有点想念我的美国黑人秘书大妈，我寄什么东西，她肯定会指指点点评论一番："抹茶粉，什么东西？神秘的东方人。"如果邮局的人问她，她一定会说："都能寄！"

美国人的自信是方方面面的，懂的全对，不懂的也懂。上法学院的时候，有一天，我约了几个美国人去唐人街吃广式点心，同去的一个小哥显出他很懂的样子，说他在香港旅游的时候天天吃。到点菜时，小哥胸有成竹地说："我来点几个吧！"然后点了一份泡椒凤爪，我一惊，心想，呵，这只吃"左宗棠鸡"的美国人还吃起鸡爪来了，有点意思！过了一会凤爪上来了，小哥毫不含糊地拿起来就吃，不是用啃的，而是连皮带骨头全部嚼着咽下去了。

美国人在吃饭方面比较粗糙，请我的美国同学来家里吃饭，也不用讲究什么口味，只要麻油、花椒、孜然、甜面酱、十三香一大堆全部放下去，口味特重，他们就会啧啧称赞。我有时候想秀一下厨艺，展现一下真正的技术，做一两道清新的小菜，他们吃着就会问你："有盐和胡椒吗？"我完全理解了为什么美式中餐不是酸辣酱裹着炸鸡，就是甜辣酱裹着炸鸡。

在美国开着车到处转转，那体验也是这种感觉。不管自驾在旧金山和洛杉矶，大家并排超速的五车道，还是满山金色茅草之间空阔的小道，大风呼呼地吹过，都有种粗糙的快乐。在西部那些荒凉的国家公园，沙漠中间有一条直直的道，开着开着时速就超过了一百四十公里。秀丽的风景也是有的，优胜美地国家公园悬崖上落下来的瀑布，羚羊峡谷那些诡异的拍照角度，黄石国家公园的喷泉，死亡谷一片白茫茫的盐滩上巨大的彩色石头，我看到总会想，到底是对什么地方感觉怪怪的呢？本来应该感慨大自然鬼斧神工，但因为荒凉开阔，没有被精心维护起来的感觉，自己开车疾驰，只感到大自然的大手大脚。黄石国家公园的山火据说不进行人工干预，让它自生自灭，所以每次去，总有些山头是黑的。马蹄湾峡谷每年都有游客摔死，就是不设栏杆，也不限制人数，就在公路边，想看的自己注意。有一次我们开了两小时的山路去一个叫红杉树的国家公园，那里只有一个景点，就是一棵巨大的红杉树，据说它是世界上最大的生物体。我开得累了，忍不住抱怨，一棵大树能有多大呢，至于圈这么大块地给它做国家公园？后来见了那棵树，我就后悔说了它的坏话。真的好大。

这些很有特色的景点，没有任何故事，没有神话传说，没有摸一摸能许愿之类的趣味迷信。一查红杉树国家公园，介绍说，这里有很多红杉树，其中有一棵是巨大的红杉树。我想起在甘肃的时候，跟着我的藏族朋友，在周围逛，平平淡淡的每座山、每条河都有故事，山是美丽姑娘的头发，湖是她的泪珠，她曾在这里放牧，等着一个少年回来。他们是绝不可能放过类似这样巨大的树的。有一次我们律所招待客户，日本同事预订了日式便当，是那种百年老店便当盒，口味略平淡、包装极精美，不拆掉三层材质各异的包装纸根本不知道是什么便当。日本同事用工笔为每一个小便当盒写了"枫""秋风""江户小町"三种标签，过了一会儿，美国同事来了，一番询问，提起马克笔在三组盒子上分别写了"猪""鱼""猪和鱼"。

还好到美国留学，不管大家学什么专业，有没有学到什么专业知识,至少都学会了做饭。因为在我们吃得起的范围内,美国的饭实在又贵又难吃。只有一年一度的"餐馆周",没有什么花样,就是非常现实地各个高端餐馆都打五折,我们早早拉了清单。我的室友何老师,非常能算,不知她怎么算出来的,在餐馆里吃一顿至少是十五美元,在学校门口的中餐车买盒饭是七美元,但如果我们自己买菜做饭,每顿有菜有肉,加上柴米油盐全部平均下来,一顿也只要三美元。虽然节省,但何老师叮嘱我不能买超市里那些便宜得离谱的肉和蛋——肉是深加工,打碎了又重组的,蛋是不知道怎么搞出来的。总的来说,何老师有力地总结:"吃多了会傻。"

我说,那些便宜没营养的肉卖给谁吃呢?是了,那又会是无处不在的种族问题、贫富问题。

我们都是拿着一半哈佛大学的奖学金,一半哈佛校友会的贷款读书的。最奇的是好些美国同学跟自己家里人贷款,也会被收利息,还要和学校贷款的利率比较、计算一番。贷款这件事,在这里非常普遍,由头、名目众多。第一年临到面试季,学校推出了一种应急贷款,我们可以借点钱去给自己买几套好西装,穿着去面试,学校还找了人来教大家怎么买包。我拿着这钱给自己做了人生中第一套定制的西装。后来找到了工作,心情放松了,我就胖了。而我贷的西装款还是要还的。

有时候学校也给大家送钱,拿走了不用还。比如你毕业了决定放弃律所的高薪，为公益组织工作，那么当年贷款读书的钱可以不还；假期不拿实习工资，去做义工的话，学校会发一笔钱给你。这笔钱是怎么来的呢？是一年一度，逼每位教授拿出点东西来，在学校里搞拍卖所得。大部分教授卖自己的陈年红酒、珍贵书籍、家庭晚宴，卖出高价的是特别帅的两位教授的"跟诺曼组团骑单车野餐"或者"跟迈克组队划龙舟"活动。教授们出力，售卖自己的周日，让一部分教授、学生出钱，给另外一部分学生捐款做公益，有一种又实在又很资本主义的感觉。

　　按理说，我在哈佛认识的这些美国同学，是我认识的美国人中的精英。个别突出的人物不论，从概率来说，美国联邦法院一半的法官是哈佛毕业生，我的好朋友S，发言就起范儿的P，说话会脸红但学习超好的R，他们当中也许真的有人会成为美国总统、大法官、参议员。我们一起读法律，知识库比较相似，共同话题也应该更多，都没有什么太极端、不可调和的偏见，就算有，也会克制着不说出来。但哈佛同学并不是我最喜欢的美国人，他们中的许多人太不"美国"了，太过努力，太不直接，说话太过"正确"，内里仍然很自信，但姿态很谦逊。不知道为什么，除了几个好朋友，和其他哈佛同学也在一起喝酒、聚会、吵吵嚷嚷，但我总觉得那种友谊非常"精致"。我们的人生道路如果再次相交，一定能认出彼此，想办法聊起当年，如果再没有交集呢？我们就永远只是彼此领域里的两个"连接"而已。

我比较喜欢那些直接而粗糙的美国人，热情而话痨的，自信地把自己展现出来的。虽然这样的人也更容易有一些难以改变的偏见和执念。我两次因为误机，被迫转机去了美国南部的达拉斯，这里很多人支持在美国和墨西哥的边境修墙，当年特朗普推出"禁穆令"，我的哈佛同学们纷纷到波士顿的洛根国际机场抗议，达拉斯－沃恩堡机场却聚集着支持特朗普的人群。但也是在达拉斯，在马路上一招手就有车停下来问需不需要帮助，让我搭便车的大哥，谆谆告诫我，"北方佬"，尤其是纽约人，都是坏人。在机场遇到刚参加完聚会支持特朗普的大叔，帮我搬行李，听说我从中国来特起劲地跟我聊天，一瞬间很想问他一边支持排外，一边帮助外来的陌生人，这不是不合逻辑吗？

里约奥运女排决赛时，我们几个中国同学决定找一间酒吧一起看，从哈佛大学走到了隔壁的麻省理工学院，一路上的酒吧，都在转播棒球比赛。我们累了找了一间酒吧坐在角落，问酒吧小哥能不能把一块小屏幕换成奥运频道。一开始只有我们五个默默看女排，后来因为我们连连欢呼，就有几个美国大叔加入我们，跟着我们为中国女排干杯、庆贺、击掌，也不知道为什么，反正就是高兴。这是我对美国人的印象，每个人各有些自成一体的观念，其中一些颇为惊人，还都非常坚定和自信，但大部分时候晕晕乎乎，没事找事，高高兴兴。

我在哈佛法学院做了一个援助囚犯的实习项目，何老师做了一个帮穷困的艺术家和大公司谈判的项目。这些项目是公益性质，但也都会被写在简历上。我们都没有去争一争那些在简历上会"更好看"的写大合同的项目，一来学习很辛苦，我们没有这样的野心和斗志；二来大概是对那些眼看会做一辈子的东西，表现最后的倔强和反抗。上班第一天赶上我一个人在办公室，接到一个因犯C的电话，问他的案子进展如何。这个项目里的法学生会自愿、免费地帮囚犯们处理法律问题，有时候是因为他们在监狱里违规被处罚，有时候是他们起诉监狱的不合法待遇，比较大的案子是帮助他们争取假释。我对一切一无所知，非常抱歉地请他换个时间打过来，这样就会有别人接电话，我也可以帮他查资料，不过我要下周这个时间才再上班，未免耽误太久。结果他第二周同一时间打过来了。

我们竟然是同龄人，但人生路是如此不同。他跟着单亲妈妈移民到美国，刚一成年就因为暴力行为入狱，过往十年里他和世界隔绝开来。而十年前，我还在准备高考，用了十年，一路考到这里来。我们的人生本来不会有交集，我应该和我的法学院同学们更像一类人才对。可我却发现自己更喜欢和他聊天。因为我们是真的在自在地聊天，是为了真的了解而倾听，不是为了"有内容、有见地地回应"而听。我对他的监狱生活很有兴趣，一开始是学术上的兴趣，即监狱如何迫使他们做廉价的体力劳动，而不提供任何有意义的培训，以至于他这样长时间服刑之后出狱的人，已经无法再融入社会，这是二次犯罪高发的重要原因之一。后来，只是作为一个朋友，想要了解他的生活、他的困境而倾听。从他那里，我看到一个跟我所生活的哈佛校园完全不同的美国。

在他那里，我也不必伪装，不必起范儿地倾诉我的压力，以及我对身边这个精英圈子的不适，然后收到他真诚的鼓励，"我得一直提醒你，你有多么优秀"，他说，接着是那种非常"美国"的、夸张的称赞，是我在法学院这个小世界里完全听不到，在每一天的紧绷里也不再去想的东西。

我没有负责他的案子，我们也不再在办公时间通话，我们约了我下课的时间通话，总是他打过来，直到他告诉我他每天在监狱工作，一周只能挣五美元，他的积蓄已经在电话上花光了。他小心地问我，可不可以每周在他的电话卡里充五美元。我感到一种贫穷的浪漫。后来我们开始写信给对方，中学时代的回忆扑面而来。很奇怪，我们如此不同，但都在一个陌生和充满巨大压力的环境里，苦苦奋斗，我们在某种意义上都被囚禁了。我被囚禁在法学院日复一日疲惫的学习中，看成绩和律所排名的单一赛道里，在生平未遇的强大朋辈压力下机械地读着书。我们都融入不了身边的世界，因此产生了共鸣。

他很努力地想从过去和身边的环境里挣脱，还做了国际演讲会监狱分会的会长。我鼓励他去上监狱能提供的所有课程，虽然听说了监狱里的电脑课用的是早已被淘汰的操作系统。我也给他寄书、寄资料，因为监狱不能收整本的书，我买了《射雕英雄传》英文版的电子书，用很小的字体打印出来寄给他。原因是他说想了解中国文化，而在读法学院第一年，我因学习压力太大，自己正在看这本书进行自我拯救。后来想想，让他一上来就读南宋牛家村的武侠故事，真是强人所难了。不过他应该很努力地读了，"我喜欢郭靖，"他说，"因为他非常坚强。"

我在离开美国之前最后一次去监狱探望他，因为穿了不符合监狱变幻莫测的规定的裤子，没能如愿。我们的人生在偶然交错过后，应该不会再有交集。但我非常感谢他，我在美国浮光掠影的生活中，认识了不同圈子里不同的人，而我始终徘徊在这些圈子之外，无论是我房东的教会圈子，室友D的华人圈子，圣迭戈同学的美国年轻人圈子，还是哈佛同学的精英圈子，都让我感到存在距离，而同样没能融入美国社会的C，对我来说却是亲切的。我从他身上看到美国这个庞杂社会的一个侧面，以及人本身的善良。他曾经陷于他成长的那个小环境，暴力和犯罪的背后是歧视和不公，我希望他能从中挣脱出来，就像他曾鼓励我的那样，"活成你自己"。

仿佛若有光——我与爸妈二三事

为图不必多作解释,被问起爹妈的教育风格的时候,我会把他们概括为"慈父严母",但这两种形象其实并不能概括他们,也概括不了我们或斗智斗勇或并肩作战的亲子关系。

我妈的确很严,严厉的严。她是高中英语老师,而且是出了名的很"凶"的老师,不只我觉得我妈厉害,我们整个厂矿的学生,都知道有位吴老师是不好惹的。我妈脾气极火暴,有一年出去旅游,她和我舅舅吵架,就地要拉我跳河以泄心头怒火,我孩童的心灵中有一道清醒的光闪过,我心想,你是会游泳的,我可是不会。回来把这事告诉我爸,他气坏了,气到不知怎么跟我妈把这道理说明白的地步。我妈那股火气散得也极快,一软化就和解,一和解便忘怀,自那之后我们又开心地在云南玩了好几天,这时候早把这事当笑话了,还跟我爸说:"我肯定会救她的呀!"我爸更气了。

我爸也有发火的时候，但是对我一向脾气极好，没有动过手，没有骂过我，有时候拉开阵势要跟我严肃地说几句话，还不等说，我眼泪就流下来了。我三岁的时候是这样，到了三十岁，还是这样。在我妈的暴风骤雨里，我倒是能强硬一阵子的。

我在我爸心中是个纯洁的好孩子，只要我说出口的话，无论多么荒谬，他照单全收，完全相信。我妈则一向对我多加提防，知道我不是什么老老实实的乖学生。有一年我逃课且逃出寄宿高中去给好朋友过生日，精心设计了一连串的说辞，安排好了好几个场景和证人，瞒过了班主任、查课的年级主任、班长和生活老师，眼看要大功告成。我妈一向不主动给我打电话，那天鬼使神差地，说她心里有不对劲的感觉，打去宿舍我不在，又打给我同桌。我同桌是个不会说谎的好孩子，临走前我还对她做了培训，可惜仍不是我妈的对手，迅速就把我出卖了。直到他们第二天到了学校，见到了连夜赶回来的我，我爸还是坚定地相信，我从未离开过学校，一切都是我妈的臆想。

那天，我决定以后还是不骗人了，一来我无论多么努力都骗不过我妈；二来我爸真是个好人，我有点不好意思了。

而且，我在斗争中发现我妈是典型的吃软不吃硬，跟她对抗是没有好处的，坦诚和妥协才是出路。比如我放学打篮球去了，休息了半小时，又去洗手间捯饬了半天，脸不红，气不喘，汗也干了，头发也重新扎过了，回家以后一口咬定一直在教室里自习，不知到底是哪里出了问题,我妈怎么也不会被骗。还不如一看她怀疑的眼神,就赶忙说"今天放学打篮球了",再补充吹捧"骗不过你的眼睛",我妈只会美滋滋地说:"知道就好!"

我妈不仅严厉,还非常严格。我从小学一年级就要三天连背带默写,学完一篇《新概念英语》课文。我妈几乎从无间断地从第一册《新概念英语》教到了第四册,每年只有过年那几天,可以在爷爷、奶奶的庇护下逃开英语课。我妈的原则就是,每天的任务必须完成,没有借口,但只要完成了,想做什么、玩什么都可以。所以我小时候看上去很自由,可以叫二十个同学来家里玩,把我家的家具、锅碗瓢盆全部变成演戏的道具,把家变成菜场、宫廷小剧场、星际争霸战场,这都可以,只不过笙歌散尽游人去了,眼看到半夜,我妈会微笑着问我一句:"今天的英语背了吗?"

我爸一直觉得我很辛苦,想尽办法让我快乐一点。我妈上晚自习去了,我爸就会叫我抓紧时间打游戏,临到我妈回来,赶紧换人,假装是他在打。我妈出去旅游了,我们俩煮一锅花生,一锅小河虾,租武侠剧的碟从早上看到半夜,第二天他把早午饭端到床前给我。我暑假跟着我爸去出差,路上我妈是布置了任务的,我爸就帮我摆拍几张在火车上学英语的照片。

但是很奇怪,我有什么新奇的创作,会第一时间分享给我妈,等打磨好了,才肯给我爸看。我妈虽然"凶",却是一个不吝赞美的人,我知道我在她那里通常会收到大把的鼓励。而且相比之下,我妈比较好忽悠一些。我小时候读《红楼梦》，看了"金陵十二钗"的判词，觉得我也能写，给几个我喜欢而没有判词的，比如平儿和尤三姐，都各作了词和曲子。拿给我妈看，她照例说好极了，虽然我要她猜我写的是谁，她一个也没猜对，但等我给她一分析，她就大呼很有道理。而且，我把我写的词和曹雪芹写的几首混在一起，我妈也说她分辨不出来哪些是我的仿写。也不知是真是假，反正我得意极了。但这些创作，我就不会拿给我爸看，似乎总觉得拿不出手。

我妈并不是那种贤惠温柔的妈。读高三的时候我们住校，我的好朋友小馒头的妈妈怕她吃不好，便到学校旁边租房子照顾她，我经常混出学校去她家蹭饭。还有个朋友，她妈妈也觉得学校食堂的饭菜不够有营养，每天中午给她送饭，有时候还给我做一份。我倒不觉得有这样的必要，因为我们食堂的饭菜，已经远远超出了我妈的厨艺水平。周末大家回家，都等到星期天吃了晚饭，尽情享用了家里的饭菜，才悲伤地到学校来。我们家就不一样了，周日下午就出门了，一家三口赶到学校食堂吃火锅。别人家是周末回家改善伙食，我们家是周末来学校吃，帮我爸改善伙食。每次他们要走，我爸都悲伤地感慨，又要等一个星期，才能吃到四食堂的丸子火锅了。

我小时候我爸被外派，我妈做高中班主任，生活节奏很紧张，我们家一年四季炖排骨，今天和土豆炖，明天和香菇炖，后天和莲藕炖，然后轮回。别人经常问我你家谁做饭，我觉得毫无区别，因为无论我爸还是我妈做饭，都是炖排骨，今晚炖好了，明天吃一天。但是他们俩还是经常比赛谁炖得好些，谁做的蘸水有创意。周末到外婆家吃饭，我们会先打电话给外婆，有种通知"土匪要进村了"的感觉，外婆连做十道菜，五道当晚吃，五道给我们打包带回家继续吃。

这两年我妈退休了，告诉我她在家猛练厨艺，摆盘有了很大进步，我难以想象排骨可以怎么摆盘。小时候，我和我妈也经常在我爸不在家的周末，兴致勃勃又好像偷偷摸摸地搞点实验。比如把我家全部的苹果拿来试做拔丝苹果，拔来拔去就是没有丝，后来因为连吃了太多苹果，我们俩仿佛都有一丝苹果酒的气息。比如又把我家所有牛奶拿来试做炸鲜奶，最后牛奶还是糊状。我们俩总结说，这家小卖部的牛奶质量堪忧。

我妈是那个当我被所有人否定的时候，总能帮我圆回来的人。一次老师要求用"条"组词，正确答案应该是"一条路""一条河"之类的，但我组了"洋芋条条"。不知道老师为什么那么生气，说："你回家问问你妈，她切的是洋芋丝还是洋芋条。"我回家问了，我妈承认她切得很粗，近似于条，不仅洋芋是这样，我们家的菜里还有"肉条"而非"肉丝"，不然怎么又有粉丝又有粉条呢？可见我实事求是、用词准确，老师实在是太少见多怪了。

我爸则是个会认真提意见的人。我小时候画的画，拿给我妈看，她会说跟书上的一模一样，真假难辨；我爸会指出哪些线条有些歪斜，立体结构怎么不符合透视法。我给我的画起十来个名字，拿给我妈看，她会说个个巧妙，一个比一个好；拿给我爸看，他说个个都还差点味道。在我爸那里，我有时候能委屈到哭，不过事后又会承认，他的建议还是颇有道理的。

他们俩也有协同一致陪我玩的时候。我喜欢了一阵子画画，我妈给我报了美术班，买了各色材料，我爸一出差，就给我买什么"小画家丛书"，从水粉到油画，一样一样地折腾。虽然我水平有限，但也画了大把的画出来，我们家时不时就举办一次拍卖会，我的各色作品，五毛八毛的，就由我爸、我妈来竞价。他们俩一本正经，一人有一块牌子，我手上拿个锅铲，当作敲"成交"的槌子。五毛起拍的，一般一块钱也就成交了，有时候我爸抬价，故意立刻喊"十块"，我妈还以为这一幅有什么特别，跟"十块零五毛"，我爸立刻说"那我不要了"，我妈有苦说不出，老老实实给钱，然后还得把这些卖过了的画又收回箱子里去。

我小时候喜欢演戏，十几岁了还骑着一匹摇摇马，把绿色的被单裹在身上扮关公。天气好的周末，我们一家会到厂子旁边的小桃林去，以水代酒，演一出"桃园三结义"。我爸是大哥刘备，我妈是三弟张飞。我跟我妈说她只用一直说"俺也是"就可以了，但她常给自己加戏，而且说得文不对题。

我爸看我做戏袍太麻烦，把家里的绿被套拆下来，当中剪掉一片成了套头长袍，还帮助设计些造型摆拍。我妈虽然心疼她那绸缎被套，也还是支持我的"演艺事业"的。有一次全家一起买了好多珍珠，穿成一条条链，缝在纸壳上，做了一顶皇帝的帽子，真的曾羡煞旁人。后来我更为手巧的外婆又给我做了一顶硬纸壳镶塑料宝珠的金冠，还把她唯一的龙纹红被面送给我做了龙袍。我在他们的创意竞争中赚得盆满钵满。

这是我小时候一种很重要的幸福感来源，那时候条件所限，有许多想做的事的确做不到。我曾经很想学钢琴，而我们家并没有这样的条件。我们去北京旅游，特意去了北京电影制片厂旁边正经卖龙袍的店，那时我爸下定决心送我这个礼物，说"一千块咱们也买"。我不相信会有那么贵，结果到了一看，要三万块一套，我一点没觉得我们穷且因此难过，完全只是被这价格惊呆了，觉得是北京"不大正常"。

但那些可以做到的，我喜欢过的五花八门又幼稚的东西，我爸、我妈都煞有介事，当作严肃的爱好来支持。但等我热情劲过了，他们也不强求。过一阵子我不画画，改习书法了，我爸每次出差，总要逛逛文具店，只要是没见过的笔，比如那两年觉得很新奇的日本产的那种软笔，他总要买回来给我试试。

有一年我们小学的第二课堂，来了一位教做飞机模型的老师，我是唯一报名参加这个航模班的女孩子，我爸、我妈也觉得挺酷的。其实我小时候动手能力相当不行，大部分同学的模型都做得比我的好，我则经常要求助同学，甚至老师直接动手帮我做。但是，我带回家的每一个模型，我妈都会收起来，挂在柜子里展示出来。过了两年，市里面要搞中小学生小制作、小发明展览，校长想起来当年有一些同学学过做飞机模型，要大家找出来送去参加展览。一问才发现，其他同学的模型或坏了，或者被家长扔了，但经常去我家玩的同学，都知道我家保留着我所有的模型。

后来，我的模型被送去参加展览了。一个月后，展览结束，模型并没有被完好地送回来，大部分遗失了，送回来的那些则已经残破了。为这事，我妈一阵火大，找校长大吵了一架，可我的小飞机还是回不来了。我才发现，珍惜小孩子的创作的大人，真是很少很少的。

长大以后也还是这样。读本科的时候，我发现我许多辩论队的队友需要和家里解释、斗争，甚至吵架，排除万难继续参加辩论赛，一度令我十分震惊。我在全国各地比赛，我爸、我妈是至少会派一个代表，兴高采烈地去现场给我加油的。

我爸、我妈对我很舍得，我考上大学，他们没有去香港送我，而是把这笔钱省下来，让我自己去北京看了奥运会，在鸟巢和水立方都看了比赛（虽然是抢票不那么激烈的万米跑）。不过后来，我妈说漏嘴，她说她和我爸从没去过香港，三个人一起去一起抓瞎，也毫无意义，还不如让我先去，等我在香港混熟了，就能带着她逛物美价廉的街了！

去看更大的地方——成长轨迹　　091

我很喜欢和爸妈聊天。我高中读了寄宿学校，一周只有一天回家，周六他们俩会一起来接我。回家路上是我一周之中最为开心的时候，我开始扬扬得意、夸夸其谈地讲考试，讲我如何机智过人地回答问题，讲老师对我的夸奖，讲我和我同桌鸡毛蒜皮的那点笑话。我自觉并不是喜欢自我吹嘘的人，只不过我爸、我妈是我人生中最为捧场的听众，在他们面前我可以毫无保留地沾沾自喜。渐渐讲到大家给校长起的外号、班主任近视怎么给人忽悠了、德育主任骂人的新花样、我怎么靠装病没去晨跑之类，一时收不住全都讲了出来，我爸、我妈能一直兴致盎然地听。

这个每周开一次座谈会的习惯保留至今。后来我上了《奇葩说》，幕后八卦还是最喜欢讲给他们听。只不过我妈渐渐学会了使用微博、知乎，而且看个不停，到后来就变成她来分享，粉丝如何夸我，又如何笑我，尤其是那些给我做表情包的，她觉得十分有才。当然，她也看到了大把骂我的文章，有的骂得过分且近于瞎扯的，我妈会非常生气，有时候越说越是火起，我和我爸还得安慰她。我爸一直挺镇定，觉得出来混被骂、被误解、被编些故事都是正常的，很多人比我更优秀，却被骂得更厉害且更莫名其妙，所以全然不必放在心上。我妈掉转枪头就把火发在我爸头上。我妈仿佛就是我的一个"死忠粉"，我爹仿佛是一个"理中客"，自然有他们打起来的时候。我暗暗好笑，心里的一些不痛快，也就能过去。

等到公众号不只编我的故事,给我爸也编上了,说他是山里放牛的农民,节衣缩食供我读书,我妈转到家庭群里,着实令人一阵大笑,我爸发了个老干部看手机的表情。

我妈虽然很凶,但火气来去如风,兴致总是高涨,一点藏不住话,加上有时候有点稀里糊涂,就有点"蠢萌"。有一年我们在青海自驾游,从山里穿过去,经过一片开阔的湖,停下来欣赏。我和我爸先下了车,看见湖中间有一座岛,近处有一块牌子,用草书写了"太极岛"三个字。这时候又有一辆车停下来,两位阿姨走过来,草书的字看不大分明,两个人低声议论:"太极鸟是什么鸟?"我和我爸暗暗好笑。这时候,我妈在车上吃完了她的瓜子,大步流星地走了过来,看了这三个字,毫不犹豫,大声念道:"哇!太极象!"我和我爸"扑哧"一声笑出来,哈哈哈声震山谷,那两位阿姨觉得这家人奇奇怪怪的,一边议论着"太极象是什么东西",一边快快地走了。

我妈闹的诸如此类的笑话实在很多,她自己也觉得好笑,当面笑她,她也不生气,因为她自己也实在憋不住笑出来。我小时候读书背书,常常是为了暗暗地追上我爸,以及可以当面不留情面地嘲笑我妈。

相比之下,我爸就显得机智和"皮"很多。无论回爷爷、奶奶家过年时全家比赛猜谜,还是回外公、外婆家打麻将守夜,我爸总能游刃有余地赢,然后照顾老人家的心情而不动声色地输。

去看更大的地方——成长轨迹　　093

我们当地大年初二要上山捡"财",其实就是爬山,在路边捡些枯枝。我妈和我姑姑她们几个一边聊天一边慢悠悠地走,我爸带着我们几个孩子快速爬到高处玩打游击,躲在树林里捡松果扔到她们面前去,几个人吓了一跳,我妈愤愤地说肯定是我爸干的,再骂上几句。我们几个朝我爸眨眨眼,开心极了。

我爸喜欢和我玩,也喜欢和我的朋友们玩。比如小时候组织我们打乒乓球赛,要定好规矩,人人都要讲武德。我的性格和球风都很淡定,人称"打不死",他看得着急,亲自上阵,以一挑五。一年下大雪,他带着我们全楼的小孩滚大雪球,后来我累了自己回家了,我妈问:"你爸呢?"我说我爸还在滚雪球,等了半天不回来,我们俩还到窗户边往下望,在马路上找他。

我爸也喜欢像笑话我妈那样笑话我。他去学校接我,看我和朋友在打羽毛球,躲起来暗中观察,最后"哈哈哈"地笑出声来,笑话我们打了三十个来回,捡了十八次球。

当然我爸也有提供建设性意见的时候。我从小喜欢打篮球,不过我体格瘦弱,防守和拼抢简直不用指望,我爸分析说,率先学会三步上篮,就能先发制人、脱颖而出。果然,到初中开始学篮球,我一时是全班唯一一个会三步上篮的女生,立刻得到体育老师的关注,招入年级队重点培养,一直稳定地做了个投手。有一技之长和先发优势何其重要,我便一下子就理解了。

我爸是个实在的帮手。我四年级时突发奇想要办报纸,办了一期，发现办报纸比想象中困难得多，兴趣就飘走了。但我的报纸得到了校领导的肯定，校长告诉了班主任，希望我继续办下去。后来呢？我每个月提些指导性意见，收一些同学的投稿，我爸作为"执行主编"帮我们小学办了两年报纸。

小时候有那么两年，全班都在玩四驱车。为了合群，我也买了一辆，外观还可以，性能不咋地，在车队里毫无存在感。有天我爸看到我们几个小孩趴在地上用泥巴做赛道，就决定给我买个正经四驱车赛道。因为我们家剩下的客厅比较小，装不下这个赛道，我爸就把客厅里的沙发、茶几全卖了，空了一个客厅，专门放赛道。我有一阵子感觉自己"高朋满座，宾客盈门"，天天办比赛，真是多亏了那个赛道。

后来四驱车被时代淘汰了。客厅没买新家具，变成了运动场，而后发生了两起事故，先是我爸秀滑板车急转弯，把地板砸出来一个坑，后来我们俩打排球，又把头顶那个浮夸的玻璃串串灯打碎了一地（奇怪的是，我妈当天就发现了地板事故，但几个月后才发现灯残缺了，可见我妈是个脚踏实地、埋头苦干的人）。

那时候每天，我和我爸都要举行篮球或足球比赛。在我家那个极狭小的空间里，屁股贴着墙投篮，就算投了三分球。地板事故以后我和我爸"文静"了很多，定做了一块大海绵，一到世界杯、欧洲杯就睡在客厅看球。我上大学以后，我们还会在开赛前买上一箱啤酒。有时候我妈寂寞了，也跑到客厅来嗑瓜子，把所

去看更大的地方——成长轨迹

有黑人球员当成亨利，一时忍不住说："哟，这不是亨利吗？怎么长成这样了？"我迷惘地一转头："长成这样，证明这不是亨利啊！"

客厅正中的墙上本来挂了一把特别俗的国画牡丹大扇子，后来也被我爸摘了，我就开始在墙上创作"壁画"。我妈一开始老大不愿意，她已经通过拍卖购买过我不少画作，对我的水平有比较清醒的认知。我爸二话不说，拎回家一桶涂料，以化工工程师的专业技能向我妈保证，一旦我画丑了，他立刻把墙重新粉刷一遍。结果呢，到现在，我的壁画还是我妈的微信头像。

我爸在我心里是个百科全书式的存在，我从小很喜欢问问题，同时觉得我爸能回答任何问题。比如可以随意地问手里的某个东西是怎么生产出来的，问路边是什么工厂，生产什么，怎么生产。尤其问到我爸的本行化工行业，他能开开心心、滔滔不绝地自问自答半天。他文艺的一面只会偶尔展露，有时候看我写的字丑，就写一篇字秀一下，看我背的诗无聊，就把他喜欢的几首好词写出来感慨一番。我小时候装腔作势写情书，常靠这些。

我妈也有为了让我早睡帮我写作业的时候。她尤其喜欢帮我做美术作业和手工作业，她无处发挥的"少女心"，都凝结在黑板报设计图和剪窗花上了。我（由我妈代写）的美术作业，常常因为配色丰富，而且用上些闪闪发光的荧光色而拿高分。我妈爽快大方且比我文艺细胞丰富，以前跟团出去旅游，在漫长的路上，导游为了活跃气氛，总是要每家推个代表出来唱歌。一般都是爸妈不好意思，推小朋友出来表演，推举、鼓励的时间比表演时间还长。我就没有这样的压力了，轮到我家的时候，我妈就会在我耳边低语："你唱歌跑调，还是我来吧！"

我们那时的厂矿子弟学校，有不少周边农村的同学，家里不是很富裕，有的厂里的孩子不怎么和他们玩。我小时候应该主要是因为比较迟钝、单纯，并不觉得有什么分别，他们缺什么东西，我也都把我的给他们用。比如美术课上，就有好多人没有水彩笔，有人借了我许多不还，后来是我的老师去给我妈告状，说某某偷了我一盒水彩笔。我妈就跟我说："送她一两支也没关系，拿走一盒就过分了吧？"我很认真地说："妈妈，有一盒才能画画啊，只有一两支怎么画画呢？"我妈不知是不愿意伤害我的单纯，还是不知道该怎么反驳，啧啧称奇，就此罢了。她聊以自慰，硬说我脑洞清奇，有辩论天赋。

还有手工课要用的彩纸，我也哗啦啦地分给人，一节课要用掉一包。回家以后我还特别高兴地跟他们说："大家都喜欢要我的彩纸，不要某某某的。"问为什么，我说："因为某某某要他们借一张还两张，我说借走不用还了。"我妈张大了嘴，呆了一阵子，一笑罢了，也不知是觉得"这也是孩子的优点"，还是觉得"这孩子还能怎么办呢"。

大概她自己做过"宏志班"的班主任，班里也有很多家境不好，但人好、努力又聪明的学生，我们都觉得能帮他们点什么是开心的事。我妈常常拿我们家多余的被子和旧衣服送给他们，后来她说，我们的东西并不值钱，但我们送旧东西给人，而别人不嫌弃，不觉得被瞧不起，从而开心地收下，这才是很不容易的。这就是人和人之间对朴素善意的信任吧，我也要到很大以后，才明白这一点。

我小时候和农村同学关系好，他们也都对我很好。我有两个好朋友，是表姐妹俩，她们的家住得很远，在一个生产玻璃酒瓶的小作坊旁边。那作坊门前，堆满了生产酒瓶余下的玻璃废料，其中有一些形状很好看的，像鸟的，像小猫的，她们会在玻璃碴堆里翻拣，挑出来一些送给我们，大家都当作宝贝，还常常攀比。大概是因为有同学被玻璃碴划伤了，这事后来被老师知道了，学校下了严令，说这种玻璃碴是很脏而且很危险的，要全部没收。

大部分同学只有两三个，我的书包里全是，倒出来有一大堆，其中好多是最漂亮的。玻璃碴全被没收了，那天我很难过，可能自己也不知道为什么难过，除了我真心喜欢过那些玻璃碴，也为我的朋友感到难过吧？那曾是她们很骄傲地拿得出手的礼物，现在被老师贬损得一无是处，还严令不能再出现，被伤害的不只是孩子的乐趣吧？

我爸、我妈听说这件事，吓了一跳，最初十分严肃，大概他们知道那玻璃碴的确是很锋利、很危险的，而我人又呆，有时候揣在兜里却忘了。但除了很严肃地告诉我以后绝不能再玩了,他们也说这礼物的确很漂亮,我有这么多的确了不起,我的朋友们一定是花了很多工夫挑出来的,应该谢谢她们。我们一起挑了最好看的留下,放在书架上,立下君子协定只看不玩。想来,很庆幸他们保护了孩子之间朴素的友谊,也肯定了很多东西的价值不是由价钱决定的。当我回忆起我最漂亮的那些玻璃碴的时候,仍觉得十分快乐。

我长大以后常常想,我的父母,不管他们在我的眼中多么特别,也都只是平凡人。我作为他们的孩子感到骄傲的时刻,是人性中这些朴素的善良闪闪发光的时候。

我记得有一次作文要写被一个人触动的瞬间,我一下子想起我和我妈去机场,我在小卖部买饮料,转头看见一位老太太去乘坐自动扶梯。她似乎没怎么乘坐过自动扶梯,脚步一阵错乱,眼见就要摔倒。我那时离扶梯太远,来不及了,脑子里电光石火地一闪,想有没有人会冲过去扶住她。不知怎的,我非常自信地想到,只要我妈在够近的地方且看到了,她一定会去扶的。或者说我自信地想,如果有谁去扶她,那个人应该是我妈。后一秒,果然见我妈飞身上前,用她火一样的爆发力把老太太扶住了,一直说着话送到二楼去。不知怎的,那一刻我感到非常骄傲。

过了一会儿见到,我的眼中闪着敬佩的光,我妈浑然不觉,自顾自地说:"呵,那老太太,吓死人!"我又笑出来了。

我爸不是这样一团火一样的人，相反他是个能把火克制住的人。有一年他带我去动物园，我们俩正开心地看猴子，一位清洁阿姨拿着那种古老的竹子大扫把在旁边扫地，哗啦一下，那扫把长长的头正打在我的嘴上，我鲜血直流，到现在嘴唇上还留着浅浅的伤痕（我小时候一度觉得挺酷的）。我们俩一时都吓坏了，那阿姨也不知该怎么办，只是"嘿嘿"一笑。我爸又生气，又因为知道她不是故意的而没法生气。过了一阵，我惊慌的劲过了，说："她怎么打我？"我爸说："她也不是故意的。"看我不平，他想了不少方法帮我消解，比如说我变成《狮子王》里的"刀疤"了，我又惊又气，就把那位阿姨忘了。

小时候，我爸早早地把我当小大人对待，什么都煞有介事地跟我商量。我七八岁的时候，他做厂长，要建一个新工厂，带回来好多简历在家里看，我也懵懵懂懂地跟着看，我爸还跟我解释，这个人应聘什么职位，为什么要他；这个人学历挺高，但为什么不能要他之类的。还有一份简历，他拿起来看看说："这个人挺可怜的，四十多岁，下岗了，有老婆、孩子要养，来找过我好几次了。"我说："那就要他吧！"我爸说："可是他实在没什么我们需要的技能，让他做什么呢？"我胡猜几个我知道的岗位，我爸还跟我逐一分析，最后说："安排他做保管员，他应该会认真负责吧！"

我也不知道，在那么小的时候，我爸是不是想教我些什么，又或者只是他话痨，就是喜欢跟我聊天。但是这段对话我竟然一直记得，那时候我家阳台上堆满简历的白色写字桌，我也记得。仿佛是在这个很冷漠的现实里，回忆一个结局很圆满的故事。

我爸并不是感情用事的人，他是对我这个多愁善感的人来说支柱式的存在。我最得意的一次是我和朋友一起在机场误了机，他打电话回家被骂了，我很自信地说，我打给我爸他首先会安慰我。我公放了和我爸的通话，很委屈地说："嗯哼，我误机了。"电话那头我爸第一反应是："乖儿，别着急！"

我从美国毕业回国的时候，有三大箱行李要船运回家。箱子很沉，又极大，一般小车的后备厢都放不下，我就约了卡车搬运服务，请一位大叔来帮我把它们运到附近的邮局。那时候我爸、我妈正好来美国参加我的毕业典礼，我们是第二天清早的飞机回国，约了大叔前一天来。美国的此类人工服务都很贵而且不靠谱，有电梯搬下楼然后运到十分钟车程之外的邮局，大概要一百美元。而且搬运公司的网站上写了，如果箱子的重量超过一定限制，一个人搬可能伤身体的，必须约两个人。我并不知道我的箱子有多重，但如果大叔来了一试，说我的箱子太重了，他绝对会转身就走，一点不会通融。所以以防万一，我约了两个人，这样价格又翻了一倍。

邮局下午五点关门，我担心他迟到，约了一早。我们清早起来收拾好了等这两位大叔，结果他们果然打电话来，说早上来不了了。我只好答应改成下午三点，反复叮嘱他邮局五点就关门了。结果快到三点时，他又说距离太远，赶不过来。这时候再约别的公司已经约不到了，请他们公司另外派一辆车，又说没有；请他晚一点四点到，他又说会赶不上下一单。

最后他建议我改成第二天，我说我第二天早六点的飞机回中国，他说："那没办法了，你取消吧。"我心里一团火终于爆发："你收了钱，你迟到，你反悔两次，你怎么都不能来，我因为相信你的承诺现在没有退路，最后，你不能来，倒让我取消，罚我的钱！"

因为我爸在身边，我完全是小公主模式，当即就哭了。我爸是个能让我淡定下来的人，他安抚感情，分析利弊，说与其和大叔赌气，不如取消，这样才能在这个网站再试着约别的车。约不到别的车，也不是绝路，他一步步引导，我们租了皮卡车，找了男生来帮忙，把箱子运去了邮局。我爸借机又教导我一次，解决问题是最重要的，赌气是不值得的，本来不是大事，赌气会错过解决问题的机会。我心里的一团火才渐渐灭了，又觉得开皮卡车还挺好玩的。

我偶尔有一团火这种状态，大概是从我妈那里遗传的。但我妈也不是随时都是一团火。我们俩出去旅游，我买错票、看错车，我们错过晚饭、坐错站等，她都不生气、不抱怨，因为她知道，她的亲生女儿我就是这个实力。我和我妈你一言我一语，想象着更糟糕的情况是什么样，带着比下有余的心态随遇而安。

到最后，我们领悟了一件事——旅行和生活都不是为了去某个地方，而是为了尽可能高兴又丰富地度过闲暇时光。

生活常常回报我们的随遇而安以惊喜。读大学的时候，有一年我买不到春运回家的机票，爸妈开车来深圳接我，然后我们被堵在回家的路上，一整天只从深圳开出去五十公里。我们倒不觉得烦躁，一家人好久不见，心情很不错，而且自从离开家去读书，每年我看着和我一起在路上浩浩荡荡回家过年的人群，总觉得很感动。到晚上我们决定住在阳江，我认认真真上网挑了半天，找了一家看上去很漂亮，能看到海的旅馆。用导航一查竟然离这儿有五十公里，我们也没在意，结果越开越远，开出了阳江，开过了跨海大桥，开到了一座岛上，住进了一家漂亮的海边民宿。

第二天天亮，我们发现自己住到了海陵岛。将近过年，海滩上空无一人，仿佛我们私人所有，海边有好多渔民自营、物美价廉的海鲜餐馆，我们也没有什么高贵品位，整天吃皮皮虾吃了个饱。作为自封的考古爱好者，我竟然完全不知道那艘著名的宋代沉船"南海一号"就是在这里被打捞出海的，还存放在岛上的博物馆里。我和我妈曾经非常认真地看过关于"南海一号"的打捞纪录片，一时之间，我们只觉得被命运厚待，把我们安排到了这个有缘分又很美好的岛上，索性决定错开春运，留下来过年。接下来的几年，我们又苦苦劝说了我外婆、舅舅全家重游海陵岛，在那儿过了好几个春节。

总的来说，我长大以后，我妈火气退散了，做事还是满腔热情，但也万事不萦怀。我爸一向心思缜密，想得很多，但因为对我言听计从，也勇于改变计划，多做尝试。最后，我们家的决策权就落到我这样一个不靠谱、兴趣飘来飘去的双子座头上，一路跌跌撞撞，逢凶化吉。

我喜欢坐我爸的车也不只是在旅游的时候。我们两在家里认真谈心的机会不多，每次打电话也都是三人群聊，我妈稳稳地占据大半发言时间。我和我爸只有在两个人开车出门的时候，仿佛进入了一个私密空间，可以毫无保留地聊天。聊他和我妈的故事，聊他的工作，聊经营企业的心得和困境，聊他的人生起落，聊家里亲戚家长里短那些事，聊对人生的看法，甚至也聊他的初恋。在行驶的汽车里，我们好像最能尽兴地聊天。

我爸很直接地跟我聊他在恋爱里受过的伤、曾经的幼稚想法和后来的领悟。大概他知道我是感情用事的人，很容易在恋爱里受伤害，所以要先把这些话，"埋"在我脑子里。就像在家的时候我爸并不反对我喝酒，他觉得长大以后需要喝酒的社交场合是不可避免的，为了保护自己，首先要消除对酒的好奇和因为逆反心理而去尝试的欲望，最重要的，是知道自己的酒量，学会礼貌拒绝、挡酒、似喝非喝种种技巧，以避免真的因此受到伤害。

我总觉得自己一生幸运，被很多人保护得很好。十八岁离开家去香港读书的时候，我爸说："如果将来想回来，就回来，爸爸还能给你找工作、介绍对象、付首付，但如果决定离开贵州，就要靠自己了。"那是个我被吓了一跳、突然长大的瞬间。但还好有前半句话，我想我爸知道我是个想去外面的世界看看的人，我只需要知道家是一个我永远可以回去的地方就够了。

我从小很少对父母要强、叛逆、倔强、隐瞒，因为知道我妈虽然脾气火暴，但我爸遇事认真，他们总会站在我这一边。我敢跟他们说我失败的考试、输掉的比赛，被某些老师骂和针对的时刻，是因为我有信心会在他们那里得到安慰、鼓励，而不是抱怨、指责。我被骂上微博热搜，一辈子没经历过这么大的事，但和他们打完电话之后还是平静很多——世界上还有东西不曾改变。他们虽然提醒我改过、注意，但当然还站在我这一边。

我高中读了一所寄宿制学校，有天早上来不及吃早饭，带了一包奥利奥饼干去教室，在楼梯口被教导主任逮个正着，她痛下杀手，扣了我们班五十分的纪律分。那时候"优秀班级"间的竞争都是以零点五分为单位的，我的班主任脸都气白了，把我叫到办公室，足足骂了两节课。我恍惚间真是觉得自己罪大恶极，再也没脸见同学了。

班主任不解气，又打电话给我爸，要他把我领回家去，退学反省一段时间。我爸听明白了是什么事，就在电话里好言好语地赔礼道歉，又说自己实在太忙，一时来不了，又要班主任把电话给我，好让他亲自批评教育。

我一接电话，就听我爸低声说："千万装作一副被批评的样子。"然后安慰了我一番，既告诉我这没什么大不了，又告诉我千万不要和班主任赌气发作。那天中午放学，他还怕我受委屈想不开，悄悄跑来学校请我吃饭。

我觉得又紧张又刺激，说："要是被某老师知道你说来不了是骗她的，她肯定会被气死，现在就叫你把我领回家！"

我爸说："那回家休息两天，不也挺美吗？"

我说："那我妈也不会放过我！"

我爸说："妈妈又不是不讲道理，带个饼干就要退学，那不是神经……小题大做吗？"

爱是一个人闯荡世界的底气，是父母给我的最珍贵的东西。

"做题家"的一点感想

———— 考试学习

山中岁月长——厚积薄发

在参加各种节目的过程中，或在某些从未联系过我却显得跟我很熟的公众号的文章里，我会被加上些人设，像"女文青""双子座小公举"之类，感觉不是褒义词，但确实是我。我自己最喜欢的，是"詹青云好甜啊"和"沙雕女孩最快乐"。还有一些，如"没有感情的女辩手"之类，我虽然不完全认同，但也都接受。最不能接受的，反而是"从小到大都是学霸"这一点。

我从小到大都不是学霸。因为一直在朝着更大的地方和城市转学，所以我总在误以为自己已经是学霸的时候，遭受来自现实里不断升级的同学突然的冲击。除了本科时去美国做了一年交换生，而一般美国学生的数学真是学得有限，每一次转学都以"完全听不懂这里的数学老师讲课"起头，而后以和数学老师最是依依不舍结束。每一次都是追赶得艰辛，而得意的日子太短。到最后，尤其是在哈佛同学的面前，我已经需要并且可以鼓励自己：

"你很棒了,你尽力了,你不用跟他们比。"其实在各个成绩决定出路的地方,怎么可能不用跟别人比?为什么不用跟别人比?不过是因为很明显比不过了。最后不过是想开了,人各有各的牌,只能比打法,不能比结局。

至少,我肯定不是从小到大是学霸。至少在上四年级以前,我还是每天放学都可能被留下来补课,被老师骂到麻木,看卷子一头雾水,最让老师们唉声叹气、怨声载道的那一类差生。我是"爸爸是大学毕业的厂里干部,妈妈是隔壁子弟高中老师"的光环和聚光灯之下,一个著名的失败案例。我觉得自己最适合去鼓励的,就是采访我的人里以为我理解不了的"我学习不好""老师不喜欢我"这类童年、青春困境的。

小时候,我妈也一度在我很聪明和很傻两个原本应该很分明的判断之间举棋不定。一方面我小时候是公认的"很矫"的小孩,也就是像模像样、能说会道,是个人精,被抢了玩具从不哭闹,只低声威胁"姐姐,你再不还给我,我就会哭哦"。我有令许多妈妈羡慕的专注和耐心,可以整日沉浸在自己的幻想世界,一遍又一遍地听我的《三国演义》《水浒传》磁带。我在四岁已经是一部《三国演义》《水浒传》故事点读机,谁来了都可以想听哪段点哪段。我读起书来飞快,而书里那些很长的苏联名字和侦探小说的复杂剧情,都能记忆犹新。

另一方面我在刚读书那几年,在老师眼里是一个一无是处的学生，参加考试只会拖低平均分，不能唱歌跳舞，运动会上愣头愣脑，打扫卫生马马虎虎。大概到三年级，老师终于发现我很会出黑板报，我从此开始了一项长达十年、我唯一可以为班集体做贡献的事业。殊不知，就连出黑板报这样的小事，我妈也早给我买过专业的书，我是站在巨人的肩膀上设计黑板报的。笨鸟先飞这种做事方式，我小时候身体力行，对此很有平常心。好像很自然的，别人很容易就能做好的事，我总要付出额外的努力。

我想，还好从小在家庭里得到的爱是完满和无条件的，我并不怀疑自己的价值。读小学以后，虽然总是被看低，总是受到老师的言语羞辱，但我对世界也没有愤懑，我总是希望自己能做得好一点，能得到它偶尔的认可。小时候那个特爱说话、特能讲故事的小朋友，在学校里被彻底"踩平"，如果不是我妈总爱提起那些童年趣事，我已经完全忘记了。我对小学的记忆是彻底的谦卑，总在发自内心地佩服别人。但是这种谦卑仍然是阳光的，是真诚和乐观的，也算是老天给我打开的窗。

我自己明白，我所有那些被认为是天赋和才华的东西，无一不来自漫长的积累。如果说我有什么天赋，就是那种一旦决定运转起来，就一天也不能中断的学习惯性，以及对短期结果全无期待的耐心。所以我的自我评价还是偏傻，好多人能一下做成的事，我需要预备好一阵子。高考过后我和我爸去爬了泰山，首先，这座山东老大爷都能两三个小时爬上去的山，我们因为走错路，足足爬了十二三个小时；接着，在山顶我算了个卦，被恭喜是上上大吉，还以为快出高考成绩了是"心想事成"，结果一看是"大器晚成"。我眼前一黑，仿佛满纸都写着两个字——"复读"，几乎气晕过去。还好不是，这种启示看来不能做太俗的解读，后来想想，这几个字真是精准（虽然后来我又了解到大器晚成似乎并不是生长缓慢的意思，而近于"君子不器"）。

因为小时候学不好语文，从三年级起，我妈提议进行背古诗的家庭比赛。在她的鼓励和后来形成的惯性下，我每天背两句古诗，直到初三毕业，从无一天间断。这件事，让我蛮骄傲的，比我的高考分数和GRE（美国研究生入学考试）分数让我骄傲得多。可惜加上爸妈怀着无限热情跟我摆过的火柴、玩过的奥数游戏、每天跟着妈妈学的英语，这一切努力，也只是让我在小学时代能跟上、还可以而已。就连打篮球这样看似小有天赋的事，我也知道，只是源于我比其他女孩子早早开始。舅舅和我爸在我上学前就爱带我打球，小学时每个我妈要补课的周六，我都一个人在空旷的高中操场上打篮球，每天在家里的小篮筐练投篮，跟我爸比赛，领先大家三年开始练习三步上篮（不能理解为什么好多人竟然真的一学就会），后来也只是能在班上打主力而已。我见过太多有天赋的人了。我一直觉得，能跟上这些人的各种天赋，我总是需要很漫长的准备和积累。直到有一天，这些积累组合到一起，突然会重塑出一个我，仿佛生而知之、科科不错、文武双全。到那时候，学校和老师又会重点培养、资源倾斜，顶端优势就开始发挥作用了。只有我自己，觉得所有人都比我有潜力，知道我"烤"起来其实很慢热，只是已经默默地"烤"了自己很多年而已。

小学的时候，有一天大家一时兴起要比赛，往墙上打乒乓球，看谁接得多。我完全不知道怎么控制球拍，打出去的球，横斜着反弹出去，纪录是一个回合。大部分同学总能接两三个回合，有一个同学打了十几个回合，被大家惊为天人。从那天起，我迷上了往墙上打乒乓球这件事，也不是一定要和他们比高低，但就是很想体会那种能控制球的感觉。我打了一天又一天，也许是一年又一年，从终于能接两个回合，到几十个、几百个回合。全程只有我妈是我的见证人，每一次有新的纪录我都会跟她分享，激动地跑过去对她说："妈妈，我接了四百个回合！"我妈都会给予激动的回应，拥抱亲吻我，说："太厉害了吧！"虽然她大概也不知道我为什么迷上了这个挺枯燥的游戏，弄得我也觉得自己挺厉害。

到后来，我想我的同学们早已忘了这个游戏，没见人再往墙上打乒乓球了，而我已经可以轻易接到一两千个回合。我是情绪非常稳定的应试型选手，只要会的题，考试都能做对。终于有一天，我有了一种自信，我知道只要我想，我就可以一直打下去，这门没有人继续练的"武功"，我已做到独步天下了。那一天过后我就不再练了，没有告诉过哪个同学，也没有组织过比赛，因为一来挺奇怪的，二来不必了，我自己心里知道，这比赛我从此不会输了。

是啊！晚成的人，是没有出风头的机会的，一件事的热度早已过去，又独自练习了好久，才终于追上了它，在被废弃的赛道上"深藏身与名"。但内心是欢喜的。它们对我有别的意义，如此朴素的意义——有志者，事竟成。我孩童时脆弱的自信，在被考试和老师摧毁以后，太需要这样的确定了。一些第一次着手觉得太难，完全摸不到门路的事，我也是可以学会的，我只是慢，但等我学会的时候，我会学得很好，很厉害。这是一种真正的底层自信，后来碰到很难的考试，又一次进入新的竞争环境，我确实都"没在怕的"，因为我太习惯落后了，我知道日子要一天天过，会有我往墙上打了两千个回合，一笑收手的那一天的。

不过，这些是后来的事了。在练字还没有成型，背过的古诗还没有多到可以成章，数学好像还没有开窍，英语还不是一门指定学科，体育课还只考跑步和跳绳的时候，我完全是一个被应试教育摧毁了自信的人。我接受了"笨猪"这样的评价，接受了老师的不喜欢、同学的奚落、邻居的嘲讽，我从一个开学第一天自我介绍便敢跟老师侃侃而谈，"我姓詹名青云，字某某，号某某"，逢提问必举手发言的莫名其妙的小孩，变成完全沉默寡言的学生。我奶奶去世前最大的担忧是我"不说话"，真想让她看到我后来辩论的样子。

我在很长的日子里觉得一切是我的错，我样样不如人。除了我爸不在意我的成绩如何，我妈总骗我将来成绩会好，我觉得这个世界对我毫无期待。我那时候的数学老师预言我的命运是初中毕业，在厂里的技校里学习成为女工，因为高中我是"考不上"，也"不用考"的。我花大把时间沉浸在自己的幻想世界，我把那种状态叫"演戏"。小的时候演戏需要道具，包括外公给我做的木头刀枪，外婆给我缝的龙袍，我爸给我做的穿搭设计。越长大，戏就越只需要在脑海里进行。这些戏涵盖我读过的所有小说类型，但其中一出，应该是很现实主义的——衣锦还乡，打脸我的小学数学老师。好像具体情节是我们在散步的时候遇到，我妈告诉她我考上大学了，好多年以后，甚至告诉她我读了博士。不过好像总是这样，等到真可以实现点什么的时候，人已经对这些童年幻想毫无兴趣了。

不过，我后来读到，幻想成功以后的喜悦、分享喜悦、享受喜悦的具体情节，是心理学上重要的自我激励的方法。这种方法，我无师自通，从小驾轻就熟，比如后来清晨六点起床准备法学院考试的时候，我的确幻想了一下怎么告诉我外婆我考上哈佛的事。后来，考上哈佛了，但是我妈赶紧抢先告诉了我外婆，我幻想的那些情节本身，倒没能用上。

只是重建被老师摧毁的自信绝非易事。我直到现在，还偶尔在社交场合感到一阵尴尬的沉默，也总能联系起那些在学校，恨不得被老师和所有同学完全忘记的时刻。我们回忆起成长过程中特别让人惧怕的老师，其实常常不是那些脾气暴、嗓门大、爱生气的老师（我妈正是这样的老师，但是和学生关系很好）。最让人怕的，是那种在骂人过程中，让人强烈地感到丢脸、燥闷、耻辱的老师。他们即便语气平和，也让人恨不得立刻消失不见，那种感觉不是愤怒，也不是愧疚，单纯就是耻辱。耻感是非常有用的。高中个子娇小的英语老师用它刺激大家背书，哈佛教授的苏格拉底教学法，也无非是利用了这耻感，我们学习果然认真很多。可是小学老师呢，小孩子那一两分，哪怕是一二十分，到底有多重要，要让孩子背上耻感，觉得自己蠢笨、无能、拖慢全班的脚步，给爸妈丢人？何况这种羞辱是当众进行的，我们从小，不只懂得了耻感，也习惯了在别人的耻辱里扬扬自得。我唯一记得的，比"笨得要死"更糟糕的，是"她的父母以为她厉害得很，其实笨得要死"。

如果再遇上无条件附和老师的家长、本就喜欢辱骂孩子的家长或恨铁不成钢的苦情家长等，孩子就更难了。

我妈最大的优点是自己做老师，但不迷信老师。学前班老师有天跟她告状，说："天哪！全班这么多孩子，就你家孩子学习最差，十个数字都学不会，作业写得乱七八糟！"我妈看了我的作业本，果然配得上"乱七八糟"这四个字，但她没有立刻发火，而是满心困惑，我为什么会这样。那时候我外婆家是水泥地，我妈用粉笔在地上画了格子，要我按老师教的从 1 写到 10。据我妈说，我的 1 写在格子里，2 已经超出格子，写到 10 的时候，从客厅一头写到另一头，几乎写到沙发底下。我妈问："为什么不写在格子里？"我真诚地说："我们王老师说了，2 比 1 大，3 比 2 大，10 最大！"我妈一愣，随即大笑，夸我思路清晰又清奇，我不记得她当年用什么方法教会我"大"的不同语境，不过大约是学会了。

这一切源于对孩子怀有善意的期待，凡事总有原因，反过来我妈对付我，则常用善意的谎言。有一年我们过六一儿童节要表演舞蹈，我这天开开心心回家要我妈把我的红背心找出来，我妈以为我要上台表演，也很开心，结果一问我是要拿去借给上台表演的同学。我妈就有些愤愤然了，一年级的孩子表演舞蹈，四十几个人一起登台，我能跳得多难看，还不能安排在最后一排吗？在去找老师理论之前，还好我妈为了稳妥起见，先让我表演了一遍。结果，我妈后来回忆说，她那天"笑得在地上打滚"（可见我真的给我妈带来很多快乐），我真的很难想象一个舞蹈能有这样的喜剧效果。我小时候应该也是真傻，竟然还问："妈妈，你为什么笑？"我妈变了严肃脸，一本正经地说："我知道老师为什么不让你上台了，因为你跳得太好，老师怕你把其他同学给比下去了！"

我虽然对自己不是很有信心，但一直对我妈很有信心，主要是因为我妈是个顶自信的人。我妈恨透了我的老师骂我笨，早早地教了我尽信老师则不如无老师，但妈妈是必须信的。我妈很善于忽悠小孩，先是告诉我送子娘娘当年托梦给她，说要把"世界上最聪明的孩子"送给她，又说她梦到自己肚子里飞出了金凤凰，简直有回到古代为帝王将相写传记的天赋。也就是我妈没正经读过《史记》，否则她也许会梦到，生我那天，我家红光满室，全厂都闻到阵阵异香。在我最不自信的时候，我妈用算命的方式告诉我，到四年级我就会成为年级第一。到了四年级，这个预言并没能成真，我妈装模作样又算了一次，咬定是初一，不再改了。四年级的我已经有了一些动摇，但还是信了下去。

总的来说，我妈的预言，只靠着一个奇妙的武器——时间。因为难以确保实现，我们没有任何短期目标。眼望着三五年以后的美好蓝图，人就安定了很多，同学笑话我的时候，我就平静地在心里想，你是不知道，等到四年级，哼！日复一日平缓的积累，只会在时间的魔法里带来真正的改变。这改变不一定是预言实现，也可能只是有了些相信它总会实现的底气。

长大以后，经常有别的妈妈，后来是同龄人，问我妈培养我的方法。我很诚恳地说，妈妈要多鼓励孩子，多夸她聪明，多预言她一定会进步、会成功。有的妈妈就问，那夸多了，不就容易自恋、自大吗？我一想也是。所以说要因材施教呢，我妈之所以费了那么大力气整天鼓励我，无非是因为我在她以外的世界，特别是孩子最迷信的老师那里，收到的鼓励实在太少了。我后来想，为什么小时候的我，会喜欢幻想世界，自己编出的戏那么有趣、那么入迷，大概是因为现实世界十分单一。

应试教育，不只是几个科目要应试，而仿佛是整个孩子都得应试。我偶尔想过，那时候，自己是否真是一个毫无可取之处的孩子呢？我脑洞很大而且清奇，我人蛮善良而且诚实，这些品质不也是挺珍贵的吗？可这些品质，在学习至上的整个青少年时代，都似乎是不重要的。不能落在试卷上变成分数的脑洞和课外知识是没有用的，美好品德是对学习不好的一点可有可无的安慰，或者就是傻的证明。一个孩子学习好，有什么课余爱好都是优异的加分项；学习不好，那些东西就是旁门左道的无聊事。学习好，只要品格没有什么突破底线的大问题，就都可以宽容；学习不好，善良只是合格，平庸就是过错。

等我上高三的时候，我考试已经常常是年级第一，甚至是全市第一，但上课常常迟到，卫生打扫不好，还每天偷带牛奶、零食。可这一切问题都被宽恕了，我仍是家长会上最受吹捧的学生。现在想来，我们班那时候的两个劳动委员，真是优秀得不行，特别任劳任怨，特别细心负责，在时间那么紧张的一年里，花那么多时间服务全班，却没有特别强烈的存在感。他们才是最值得被表扬的学生。社会上多一些这样的人就好了，也希望社会好好对待他们这样的人。在这样的评价体系里，我变成了一个现实的人，我知道学习好，就是什么都好。

　　反过来，我之所以没有变成一个太过现实的人，是因为在我学习不好，我爸在外地工作，我还不停地给我妈制造麻烦，让她被"请家长"，陪写作业，"老师教不会了，家长回家教吧"的日子里，她还是觉得我是值得被爱的小孩。她还是开心于我带农村同学回家吃饭，佩服我有一种令人害怕的坚韧毅力，她还是支持我看课外书、写诗、画画、演戏。她说"至少我的女儿很诚实"，她说"是金子总会发光的"。那些没有办法被应试教育打出分数的东西，至少还有爱去发现它们。

附二 辩论：家长什么样的教育风格更有利于孩子的成长：严格 vs 宽松

　　（是的，支持严格和宽松的都是我，我是快乐的双子座。）

　　严格：成长不是一件浪漫的事，从一开始，它的主题就是竞争。我们都活在人人要穿着高跟鞋去比高矮的现实中，许多人还得从比别人低的地方开始，别人轻而易举踩到的地方，我们要爬行好一阵子才上得去。那靠的是什么？努力生长。每个人都只有这么一段短短的童年，每一个选择都决定着将来能有多少选择。父母替孩子做的决定，就是这些时间该如何度过。所谓严格，要求多、负担重，不过是父母看到了成人世界的样子，也知道有的事不早早地开始就太晚了。

宽松：成长的主题不是只有竞争，是你眼里只看到竞争，或者只看到那些容易拿来竞争的东西。善良的品质、活泼的天性、乐观的性格，这些也伴随人的一生，只是常常不被重视，有许多也就轻易地失去了。人生也不是只有高低，能比出高低的还是那些容易拿来竞争的项目，而那些比赛，那些高、富、多、大，只是工具，人才是目的，童年本身才是目的。

严格：你那个立场自然比较容易"政治正确"，可什么叫童年才是目的？小孩子每天无拘无束地玩乐就实现了童年（这个目的了）吗？你可以告诉你的孩子不要在意竞争，你很珍视他善良的品质，他就不用面对从小到大无处不在的比赛了吗？他就可以忘记同学的嘲弄、老师的侮辱了吗？

宽松：这个社会用竞争来衡量人，轻易评价人，轻易嘲弄跟侮辱，看不见别的东西，这是社会错了，我为什么要牺牲孩子的童年来将就它？

严格：因为孩子的童年只有一次，你又为什么可以牺牲他的成功、他的骄傲、他未来的机会，来服务你对现实的不满？

宽松：可是宽松的成长环境不代表放任，它只是对这个童年过度疲惫、劳累的时代的一点反抗。不替孩子做决定，不在没有兴趣的地方硬创造兴趣，不代表不关心、不引导、不培养。我爸这个有"文艺细菌"的理科男，靠着兴之所至，用他诡异的字体偶尔写一些应景的诗词，冬天写写梅花三弄，夏夜写写昨夜星辰，我也大感兴味，会去读、去背、去仿写，这种感觉才是文艺。如果把《唐诗三百首》按顺序硬背下来，只是为了逢人显摆不落后，人也不会因此就有诗书气质。

严格：可是到头来你是怎么喜欢上诗词的？还不是你妈每天要你背诗，背得多了，读到一些喜欢的句子写了情书，尝到了甜头，偶尔写作文、答问题"出口成章"了，人人称赞，于是更有动力，于是越读越多，渐渐成了习惯，渐渐真的喜欢，不是吗？兴趣是从哪里来的？真正的兴趣，原本不是从对一两句诗偶然受触动而来的，是从积累里来的。竞争这件事也不总是痛苦的，事实上，它有自我奖励机制，越投入，越容易收到正反馈，越有动力继续投入。所谓"逼"是一时的，可是不跨过这道坎，就不用谈以后。

宽松：我妈从没有逼我背过唐诗，她只是提出和我比赛背诗……

严格：可见你这个人其实是非常喜欢竞争的……

宽松：我不否认，但不是每个孩子都如此。和妈妈比高低的兴趣引导和强迫是两回事。可见"有料"的成长不靠硬逼，而靠顺势而为。

严格：可惜孩子的势，兴趣也好，热情也好，志气也好，都难以长久，到后来，在真正懂得、喜欢、成为习惯以前，靠的还是硬性要求。

宽松：不是，杀死势的，常常就是硬性要求。童年是一个寻找所爱的过程，兴趣改变也是正常的，只要乐趣还在就够了。我小时候有一阵子着迷于画画，我妈给我买了我们那里能买到的各种纸和笔，我爸一出门就买他看到的"小画家丛书"。他们给我找了老师，可我嫌老师教得太慢，不久就不肯去了，他们也不生气。周末我兴致来了，可以整天整天地画画，还在家里举办拍卖会卖给我爸妈，他们也五毛、一块地捧场。画画这件事，我可以说从未入门，可是这兴趣保留到今天。我一起学画画的朋友，因为父母不允许她退出，一直学了下去，从喜欢到厌恶，等没有人强迫她的时候，她就再也不肯碰画笔了。小时候那些证书到底有多少是有用的？我的拍卖会却是那时候令我无比激动，而今回想起来令我感到无比温馨的童年记忆，这些片段才是永远的。

严格：那是因为画画这件事你本不必坚持，可谁没有一些不得不坚持的事？你小时候每天背英语，为什么你妈又不随你的兴致？严格不是要事事坚持到底，那是一根筋了，可总得使小孩子明白，人生不是容易的，不是随心所欲的，总得找到点什么事安身立命。

宽松：安身立命有一辈子，误以为自己不需要汲汲于安身立命的童年只有那么长。其实安身立命并没有那么难，难的是父母不多求什么，觉得孩子非做成不可，对孩子的成功着了迷，对逼迫这个动作着了迷。就算要求，也要看付出这样的代价是不是值得的。

严格：还是那句话，竞争是有正负反馈的，你可以不求什么，可是孩子在现实的竞争里收到的全是负反馈，未必就快乐。反过来，在一条路上多走走，后来看到的风景，就不是最初上路的时候能想象的了，读书、读诗文、画画、音乐、求学、工作，无不如此。努力不一定是痛苦的，曾国藩说"勤劳而后憩息"，那是很美妙的感觉，常常要好过无所事事的焦虑。

宽松：正是因为竞争本身带来正负反馈，有很多事，孩子愿意主动去做；有很多风景，他们会看到，会喜欢，会走下去的。勤劳不是错，代劳才是；努力没有错，强迫才有错。我们是面对着今天的现实讨论这个问题的，今天的孩子，又已经比我们长大的时候被迫勤劳了很多。很多现实的需要我不反对，可是孩子应该得到一些空间，去选择，去试错，去找自己喜欢的东西，他们应该有权利放弃，有权利不拼、不求、不够上进。

严格：所以你反对的只是粗暴，不是严格。

宽松：而你害怕的只是放任，不是宽松。

严格：毕竟我爸搞的是宽松型教育。

宽松：而我妈是严格型。可见，是要互补。没有我妈逼我，我不会在考试里逆袭，没有我爸给我看侦探小说，让我偷偷打电脑游戏，我早就对生活失去了兴趣。

严格：可见，无论方法怎样，要的是有陪伴，够关心，多鼓励，严一点、松一点倒在其次。

宽松：简单地说，就是把孩子，而不是面子，当作目的。

炎海变清凉——从心所欲

一年一度，总会有几天，长大远离了高考的人莫名兴奋地等待高考作文题目，各显神通地写，不亦乐乎地论，跨越年龄地回忆各自的高考往事，感慨时代和制度的变迁，一路等到成绩出炉，接着回味多年前填下志愿的瞬间，用坎坷经历强烈不推荐自己的专业。直到毕业生们的暑假开始，过来人回到各自被高考改变过的命运和生活，直到下一个六月。

跟高考有关的记忆在生命里留下的痕迹实在太深，所以多年过去，虽然各种知识点几乎已经全部忘记，却还能跟每一年的考生一起代入那些情绪：高考前夜不停地对自己说要睡好，结果因为害怕失眠而失眠了；写作文的时候脑子里一直循环某一首不算喜欢的歌；走出考场那一刻，想到有好多学得不错的部分完全没考，竟然有些生气；对着正确答案估分时情绪跌宕起伏，一个个字母像命运快速绽放或爆破在屏幕上；还有高考过后的那个暑假，一切尘埃落定后，好多次午夜梦回，在万分遗憾中醒来，又突然想起了某一道本该做对的选择题。

小时候，我一直期望自己有一些与众不同的天赋，可以不走寻常的路。渐渐地发现，在所有的尝试里，如果说我对什么事可算是有点天赋，竟然就是考试。我天生适合走的，就是应试这条最平凡的路。也许人生中第一个重要的选择，是选择接受自己的平凡，接受考试是通向更自由而丰富的生活，那唯一的、窄窄的路。

那之前我做过最长的一个梦，是当作家。从八九岁开始写小说，唯一的"天赋"是我爸、我妈都对这件事鼎力支持，争相吹捧。而后在"市场"真实的考验里，写诗、写歌词、写散文诗、写足球评论、写读书心得，一共挣了不超过一百块的稿费，还不如代写情书挣得多。高三收到新概念作文大赛的"入围奖"奖状，我终于春秋梦醒。我那些残稿和作文比赛奖状，都被我妈收起来装在盒子里，有次回家，她还问我要不要把侦探故事写完，把杀人案破了。我读了一下那开头，当年是《福尔摩斯探案集》看多了，仿照里面的外国人名起了一堆名字，根本没有对应的英文单词。

其他项目还不如写作。我练了几年武术，我师父说"你可以做郭靖"，我就知道是什么意思了。画画和写字，我也投稿去参加过比赛，连鼓励奖都没有。看我们班男生踢球，我练习足球解说，最后也只是给校运动会写通告。想学说评书没有老师，说相声倒是在六一联欢会上表演过。每周认真研究的足球彩票一直没中，打篮球稳定在了校队陪练的水平。

我终于知道，我别无他长，除了我妈的酒量，也没有什么家传手艺和产业可以继承，唯有走高考这一条路而已。

而一旦接受了，高三就变得可爱起来。高三那一年，第一次读了《百年孤独》，我心里总浮现一句话：多年以后，阿詹会回想起这个在课桌前望着天井中的李子花发呆的时刻，觉得这是自己一生中最踏实而舒服的日子。

读到反思应试教育和僵化竞争的书和文章，我也会想，从小到大，我做过考试成绩大幅拖低全班平均分的"差生"；做过和同学们想问题总不在一个轨道，但又很喜欢发言，被老师认为"有毛病"的另类学生；也叛逆过、莫名其妙地对抗过老师和学校；我也曾经因为考试主观题也有标准答案，应试教育只以成绩评价人，没有给那些思维方法和兴趣点特别的孩子更多机会和鼓励，而失落过、委屈过、自卑过，最后，是不是妥协了？

也许是吧。我小时候读到一段话，大概是说，当你是迭戈·马拉多纳的时候，足球场上的规则对你来说就不存在了；当你是迈克尔·乔丹的时候，篮球场上的规则就限制不了你了。我把这段话剪下来，贴在门上，但一直没有想明白为什么被它吸引。有一天我突然懂了，它在说，一个人只有在现有规则里出类拔萃，才有可能超越它、不被它束缚。我自发地想通了，而不是被老师灌输着接受了——好好学习不是为了谁，是为了自己。

世俗的成功给人自由。到高中的时候，这个念头让我对自己妥协了。对我来说，做个好学生、学习成绩好的意义，是自由。好学生可以自主安排时间，可以不被老师整天盯着和唠叨，可以不被其他人指手画脚或者不在乎其他人指手画脚，可以让那些不喜欢你的人闭嘴、不爽、嫉妒。如果有的人只以成绩评价他人，对好成绩"势利眼"，那就把成绩摆在他面前，再给他一个白眼。后来呢，我可以靠考试，到这些不喜欢我、总爱教育我的人没去过的地方，做他们没法指点我的事，自由地选择我的生活。

到高三那年，我已经彻底想明白，我是个平凡人，但摸索这些年，渐渐发现考试这件事我是能做好的，甚至挺擅长的，这也是上天给我的礼物吧。何况，时代给了我这样只擅长读书的傻学生机会。考试能改变命运，我是其中一例，人生后来得到的一切机遇，都可说是从一次次考试中得来的。我应该快乐，应该珍惜。

高考之前，另一个更现实的、所有人都要面对的选择是分科。这个选择也教会我很多。到最后，人只会心甘情愿为真正想要和享受的东西奋斗，如果顺从的是别人的建议和偏好，却无法自拔地总在幻想那条未选择的路风景如何，人是不会快乐的。

我从县城初中毕业，到考上了贵阳一中，之后参加了理科实验班的考试。我起初并不想参加这考试。一来我从小喜欢历史，早决心学文，对理科实验班这许多人心中的圣地，实在并无兴趣；二来我们是"州县"上的学生，也就是各少数民族自治州和周围县城的学生，先自怯了，觉得自己和贵阳市里的学生是没法比的，一定考不上。我妈知道，我这人其实很偏执，软硬不吃，激将法无效，只有好奇心盛是软肋。她说，去见识见识能读理科实验班的人考的卷子是什么样，不也挺有趣吗？我就去了。

实验班分班考试，是好学生们志在必得的，是真正的"中考"。据说实验班有最好的老师，学生可以两年学完三年课程，高二就可以参加高考，各种竞赛可望获奖无数，早早能保送。相比于其他人的紧张，我可能是真正的心无旁骛，一心只想见识，所以福至心灵，真的做出不少题来。

考完之后我和我妈去了西藏旅游。那天刚从布达拉宫下来，我们就接到我爸的电话，说我以倒数第二名的成绩，考上了。我妈当时就要回布达拉宫还愿，我才知道她心里是存了这个愿望的，去"见识见识"的话，不过是糊弄我的惯用手法。

可那时的我，想到要去实验班读书，日子必然艰难，并不怎么开心，加上高原反应晕得厉害，实在不想还愿。好在布达拉宫每日接待的游客数量有限，不是谁想上去就能上去的，这事才作罢。

然而去理科实验班，却不能作罢。三个理科实验班，一百五十多名学生，我以倒数第二名入选，本就有些自卑，我的中考成绩是浪子回头以后发奋突击的结果，物理、化学全无根底。我的好多同学却已经手握各种竞赛奖牌，课间休息时随手就刷几道奥赛题，用奥赛金牌保送清华、北大的人生路径已规划得十分清晰。而这些竞赛，我从前一直觉得离自己非常遥远，甚至从未想过要参加。我心里虽然也有免高考上大学的梦想，但唯一想到的途径是新概念作文大赛。一切从一开始就像错了。

开学第一天的晚自习，我眼看着我同桌，拿出了《高考化学总复习第二轮》，一页页刷过去。我忍不住酸酸但真的很佩服地说："你做得真快。"他淡淡地道："不行，今晚只做了三十八页。"

晚上我跟我妈打电话，说这书我读不下去了。我必须让我爸、我妈管理预期，我说："妈，不是我不努力，今天是第一天学高中化学知识，但是同桌已经复习到了第二轮，等我全部学完那一天，只怕他已经复习了三十几轮，我怎么和他比？"

事实证明，我运气不错，我同桌就算在实验班的学生当中，也是佼佼者，他后来果然保送去了清华，但并非所有同学都和他一样，已经开始总复习了。可我已经被这第一印象吓出了幻觉，放眼望去，只觉得我的身边都是遥不可及的天才。这种感觉，我后来去读大学、读博、读法学院，还出现过好几次。我一边想，我的命苦啊，为什么只有我是个平凡人？一边想，我还可以啊，和这些人做了同学。

贵阳一中对我们来说是个理想般的存在。读初中的时候，有一年高考过后，我们去参加一中毕业生的拍卖会，他们的课堂笔记相当抢手，一份能卖上百块钱。我心里燃起一些大志，我想，我要是能读这所学校就好了，毕业了还能卖笔记赚钱（几年以后，我从这所学校毕业了，且考得不错，我的前男友却复读了，我把笔记都送给了他，分手以后没好意思要回来）。

贵阳一中的学生，特别是理科实验班的学生，在我心中本就是"虎狼之师"，头一天又遇上我同桌这样的样本，我不能不怕。好在，从底层开始，慢慢往上爬的人生经历，我已经有过许多次。和我爸达成三年之后，争取从第一百五十几名进步到前一百名的长线目标之后，我觉得日子还过得下去，还是按时睡、交朋友、打篮球、排音乐剧，尽量快乐起来。

可我终于还是决定学文了。做决定的过程，大概是一种潜藏的、用辩论思维的方式。其实是先选定某个立场，然后不停地为它寻找支撑，让自己不再动摇，也不后悔。

我离开理科实验班去学文，反方的论点是很多的。第一就是，我竟然主动放弃人人向往的理科实验班？接下来就会有自然而然的揣测，"这个人想必是在实验班混不下去了""女孩子嘛，想必是理科学不懂、跟不上"。这在那个年纪，是天大的面子问题。我也想过为了维持住"她是理科实验班的女生"这种骄傲，勉强下去。而反过来，"学不懂理科的人才学文科"的刻板印象，压在我这样爱好文科，但又想要证明自己并非学不懂理科的人心头，非止一日。跟面子相比，老师不断对你说你的理科确有潜力，理科学校和专业选择多等，其实都不是重点。

其实我在理科班的第一年,学得还不错,进步速度至少远远超出了我和我爸的计划,挨到年级前二十名了。甚至我也拿到了数学竞赛奖,开始有了些幻想。我的同学们,肯定是从小打的基础太好了,根本没有想过,遇到难题,可以用尺子量这种走投无路的人才会懂的方法。某次数学竞赛里,我用尺子量,成为全班唯一做出某道难题的人。

可是,当大家开始聊起分科这件事的时候,我其实很快就明白了自己的想法,也告诉了爸妈:我喜欢学文,学理是任务,学文是爱好,一想到将来能整天专注学文,我就非常快乐。

转文科这件事其实就是这样决定的。余下的工作只是找些解释,说给别人听而已。竞争压力大、机会总数少但更有机会脱颖而出云云,都只是因为这是大多数人更能接受的解释,所以被我拿来应付过去。

我真正感到快乐的,是我爸妈明白我心之所爱之后,就放下了那些反方观点,支持我去学文。他们在意我是否快乐。我快乐这件事,比我和他们的面子,都重要。而家人之间的这份在意,对我很重要。

从正式分科那天起,我几乎突然间就从"还不错,有潜力"的学生变成了年级第一。背后有一种神奇的心理暗示的力量。我知道我擅长文科,不再有在理科班上"自知基础不如人,必须不断追赶,又生怕再错过任何新知识"的复杂紧张感,变得从容和自在了，所以知识吸收效率反而很高，很少错过什么。以及，为了面子，我亟须证明，我真的非常擅长文科。我转文，不是因为理科不够好，而是因为我不学文科实在可惜了。

目标落定，整个人也自在了。叛逆期好像已经顺利度过，不再复发。我决定"从今天起，做一个幸福的人"。我不再和班主任作对，不再和生活老师斗智斗勇，不再"强说愁"地上演很有戏剧张力的早恋了。到高三的时候，我还给老师起过外号，但和大部分老师做了朋友，管生活老师叫"干妈"，把暗恋和暧昧藏在心里了。

好像这个一直藏在心里的愿望或者不快说出口之后，才算完全度过了叛逆期，我和爸妈又回到了我小时候那种，他们是我的头号粉丝、铁杆哥们儿的状态。我眉飞色舞地分享学校里的八卦、考试多么得心应手、某老师怎么表扬我、某同学怎么夸我，自吹自擂，再等他们热情附和一番。当然，我也讲隔壁班某老师怎么讨厌我、某老师的作业如何无聊、打球如何惨败、某些校规检查如何苛刻等，由我妈痛加批判、我爸理性劝导一番。

做了这个选择之后，学习对我来说也变成一件完全快乐的事。就算没有高考，我本来就会想知道，为什么去长白山，山腰是大松树，山顶倒变成大草原了；也本来就会看《贞观长歌》，想知道左仆射、右仆射哪个官大些。地理和历史老师成了回答我问题的"动脑筋爷爷"，我对他们感激不尽，他们看我这么爱问问题也非常开心。政治课，我的确不喜欢，政治老师又是一位过度认真的老师，我每天费尽心机就想问些刁钻古怪的问题把她难倒，因此倒也卖力学了《马克思主义政治经济学原理》。

文科班的同学，过得没有那么紧张、辛苦，日子更有生趣。我们班学习成绩不太行，考试只能力争不垫底，话剧和歌唱比赛，倒都拿了奖。上课有人写字、画画，还有人忙着给自己的偶像应援。文科学习节奏慢，我又买了十八色荧光笔、二十四色水彩笔，开始优哉游哉地画笔记了。有天课间去洗手间回来，我几个朋友串通好了把我的笔都拿去走廊上拍卖，卖"年级第一"的笔，一支一块钱。我既好气又好笑，最后跟着他们拿着钱去食堂吃火锅了。

文科班的老师似乎也不总是那种紧绷的、一上课就像下倾盆大雨似的一股脑往你脑子里灌东西的状态，更从容和鲜活。临到毕业，我向我们寝室的五个人建议，最后一天了，我们应该做个造型来纪念，后来定了每人梳两根民国麻花辫，算准在早读和第一节课之间，全校人坐在教室里默默等待的那五分钟，大摇大摆地穿过走廊进教室。语文老师站在门口，微笑地看着我们，我走到跟前，她指着我说："哟，这不是《神雕侠侣》里那个？"我喜出望外道："小龙女？"她笑道："傻姑嘛！"

那美好的日子最终结束在高考了。我以为自己会永远记得那些做错的题目、没能拿到的分数。其实不过几年以后，高考总分和排名就已经记不清了，我妈坚持说我裸分是全省第四，我觉得没有那么高，是她一如既往地，对我过于自信。

到头来记得的，还是政治老师让我在作业本上长篇大段抄的话；混出校门吃火锅结果遇到班主任；逃晚自习去唱卡拉OK骗过了除我妈之外的所有人；偷了化学实验室的火柴，和好朋友在湖边点蜡烛过生日，被保安捉住，指控我们想"烧学校"；还有我们在班级篮球赛中进了半决赛，遇到真正厉害的对手，把我们打成几十比几，队友一边运球一边哭。想起来还是有些难过，因为我们再也没有机会去打如此在意的篮球赛了。以及，高中那几年跟人分过手，后来暗恋过一个人，我坐在天井这一边，望着对面他的教室，希望他快些换座位，离窗户近一些，能偶尔看到，想一起去北京读大学。如此老套的剧情，也曾是我的一部分动力。

后来没有考到全省第一，我竟然首先想到了校长，而不是我自己，或者我爸妈的失落。事实上，我爸妈毫不觉得失落，而是非常骄傲，对我自己的不满意仿佛大感不解，甚至有点生气。我也还是不知道，这是否也是他们出于安慰而做的善意伪装，抑或是，我爸看我这几年太顺，怕我学不会知足，将来会被冷酷的现实伤害，而做的预防？因为"已经很好了啊"，对于自负的人来说，真是最具杀伤力的一盆冷水了。是的，很快，现实世界的铁拳，就会让我清醒的。

想了十年的北大考古梦，我的分数已够，只是北大考古系不在贵州招生，需要"另想办法"。后来我一时冲动，去了提前招生、给我五十万元奖学金且许诺第一年不用选专业，可以自由体验的香港中文大学。可是一时畅快意气决定之后，一想起考古和北京，我会猛地感到一阵失落。香港的大学大一放假早，我五月去北大跟着一个朋友旁听了不少课，一个"也许一切都还没发生"的幻梦，反而也就醒了。

直到那一年，大家铺天盖地地讨论"留守女孩高分选择北大考古"的时候，我一边为她点赞，一边心里再次升起了淡淡的落寞。原来大家这么欣赏这份有些特别的梦想和勇气，这是我曾经想走的路啊。可路是自己选的。命运后来又给我许多意外之喜的转折，我没有什么可抱怨的。

人生是由一连串的选择串联而成的，有的经过深思熟虑、反复挣扎，也许只是顺从了一开始就扎根在心底的愿望；有的看似一时冲动，错过了多年梦想，谁知不是潜藏在心底的愿望呢？

每当想起高考，我还会想起可笑的，但深深痴迷过的状元梦。为了考状元而复读的呼喊真的在我心里回荡过，虽然我自己也明知那太幼稚。那个假期我狠狠地读了王维、李白和庄子，想让自己豁达起来。后来我知道，人生要走到下一个阶段，被新的挑战和憧憬占有，才能真的把过去很在乎的东西放下。

回头看高考，我对它充满感激。我人生的所有机会，都从它开始，都可以说是拜它所赐。我们作为落后地区的考生，在现有的高考招生政策里，受到的是保护和照顾。我从小唱歌、跳舞样样不行，是因为它，做了一回让爸妈骄傲的孩子。在高考之前，有一段紧张，但又充实和乐观的日子，其间反复练过的大部分考点已然忘记，但背过的诗词文章，还常陪伴着我。那些日子里练就的方法、态度、习惯，依然是生活的一部分。何况，那段日子，本身就很美好，就算什么也没带走，我也很怀念它。

每年六月，我也还会和大家一起，回想从前。如果有少数民族加分呢？如果保送了呢？如果普通话更好一点，语文考得好些呢？如果坚持初心去了北大呢？"一切安排都是最好的安排"，我接受了这句话，不只是因为对生活感到知足，也因为，人生里还有太多别的考试，每一天又有新的选择。人不能陷在回忆里，无论是怀念还是遗憾，是选择题还是暗恋对象，是六月的雨季还是十七岁的雨季。

山人无妙方——刻板学习

通向高考的是年复一年的漫漫应试之路，只是没想到高考过后，这条路我又走了十年。

我很享受我的高三。有句话说，一辈子有好几次，人会以为自己已经到达巅峰了，只不过后来又走了很久，才发现离那山峰还隔得很远。对我来说，高三是第一次，感到现在很好，以后应该都是下坡路的时刻。

高三是这样一个时刻：将要高考而未高考，人人都说很美好的新生活已经可以想象，却还不必面对（也就还没经历过"原来也并不那么美好"的幻灭）；所有人有规律地做着同一件事，而这件事碰巧是我所擅长的；日子已经过得非常规律，每一天都很充实，但找到自己的节奏以后，也不算疲惫；许多人对我满怀期待，但也同情着我的压力；我因为考试成绩好这样庸俗的特色，和学校里的街舞明星一样身带"光环"。我觉得，人生大概不会再给我安排这样的好日子了。

而且，那才是高三啊。十八岁未满，一切都还有可能，人生，还根本望不到边际。

十二年磕磕绊绊，到高三，我觉得自己已经"学会"考试这件事了。学海无涯，知识没有尽头，但在考试中，能明白出题人的意图和圈套，把自己所知的都按照规定呈现出来，以至于并不尽知的都借由已知线索做尽可能的推测，最大限度地方便阅卷老师"酌情给分"，那考试这门学问本身，就算入门了吧？

考试独立于众学科之外，单是一门学问。我后来发现，面试和工作，一如考试，并不是为了表达自我。设身处地，让给你"阅卷"的那个人工作起来容易一些，给你高分的理由多一些，各种"分数"自然就高了。

到了高三，这门功夫我已熟习再三，招式皆可灵活化用，至于圆融，临敌并不觉得紧张，偶然遇到无从下手的题，还颇有点兴奋了。这功夫无非是几件事，一是很庸俗的妥协，即临到重要考试，不再写能把自己感动哭的作文，而是写阅卷老师能明显感受到你的阳光态度、文字水平和阅读积累的作文；二是细致学习参考答案以总结套路；三是把每次考试都当作对考试技能的考试，不为分数和排名所苦恼，而只求尽我所能，再从中学习。

在高三的考场之上，这门功夫最讲究心态平和，全情专注，沉静如水，深沉如渊，就是近于冷漠无情的"做题拿分机器"。

当然这很难。我在高考前有过几次情绪起伏。一是因为平时成绩好，被学校列为争夺状元的重点培养对象，收到了来自校长的亲切关怀，可以在全年级老师中任选一对一的辅导老师。结果简单的生活平添许多压力和人情思虑，学习的快乐几乎消失不见，我连着考砸几次，不被人看好了，才解脱出来。

二是突然间发现少数民族学生和二级运动员好像很多，像我一样什么加分都没有的人好像很少。说起来，我外公是地道的苗族人，是参加抗美援朝志愿军走出大山的。我妈参加工作的时候，民族被误登记为"汉"，二十岁的她觉得这样也挺好，全然没想到二十多年后这意味着我高考不能加二十分。按理说，我们这时候去改民族，不能说是作假。但一来改民族这件事十分敏感，我们也没有什么门路；二来我爸、我妈对我自信极了，似乎比别人少一点加分也不要紧。我对他们的心大感到了一些震惊。

紧接着，我因为化学会考差了一分没拿A，被"褫夺"了保送北大的名额。那天我爸开车送我去学校，路上接到了校长的电话，通知我不能被保送的消息。校长还有些担心我们的情绪，结果我爸非常淡定地说："没关系，她靠自己努力考北大吧！"他对我如此信心满满，我也惊呆了。后来想想，他们应该是不想让我对不确定的事投入太大的希望和关切，故意淡化这些"场外因素"的重要性，让我不至于被失望打乱吧。

对这一切，我不可能没有压力、委屈和遗憾，深呼吸平复情绪直到考试，结果高考第一天，对着语文的第一题拼音，我觉得每个音都是错的，都在针对贵州人的普通话，心里一凉，说："完了，肯定要复读。"两个半小时，"复读"两个字始终萦绕在我的脑海中，结果语文果然考得很差。但又因为自此完全看开了，后面几科都发挥很好。可见人间事，总是因祸得福。

其中也不知道是否有命运在起作用。练习了那么多次的考试这门功夫，"保持平常心"这五字秘诀，会背又有什么用呢？我对自己的考场心态如此自负，一向不乱不浮，到头来也是靠"复读"这个念头找回的平常心，实在是太不靠谱了。不过，这一切也许证明，没关系的，就算没有平常心，就算脑子有些凌乱，就算上手不顺，告诉自己没关系的，内力还在那里，不会一场空的。

应试是招式，内力却还需来自日复一日、层层题海、漫漫长卷的积累。积蓄内力，另有一套和练习考试招式不同的方法。

我在整个高中时代的高光时刻，竟然是在一次原本至为无聊的学习方法大会上。那是我第一次突然考了年级第一，因此碰巧要在全年级直播的班会课上做学习方法报告。而我并不是一个典型的"好学生"。

我身上没有很多老师期待的那种刻苦。在生活的优先级里，睡觉是第一。我宁可写不完作业，晚上十二点也一定会上床，早上一定会拖到非起床不可那一刻，理想状态是踩着早读的铃声进教室。说重庆话的生活老师每天喊"詹青云儿，起床咯"的一嗓子，声震全楼。我穿着夹脚拖鞋在走廊上奔跑的样子，被隔壁班班主任反复嘲讽。

但这其实是我"努力"的方式。在中学时代，甚至直到现在，我最大的焦虑是时间被浪费，在这个问题上有轻微的强迫症，在高三尤其明显。在早读之前提早到教室，多半无所事事、聊天发呆，我决定不为此早起来表现勤奋。一边上早自习一边吃早餐才是节约时间的实惠选择，被教导主任发现在课上吃东西，则属于风险可控的小概率事件。

但是我又常主动"浪费"学习时间，每周三次打篮球，几乎每个课间都打乒乓球或踢毽子，每天都读些课外书，还在向《散文诗》和《足球俱乐部》投稿（虽然并无回音），偶尔整个晚自习溜出教室看流星雨，和好朋友聊天。

时间不可以"被"浪费，但可以拿来浪费。因为这些对我来说是有意义的使用时间的方式，它们使我在被题目淹没、被分数绑架的生活中，每节课、每天、每周、每月地满血复活。找到一种平衡的、充实而不过于疲惫的、每一天都有进步也有享受的高三"活法"，就是我打算做报告的学习方法。

可这不是教导主任喜欢的学习方法。她喜欢规矩和原则，比如预习和复习、听课和刷题，她喜欢强调比别人多一分的努力。我的报告稿很快被退回了，带着她冷冷的讽刺。正因为是很真诚和认真地写下那些建议的，所以我觉得很委屈，但在朋友的怂恿下决定不放弃，去"报复"。我交给教导主任一篇抄来的正统学习方法稿，每一段的开头都是"夯实基础"这样毫无意义的废话，但我拿到全校直播的讲台上去讲的，是"变本加厉"的自己的稿子，我上来就说："我实在没有资格来教我每天问问题的偶像如何学习，而这，正是应试教育的悲哀。"

那场报告（应该主要是因为我的勇气，加上些被冤枉以后刻意的挑衅）许多次被掌声和笑声打断，是我人生中未经历过的事，我后来参加辩论队或是节目，都和它给我的初始信心有关。

我一时成为学校里的"英雄"人物，有快感，也有忐忑。不过后来校长开明地接受了，表扬我讲了些"大实话"。

从那以后，我一直对学习方法充满抗拒，觉得它全是"假大空"。考试有技巧，但学习并没有捷径，所谓对的方法大都是废话，道理人人都懂，但只有一些人真的在认真听课、每天刷题、不懂就问。高考成绩不是从某种魔法里来的，而是从坐在课桌前那一小时又一小时的全情投入里来的。

那些年，常有爸妈的朋友带着小朋友来问我学习方法。如果我判断关系是真的不错，能听进去大实话，我会告诉他们，学语文就是多读书，学数学就是多问题，学英语靠多读多背出语感，学文综靠总结套路，但记地图和时间轴是兴趣也是硬功夫，日积月累，总会进步的。这种方法是如此地平平无奇，但如果你最终没能成功，应该只是因为没有坚持下去。对于一定要求一个方法，不肯听大实话的，我会找出曾交给教导主任的那篇稿子，把"夯实基础"云云，再念一遍。

再次认真地讨论学习方法这件事，要到我读博的时候，跟我的导师聊方法了。也许是因为那时过了二十五岁，不再能每一天都精力充沛、脑力充足了，才觉得还是得讲方法，或者也才意识到，当年，是讲过方法的。

我们讨论的重点，只有两件事，一是计划，二是时间。

读博的时候，唯一重要的事是写论文。我导师的观点是，不能以"每天写几小时"做目标，而要以"每天写多少字"定目标。这样才不会对着电脑拖延，才不会最终被关于进度的焦虑压垮。

我觉得有趣，恰恰是因为我不认同他的方法。从小在我妈的预言式鼓励下缓慢进步，我养成了一种态度（或者说能力）——可以从努力本身之中，而不是努力之后得到的结果中，获得满足感。唯有如此，一时看不到结果和进度，才不会使我感到焦虑和丧气。

在应试的长路上追赶和进步，本是一个很缓慢的过程。后来者居上、突飞猛进的故事也许是有的，也许只是幻想的安慰，或拖延的借口。而且越往后，需要积累的东西越多，越要在漫长时光里，才能逐渐显出成果。因此不丧失动力和自信的方法，是从努力本身之中得到满足，同时让自己相信总有回报的那一天。

所以在高三，自主的时间里，每天学足两小时的数学、一小时的英语、各半小时的语文和文综，我就满足了，踏实地上床睡觉，心情愉快，哪怕要等一个月、两个月，才看到微小的进步。如果有哪一天这套目标无法实现，就用"这几小时用来做了很值得的事"说服自己，把这一天的任务标记为"完成"，而不落入后悔的情绪里。

这些进步微小到每两个月进步三分、五分，但我知道这些进步是稳定的。因为我的考试心态极平和，技巧已成熟，只要是会的题都能拿分，所以不会抱怨"没考好"，也不会偶然超常发挥，考出来的就是真实水平，爬上去的台阶，一般都能站稳不跌落下来。而与此同时，每一天都在认真度过，对它"仁至义尽"了。这种满足感本身，是如此重要，让我能每天积极学习，而并不焦虑。我不会让自己突然发奋，"无节制"地努力，但也从来没有过突然崩溃、失去动力的时刻。

我和我的导师不谋而合的，是对时间的看法。理论是他总结给我的：时间是有质量的。这质量包括，头脑有多清晰，注意力有多集中，记忆力有多强，以及你对这段时间有多自主，不会被他人左右或打扰。质量最高的时间应当用来做最难的事，否则就是未尽全力的浪费；质量一般的时间应该用来做难度平平的事，否则就是徒劳无功的勉强。

对于我的高中生活来说，不同质量的自主时间分为早自习、下午第四节课自习、晚自习和临睡前自习。事情的难度差异，就是自习语文、数学、英语和文综的难度差异。以我自己为例，质量最高的晚自习时间全部投入对脑力要求最高的数学，质量一般的临睡前自习，用来翻看文综帮自己催眠。如果临睡前做数学题，只怕很难想得清楚，打击自信且无所得，又怕越做越兴奋，也睡不踏实。

这是粗略的分法，同一质量的时间段，分前、中、后，同一学科，分看书、看笔记、背书、做题、自我测试等不同难度的项目。什么时间段质量高，什么项目难度大，当然因人而异，也在不断变化。可是对时间按需分配这个方法，一直让我受益无穷。一是真的更有希望把事做好，二是不会因为时间逝去而有焦虑感或负罪感。有一种很奇怪的，即我对得起这些时间的快乐。

每一天做分配时间的游戏，本身就让我快乐。这可能是因为我小时候我爸在外地建厂，我妈是高中班主任，我常常一个人在家，我妈监督我的方式，是为每一天设定需要完成的任务，奖励是任务完成之后分配时间的绝对自由。所以我在二三年级家里有了电脑之后，最初学会的，就是画五彩斑斓的任务表格，打印出来，每一天打钩。这张表格里有学习，比如背诗和读英语；有锻炼，比如练武术；也有放松和娱乐项目，比如我小时候非常喜欢听评书。每天的钩打完之后，那一天就可以随便玩了。

很奇怪，如此形式主义的东西，对我的束缚好像是心理上的。我非常诚实，虽然我妈没有装监控摄像头，忙起来也懒于抽查，但我从不会给没有做的事打钩。这也许是因为，我发现只要不拖延，每天用于完成任务的时间其实不多，做完之后毫无压力、坦然地玩，比惶惶然、偷偷地玩，或者一直拖延、一直被催促、烦躁地玩，开心多了。而这些最初只是为打钩而打的钩，有一些随着长大慢慢变成了真正的乐趣，比如练字和读诗；有一些在开始自发地意识到"需要努力学习"的时候，变成有内在动力的目标，比如背单词和做数学题。只不过小的时候是做"教你成为大侦探""趣味逻辑"之类带着游戏色彩的题，后来是做立体几何这类比较枯燥，但会实实在在变成分数的题。

就这样，我靠着表格养成了家长们非常喜欢的品质——自觉，而我和我妈之间，除了持续打电脑游戏的时长（美其名曰保护眼睛），也很少因为时间分配有任何不愉快，从而实现了家庭和谐。其中最重要的，是我的诚实和我妈的承诺，只要我确实完成了每天的任务，她绝不因为看我一直在玩而有任何怨言，或是安排额外任务。因为一旦有额外任务，表格的魅力就会荡然无存。

每天的学习和玩，都变成了应该的事和应得的奖励，我对前者不会拖延和抱怨，对后者也没有掩藏和不安。

而且我妈只参与讨论了每天应该完成的事，我自己则几乎计划了每个时间段应该用来做什么。在画下这张表格的时候，其实我下意识地评估了每个时间段的质量和每件事的趣味程度，所以才把背英语放在一早，把听评书放在午后。

我从三年级开始画这样的表格，早已被它"驯化"。听上去似乎是苛刻的事，但画表格和打钩，的确让我比较快乐。很多年以后，在心里为自己画张表格和打钩，依然是我安排生活的方式，它真的让生活高效，甚至多元。我很少沉迷于任何事，但能一天天、一点点坚持做许多事，还每天读诗、练字，读先秦诸子，读大部头的学术书，都是拜心里那张表格所赐。

因为有心里的表格，所以我不容易在任何事情上消耗太长的时间，也不容易拖延。每一天都是一个重新开始的多元平衡的排列组合。这个组合规划下的生活，确实比"自由"更让我快乐。

我不知道该如何评价"生活表格"。也许有人觉得可悲，也许有人觉得受启发，可它就是我的生活方式和最重要的方法。我不必再向教导主任妥协和假装了，我所知道的学习方法就是这样。

从小到大，我的好朋友们都很喜欢去我家做客。我妈做饭手艺不精，但花样百出，一时是拔丝苹果没有丝，一时是冰粉只有调料没有粉，大家觉得有趣。我们家有过几只小狗，偏偏、冬瓜（又名咕噜咕噜）、墨兜都很可爱。而我和真正的好朋友们在家里的相处模式有两种，一种是他们兴致勃勃地加入我的每日项目，读英语、写毛笔字、听评书、画画、读小说过一天；另一种是我们各自自由自在，一时两个人一起下棋、打游戏，一时我自去打钩，他们自去找我妈聊天、和墨兜玩耍。

我有时也会想，我这样的人是不是太古怪？每一次开始恋爱的时候，我都诚实地问对方，对我的生活表格做何感想。我可以为恋爱放假，但已经没有办法一直活在假期里了。

当然，学习不是只有表格，人也不是打钩的机器。读书这一路上，总是要与人同行的，只是如何与人同行，有时是运气，有时是方法。

在上学的头几年，我遇到过很凶的老师，面对老师主要是恐惧。其实"凶"，即严格、易发火、会骂人，并不是问题。某些老师的可怕之处，是以严厉对学生好为名，粗暴践踏孩子的尊严和自信，所以孩子非但没有跟着老师往前走，反而因为害怕或者怨恨，远远地就停下了，说不定还会瑟缩着后退。后来我在县城初中有一阵叛逆，坚决不肯跟着老师往前走，而且要旗帜鲜明地让他知道，我从他的课里什么也没有学到。前者近于运气不好，后者实是自己作妖。

运气会起起伏伏，人也有时幼稚有时成熟，而老师的一句话，可以伤害人，也可以改变人。一路走来，除了我妈始终用她的谜之自信带动我谜之乐观，也幸而遇到许多风格各异，但都予人真诚的尊重，也赢回学生真诚的敬与爱的老师。所谓方法云云，如果没有他们用尊重和善意经营出那一片温柔时空，也就永远是停在表格上的计划而已。老师们不知是否知道，他们教给我们的磁和电、有机和无机的化学、有丝和无丝的分裂，实在很难记住，但他们偶然的只言片语，却很难让人忘记。

初中我抄席慕蓉的诗代写情书，被语文老师发现了，她建议我抄一下泰戈尔的诗，更有深度。语文课上我在课桌里看安妮宝贝的书，也被她发现了，她说："如果你觉得看书比听课更有收获，可以的，但我觉得我的课值得《飘》这样的小说。"后来，我一直认真上语文课，也读了泰戈尔的诗和《飘》。

初中有一次统考，是全市统一改卷，我的作文因为写环境污染太负能量被判了零分。我的另一位语文老师说我写得很好，她也看出来我心里怀着美好的愿望，但是参加统考，就要遵守它的游戏规则。我后来的作文都能遵守规则，且分数不错。

高中新换了历史老师，我觉得她的讲课节奏很慢，便拿了十二色荧光笔画笔记，五彩斑斓，闪闪发光，任何人看了头都会晕。过了两周，历史老师开始仔细地看每个同学的笔记，我挺紧张，但她看过之后说，真没见过这么漂亮的笔记。我后来上历史课和抄笔记都非常认真。

高中政治老师有阵子要求我们抄书，我觉得非常无聊，就一顿狂草写了交上去，字迹基本连我自己都认不出。政治老师仔细辨认了我的鬼画符，把抄错的地方都用红笔规整地重抄了一遍。后来，无论政治老师布置的作业多么无聊，我都认真写了。

高中语文老师也要我们抄所有背诵篇目，我用毛笔换了五种新发明的字体，最后困了，也只好一顿狂草。第二天早读，语文老师竟然要大家拿出抄写版来朗读，然后把我的"书法"作品收走了。我以为我成了反面典型，结果，她在年级大会上表扬了我，说一直能从学习里找到乐趣，比勤奋更珍贵。我后来学语文，一直又勤奋又快乐。

这些其实都还是非理性叛逆的一部分。初中的时候我和物理老师作对，即使物理成绩不及格，也绝不听他的课，是叛逆。对后来这些用真诚和浪漫让我服气的老师无条件地服从，其实也是意气用事。但，人在许多时候，的确是被意气，而不是被理性，推着往前走，做到了许多原本不可能做到的事。

遇到这样的老师是人生幸事，当然记住他们，而不是另一些老师，这是自己可以选择的，和不同的老师如何相处，也是自己可以选择的。

到高三的时候，我已经和大多数老师关系非常好。一来我成了好学生，寄托着老师们的期望，作为数学课代表，数学老师每讲完一道题，总要和我用眼神确认一下；二来我长大了，也自信了，一个人不太容易被别人伤害的时候，也就比较能学会跟人从容地相处。带着善意，更能发现和感受对方的善意，而不再轻易踏入敌意和伤害的恶性循环。虽然我还是和年级组长作对，扮鬼吓唬宿管阿姨，半夜去敲隔壁寝室的门，和我的班主任玩带牛奶和藏牛奶的游戏，但我都认真写了检查，跟老师们和解了。

我的高中数学老师，是个极温和的人，大家背地里叫她"该死的温柔"。那时候我们的数学课是用贵阳话讲，整天说"诶科诶死竹"（X轴）竟然一点也不觉得好笑。温柔的数学老师不会骂人，有时候想批评哪个同学，她就叫我："课代表说几句吧！"我只好站起来说："某某某，你觉得你错了吗？"某某某就说："我没错啊！"我转头望着数学老师，两人面面相觑，像两个无奈守望相助的老实人漂在海上。我就想，我的意气风发哪里去了呢？我怎么成了这样无用的好人呢？

因为遇到的好人多了，总觉得自己也该好一点，才配得上这样的运气吧。师长以君子待我，我以君子报之；师长以顽童待我，我也有顽童的倔强；师长以蠢学生、笨孩子待我，我可能真就被吓唬成了蠢学生、笨孩子。不过人长大了，就不至于总是等待运气迈出它的第一步。我先以诚恳、好学、尊重之心待老师，少有被亏待的时候。

高中有一次，好朋友突然想坐在学校里的山顶上，看全校熄灯的样子。我陪她冒着不能回宿舍的风险去了，带着一点点刺激，不是初中的时候想跟世界较劲的、叛逆的刺激，是挺从容的，接受了平凡的生活，但愿意偶尔为它增添一点颜色。

到最后，每天坚持的表格被丢弃、飘散，苦苦追求的成绩被渐渐淡忘，回头看见的是那些人为那些日子添过的颜色。

高中毕业以后每年回去母校做分享，不管老师是不是不开心，我都坚持说，不要把高考当作两个世界的分界线，高考过后你会有新的烦恼，高考之前也不要放弃享受生活。生活不服务于任何考试，生活本身就是目的。甚至学习方法也不服务于任何一场考试，因为应试这条路实在太长了，长得像生活本身。学习方法服务于学习，因为学习本身可以是一种生活乐趣。

归来对寒窗——生无所息

近来读书，有两段经历觉得很有启发。其中一段是《周易》。"周易"的"周"字一直被理所当然地认为是指此书作于周朝，我才知道其实它可能也有"周全"和"周而复始"之意。《周易》第六十三卦，"既济"，离下坎上，水在火上，无论是水要灭火，还是火要烧水，都可望而成功，所以叫既济，目标既已实现，大业可谓成功。可偏偏这是第六十三卦，它之后还有第六十四卦，也就是《周易》的最后一卦——"未济"，卦象和既济卦正相反，坎下离上，火在水上，火往上烧不到，水往下自流走，什么也不能成，大业犹未济，仍需努力。

真是有趣，《周易》六十四卦自乾卦始，那一卦的六爻从"潜龙勿用"到"亢龙有悔"，走完一个轮回，后续的一卦卦堪堪走到第六十三卦了，大业已成，以为第六十四卦不过是功成身退做个收束，谁知，竟然又一切颠倒倾覆，要从头再来，周而复始了。

祖先的智慧，也藏在这小小的玩笑里吧。

还有一段经历，是前阵子读了火极一时的《人类简史》。其中写到科学革命，为什么科学革命发生在西欧，而不是人口更多、更富庶、技术史上有过更丰厚积累的中国，或是其他亚洲国家？这是我中学学历史时，就被困扰的"李约瑟难题"，这些年我也读过许多解释了，但《人类简史》给出的回答依然给人启发。科学革命的背后是认知的革命，是伴随着大航海时代而来的"原来我们对世界一无所知"的震惊，以及这震惊过后接受世界仍有许多未知的态度。在科学革命以前的思想体系里，关于世界的知识已经被先知或先贤了然穷尽，后辈只需要反复习读、解释和追随。十五世纪的欧洲人所绘制的世界地图上，却开始出现留白，那留白是关于一个人们刚开始探索但仍未了解的新大陆，也是一种接受关于世界我们所知有限，探索能带来新知的新态度。

伴随一次次转学、考试和求学的成长，就好像每次我在自己的小世界里以为已经看到了整幅地图，又被抛到新环境里，面对大片的留白，才知道自己对世界其实一无所知。我就知道不管此前已经付出多少努力，已经有多少次感到扬扬得意，觉得人生的奋斗"既济"，关卡已过、目标已实现，生活却又要教我从头开始、周而复始了。在新的土地、新的专业、新的旅程、新的比赛和舞台、新的角色和身份上，一切还"未济"，而且火无处烧，水随意流，全然不知如何使力。

我在厂矿子弟学校读小学期间，在爸妈工作很忙的一阵子，还在外婆家旁边的小学读过书。外婆家也在一家化工厂里边，那里的小学只是比较小而且人少，除了厂里的子弟，也招收周边农村的同学，但一个年级只有一个班。我们班一共有三位老师，一位老师教语文，另一位老师教数学、科技、自然、音乐、美术，还有一位体育老师，教全校的体育。虽然都是这几位老师，但课程表还是严肃地排。比起我们厂矿的小学，这里束缚更少，课业不多，日子更觉悠长。我很小的时候，在两所学校之间来回地转过学，刚习惯了这一边，难保不立刻被"抛"去另一边，一时坎下离上，茫然无措。在一个地方数学不错不代表到了另一个地方也能跟上，在一个地方能跟同学打成一片，不代表在另一个地方也能被接受和受欢迎。"世间唯一不变的，就是变"，人总要学会重新开始。

在厂矿子弟学校混出头了，终于没有人相当直接地讽刺我妈"怎么老师的孩子不会学习"，我就转学去了小县城，一开始上数学课听得云里雾里，物理作业也做得莫名其妙。后来我发奋，考上贵阳一中了，第一天晚上就被已经开始高考总复习的同桌惊得生无可恋。后来，成绩进步了，我一时难以相信"原来我也跟得上""原来我也学得过这些人"，还是转了班，去学文了。学文时慢慢找到一套方法，自信而从容起来，高三那年被学校和老师捧着，几乎自负在读书这件事上不输给天下英才。但又去了香港读大学,和山东、浙江的状元聊天,发现他们不只是考的题比我难、分数还比我高而已,而是他们早已见识过更广阔的世界。他们已经懂得且实践过公益活动,出国游过学,能自如地说英语,参加过国际青年组织和活动,知道自己的职业方向和实习规划。这些事,我那时几乎从没有想过。我以为大家都和我一样,是听说香港中文大学的本科第一年不需要选专业,才来这所学校,准备到处试试的,却发现大部分人已经选好,专业、实习、就业一条龙,只等优化了。他们的未来已有图纸,我还不曾看清地平线。

然后开始学经济,老师讲课不是英语就是粤语,我连授课语言都要从头学起。然而也渐渐入门了,成绩不错,最后一年我被选为助教,坐在办公室回答低年级同学的问题,和一些导师成了朋友,最终还是下了决心转去学政治。第一次和我的博士班同学开研讨会,我发现他们是真的有学问,政治学领域那些经典的和最新发表的论文,真可以做到信手拈来,而我还在沾沾自喜于读过《枪炮、病菌与钢铁》,几乎第一次听说定量研究和定性研究的概念。再后来,我找到了很好的导师,他不催我写论文,且由着我去探索,但我每次找他聊天,都有大脑干枯的土壤被灌溉了的愉悦,对于一个博士生来说,真是享受其中,别无所求了。我又终于考了LSAT[①],去哈佛学法律了。

[①]指的是Law School Admission Test,即法学院考试。——编者注

每一次从上一站离开的时候,我都觉得行囊满满,自信也满满,但每次来到下一站的时候,我又很疑惑自己为什么起步这么迟、这么慢,一开始就被远远地抛到后面了。

从小我爸偶尔给我灌"鸡汤",有的话我虽然不会尽信,还是留在心里了。最有用的是,他认定我这个人"遇强则强",只要被抛到一个更强的环境里,一开始虽然落后,但总能追上来的。这句话对我的意义倒不在于鼓励,而在于安慰。那些深深的自我怀疑,觉得太难了的开头,我都会想,根据规律,这是时候未到而已。一段段的,我也就真的走过来了。

我是从什么时候开始觉得,人生是不是不要再忙着给自己找新环境、新挑战,而应该定下心好好做点事了呢?就是在哈佛的时候。一直尝试新的环境,一直被提醒保持谦逊,接受自己的差距,但也相信以后会好的,只有在哈佛读书的时候,我终于接受,我不是在每一个环境中最终都能脱颖而出的,但也可以为自己感到骄傲了。我也长大了,时间不会永远在我这一边,有的对手就是过于强大,我永远也不会超过,甚至无法追上他们,但我们毕竟各有各的人生。

上哈佛的时候,我已经二十五岁了,也会走在马路中间时,突然想问自己到底想去什么地方,是不是可以一直告诉自己,我还在路上?

可能那些日子就是令我觉得太累了,而且是既累,又有不觉得自己把生活握在了手中的空。是的，跟那里学习的强度和难度、对手的强度和持续进步的速度比，我人生前二十五年取得过、学到过的东西，又一次变得微不足道了，我又一次要从头再来了。我又一次觉得火无处烧，水随意流，大业"未济"，考上法学院不是终点，而是艰难路途的一个开头罢了。

读书到半夜，我有好多次想，我是不是变老了，高三那种状态，那时候的记忆力和专注度，再也回不来了，但我偏偏给自己安排了比高三时还要难的题，过着比高三还要辛苦的日子。

法学院快读完的时候，我写了一篇日志，叫"哈佛法学院二三事"。

我刚到剑桥（市）的那一天，一个同学跟我说，上届的学长、学姐们都说，一整年几乎没有跨过查尔斯河（波士顿市中心和剑桥中间的那条河）。

我那时是不以为意的。我也见过许多生活里只有学习的人，我觉得我和他们不一样，我毕竟是篮球队和辩论队的人。然后，接下来的那个学期，除了某天去波士顿买了件厚羽绒服，我没有跨过查尔斯河。

每一天都在学习。

要说我小时候，为了向我妈展示我的勤奋，也不是没有表演过一边吃粑粑（贵州当地的一种小吃）一边读书。但在法学院的第一年，我们每天商量去哪里打包饭，是真的只考虑快、就近、附近有空桌子，可以尽快开始学习。

那时候，就连每天走在回家的路上，听见教堂的钟响，都恨自己不能走快一点。

那种苦并不是在哈佛凌晨五点的图书馆苦读的辛苦（事实上，因为进入了持久战模式，我每天都睡得十分香甜），而是生活中仿佛只剩下学习这一件事。

那种绝望也不是比你聪明、有背景、家底好的人还比你勤奋的绝望（这种绝望很快就不重要了），而是不管你怎样，也不过是这样活着的绝望。

两个人在课上刚认识，觉得聊得来，仿佛很自然地，下一步不是约吃饭，而是拿出日历本，看哪天能在图书馆一起学习。我很亲密的朋友S，不时发信息问我在不在学校，也不是为了约喝咖啡，而是直接说："我在图书馆帮你占好了位置。"

在法学院的第一年最后一门考试结束的时候，我在一个互相打气的群里问："现在做点什么好呢？"第一个人："终于可以吃火锅了。"第二个人："终于可以洗头了。"第三个人："终于可以心安理得地睡觉了。"

有一天我和何老师一起走过哈佛校园，她突然说，她终于明白了为什么自己总觉得哈佛奇怪："一个压力这么大的地方，没有烟味,也没有喝醉的人跑来跑去,这正常吗?"

在法学院的第一年我们其实常常喝酒。至少每周五晚上会使劲喝一次,是为了喝而喝的那种很没有品质的喝酒。最好就是在学校里的小组学习室,除了桌子和酒瓶,一无所有。

我那时候酒量似乎不错,喝到身处波士顿的冬天都感觉不到冷了,脑子还是清醒的。清醒地知道这个周末最好能和实际能读完多少书。

等到读法学院的二年级、三年级,我们不再为了喝酒而喝酒了,杯子碰到一起,大家还是忍不住为当年说一句:"不容易啊!"

我看过一句话,人生是没有不可能的,你曾经以为自己做不到的事,生活会教会你,逼你去做到的。我妈和高考没能教会我的勤奋,哈佛法学院逼我做到了。

不过,即便在那个时候,我还是有一些坚持的。我一度想要不要上网听一点成功学的课,跟着高喊几句口号大声鼓励一下自己,但还是觉得太俗了。我室友后来开始吃据说是硅谷程序员发明的代餐,早上冲一瓶可以喝一天的那种,我觉得人对吃还是该有一点坚持的,一点而已。有一位同学选择结束了自己的生命,我也立刻清楚地知道,不是,生活永远不至于艰难到如此地步。

我也还是开心于有朋友来看我,只是同时希望他们能明白,我是真的很着急学习,因为我现在陪你的一分一秒,都要用我本来就不足的睡眠来补。

为什么法学院的人被认为无趣、冷漠、自我？我们只是（暂时）被学习磨平了棱角。

后来遇到的人，如果那时遇到，想必也就错过了。那一年被分手，我也没有一句话可以抱怨。那年我还认识了一个情况复杂的小哥，还没见过面，我写长长的信过去，他写一篇篇的鼓励之言回来。我们后来不再联系，但我会感激他一辈子。

仿佛永远没有尽头的那一年终于过去了，学到的东西似乎也不多，领悟的道理却不少。走过了那些日子，从此以后，没有人可以左右我过什么样的生活。

我希望我的孩子，将来不要被浮名和钱吸引，去学历史、学艺术，过快活的日子，不要某天早上醒来，突然很想问自己，我为什么要对自己这样苦苦相逼？

可是，谁知道呢，当初拿到通知书欢欣鼓舞的时候，我也以为，未来已经一片坦途了呢。

哈佛其实没有二三事，总结起来也就一个字——累。

但我还是怀念它的，最终是在那里，人生有了盔甲，很俗的，很抽象的和很美好的。

上学以后因为学习不好，我小时候话痨而跳脱的个性已经完全改变，后来环境一直变，一直需要摸索和适应，我一直把自己的位置放得很低。因为习惯做"外来者"，所以很容易感知善意，也一直提醒自己无论境遇如何改变，都要做个温和的好人。虽然如此，我的性格里还是有一些倔强跟偏执，我有时让它们妥协，有时也为它们骄傲。我在一个采访里说"世俗的成功给人自由""我成为年级第一以后，来教我该怎么做人的人就少了一半"，这是真实的人生体验。就是眼看着自己，随着在考试排行榜上的名次进步，我更真实的那一面，倔强的、快活的，以德报德但以直报怨的一面，就越自由地表现出来。

可是考上哈佛给了我更多的自由，并不只是因为它是"世俗的成功"，而是一些更复杂的感觉。我体验过了，我倾尽全力地奋斗过了，我对自己算是有交代了，而我那么努力，是为了活得更自由。他人的看法，要向那些从前瞧不起我的老师和同学证明自己的愿望，让那些看好我、鼓励我、不曾放弃我的人感到骄傲的梦想，曾经左右我的人生，这些年渐渐淡去，现在，我可以完全放下了。

所以我更喜欢，刚开始这段生活，很累的时候，给自己写的一篇打气而文艺的话。

朗朗秋阳，饱和度浓烈似不真实的蓝天，鲜红嫩黄夹生的秋树，绿色的草坪落叶斑驳，静谧相伴古旧的红色砖房。只每个早晨在窗前站定，在香港错过的许多年秋色，便似乎全都得到了补偿。

美景如斯，是每个晨昏短暂的驻足里，仓促微笑着的安慰。我们跋涉远途，原是为了这样的日子。只是常常因疲累伴着匆忙，少有相望。

自从那次"做自己"的演讲后，我有时会收到素不相识的朋友的来信，寻一点安慰和鼓励。有时我是哑然失笑的，此刻的我，奔走过杂驳秋色却来不及凝神片刻细想，又何尝不需要一点简单、坚定话语里的力量？

终究这一切，是我们自己所选。

……

秋假走到黄昏的海边，所有浓烈的色彩消融于黑暗，长椅上吹过了清凉海风，才终于想起给自己一句，finally（终于）。不知从何处开始的路途，竟也走到了这里。

似乎翻过高原大山，也只是为了在某个晴朗的夜里，在屋顶数片刻寒星；越过大洋，也只是为了等一个悠然的黄昏，凭海风吹起。这样，也就是一种满足了。而后往何处去，此刻又如何知悉？

也只能如此而已。回望时的那一句 finally，不是没有骄傲和欢喜。只是，也许有的梦想实现得太晚，我们终于到达此岸，却也已长大，放下了骄傲，恳认了平凡。所以风吹也只是片刻，清夜寒凉，终是要走回下一日的阳光。匆忙掠过浓烈秋色，忘记这夜沉如水，一霎欢欣。彼处的满天寒星，终不能为此刻指引方向。请不要再问我该做怎样的自己，天涯节序匆匆，哪容我们苦想？不过这样走来，也不过这样行去。

归来暖一杯清酒给自己，这小小快乐，于此刻便已足够。我依然寻到了闲暇写下这些矫情文字，于此刻便已足够。守望不了彼时彼处的满天寒星，守望不了园中果树安静缓慢的生长，漂洋带来的，也不过是这一点不忍割舍的傲娇心绪。这其实并不容易，也不知道有什么意义。可这毕竟才是那在园中站定的你，从那里走来，向那里走去。

我今天已经写不出这样矫情、文艺的文字了。可能是一切继续在变，在被做律师的生活不断打磨着。但这种感觉并没有改变，觉得最难的时候，问自己何苦如此的时候，那句话总给我一记重拳，却很安慰——"路系自己揀，仆街唔好喊"。

生活在大部分时候，就是这样令人疲惫的吧？所以"勤劳而后憩息"才那么让人满足，所以周五晚上的清酒，才那么让人惬意。它们都是人走过了长路，悠然回望的一点自得。走了那么远，是为了那一刻的憩息吗？是，也不是。哈佛最终回报我的，不只是一张根本看不懂的拉丁文毕业证，也不只是在爸妈的目光里走上台领过那证书；属于我们全家的那个美妙时刻，不只是我用它找到的工作、上过的节目、收到的一些赞许。

最重要的，是那些日子本身，是因为上课的快速盘问环节而无比紧张，所以聚精会神地听课，排除万难地读书的日子；是我在那里遇到的，那些虽然一提起自己的研究，就抱怨没有尽头，但其实能感受到他们沉浸其中的着迷和乐趣，遇到有兴趣的听众会先提醒你"我能讲上一整天"的，那些可爱的读书人；是我见识过何谓优秀，曾为了和他们竞争或是和他们做朋友，耗尽脑力的那些日子。

这几年一直没变，但没那么火了的，是"女博士是男人、女人以外的第三种人"这个段子。读博以后，我真的觉得这段子没什么笑点，我身边那些女博士，实在不能用"某一种人"定义和囊括。

比如我的室友，一个上海女子，学艺术出身，头发时灰绿时灰黄，特别时尚，特别精致。不像我，要么在研究藏香，要么满手墨汁。我们一起在客厅举行跳舞派对，参加的也多是些女博士。一方面，这些人有的喜欢烘焙，有的喜欢弹吉他唱歌；有的周末宅着画画，有的周末开着车到郊外，学开飞机。另一方面，我们全都平凡得不行，同一栋楼里的理工科女博士，谁不是一边研究着生物科技，一边每天买菜做饭，有的白天读着天体物理，孩子从幼儿园回来了就陪踢足球。

读了很多年书这件事，说起来没什么高大上的（也没有什么很好笑的），我的导师从前一直提醒我，学术是我们的饭碗，先活下去才有机会谈理想。人和人本就爱好、特长各不相同，读书是其中一种。最多我们更接近《动脑筋爷爷》里的小问号和小天真，一直对追问和考据有些偏执。

我略有些骄傲的，是二十五岁从头再来，读一门新的学科这件事本身。我又经过了这个周而复始的轮回洗礼，我还可以。

人总是需要一些新的动机的，有的梦想既济，就会想有什么梦想未济。等到对什么未济再也不在意、不执迷的时候，生活该是多么无聊呢？最近和朋友们聊天的时候，突然会有人问："你最近有什么动力吗？"我心里一惊，警钟长鸣，我们是到了要对抗这种焦虑的年纪，我还好变来变去，生长缓慢。我当作玩笑跟朋友聊起，说观察身边形形色色的成功人士，总结出一个经验，人就是应该"打一枪换一个地方"，因为尝试越多，简历就越丰富；经验越杂，就越难以让人捉摸，更容易找出些比较优势来安身立命。能够永远不畏惧地走进一个新的环境，是我在小学二年级、三年级万般不愿的转学里，习得的安身立命的技能。

我现在三十岁了，毕业工作了，还觉得自己是个学生，计划先用几年游历诸国，观察各个不同的法律体系，从这个视角认识世界。

在法学院读书的几年里，我在旧金山、华盛顿、伦敦和东京都实习过，最后决定毕业以后先去最不熟悉、最觉得新奇有趣的东京工作。离开华盛顿的时候，律所里的人在办公楼屋顶阳台跟我喝酒作别。我带了一瓶茅台给这些美国人品尝，可惜大多数人无法欣赏。不过，酒过三巡，大家就话痨又加戏起来，一个一直没怎么说过话的大叔连连跟我说："知道吗？你在做一件很酷的事情。我像你这么大，不会一个人背着包，就到一个语言不通也没有熟人的城市去生活，这很酷。"其实在外面漂了几年，身边像我一样四海为家的人有很多，而大叔大概是那一类，觉得本地就是最好的，美国就是全世界的典型美国人。不过，那天听到这些话，我心里还是骄傲了一下，跟他说："我习惯了。"

我从来没有因为这样的勇气被人称赞过。是生活，而不是我自己，逼着我一步步往前的。我一直都觉得自己幸运，而不是什么勇敢，不过是机会到了面前，没有人不想去试试吧。听到他这话之前，我也不觉得去日本工作多么需要勇气，不过是有趣，报酬、同事、工作方式，各方面恰巧合适的一个机会而已。那只是一个有些率性，但也能用道理跟我妈解释清的选择而已。听了他这话之后，我心里突然有了些许的恐慌。前路此去，又是孤身一人了。但是，真到东京了，日子也就平平淡淡地过起来，和以往的许多次，并无不同。我还是能在完全不一样的地方，买了酒盏和茶具，买了墨汁和砚台，找到自己熟悉的那种生活。这里不会是我旅行的终点，人生将漂向何方呢？我不知道，此处休息够了，又会在别处重新开始吧。

书
是永不负心郎

———— 读书意趣

时有落花香——读书乐趣

这么多年里读过的关于读书的故事里，最如当头棒喝般令我震撼的，是采访作家杨照时，他讲起芥川龙之介三十岁那年做了一道算术题：想想自己就算还能高效阅读三十年，每年保持五十本书的状态，这一生，也不过还能再读一千五百本书，他大哭，没有想到人生是这么有限。

过年回家，对着我精心分类为早、中、晚、半夜来读的四个书架，还有好多一看见就能回想起买的时候多么喜欢的书，却没有时间读，我突然明白了自己的一生所爱竟然这么无聊，不是旅行，不是辩论，不是做足球解说员、武侠小说作者，也很明显不是成为中国女足队员了，而是读书。

我做人一向马马虎虎，各种东西四散分离，每到用时方恨找，唯独对我的书，我知道每本书在哪个书架，是哪一层的第几本，周围相邻的都是哪些书。我做人也还算大方，钱财左手来右手送，除了人生有几个阶段日子过得比较捉襟见肘，一般浑没有什么感觉，唯独对书，绝不轻易借人，每借一次都如同做一次断舍离，因为借出去的书我都不期待能收回来。不是因为大方，只是为了避免那种心悬着的感觉，我总在断舍离心理建设完成的那一刻说："送你。"

我小时候很喜欢给人推荐书，因为我是一个非常享受筛选、排序、归类的人，小时候表姐为了劝我把小霸王游戏机的手柄让给别人，给的诱惑是，我们来给世界杯排一个最佳阵容吧，我心里竟然一阵欢喜，欣然从命。而因为我读书极快、挺多、来者不拒，所以我在读书这件事上，有人生中从没体验过的权威感，因此非常乐意做大家的"筛选器"。推荐书单这件事就更喜欢了。还因为我喜欢排序和分类，所以我觉得读书要有特定次序。我读过四十余本阿加莎·克里斯蒂的侦探小说，到后来已经可以猜测故事走向，感觉出谁是凶手。我给所有我觉得可以一读的阿加莎小说排了一个阅读次序，以使阅读体验的平滑丰富达到最大化。第一本要读《尼罗河上的惨案》，因为它不似《阳光下的罪恶》那样以精确时间为主线，体验太过繁重；不似《东方快车谋杀案》那样富有戏剧性，让人容易有被戏耍之感；也不似我最喜欢的《怪屋》那样前卫和震撼，需要读多了阿加莎，才能充分感受其特别之处。《尼罗河上的惨案》故事平滑又刺激，复杂又清晰，最容易让人上瘾，但时间、地点、故事线都不算离奇，所以往后读阿加莎的其他书会有各种意外和惊喜。类似这般自得其乐、滔滔不绝的理论，我还可跟人分说要读的第一本金庸作品，最好读《射雕英雄传》；要读的第一本"红学"作品，不能是张爱玲的；要读的第一本托尔斯泰的作品，可以是《战争与和平》种种。而阿加莎，又只是整个侦探小说世界里的一个节点，她作为一个作者，又应该被安排在更长的次序线里。可惜，我从没有遇上谁，愿意体验我设定的次序书单。

等到有许多人跟我要书单的这一天，我却已经不敢推荐了，别说四十本书的阅读次序，就是十本书，也不肯列出清单来了。因为我这时候已经听过了芥川龙之介的故事，也竟然就到了与那故事里的他相似的年纪。因为这个时候我已经去过很大的书店和图书馆，觉得自己不是曾经，而是注定坐井观天了。因为这个时候经过了那些忙到没办法读书的阶段，又读了些很难读的书，我觉得一生能读的书实在是太有限了。

读书是一件很"耗"的事，耗脑力、耗情感、耗三观，最耗不起的，还是时间。而今人们最不肯让时间被长段地、整块地占用，而读书偏偏最要长段地、整块地占用。为了真的实现读书的乐趣，分心多用、碎片拼凑、浓缩速食这些当代生活技能全不好用，而读书的时间那么有限。我小的时候，毫无压力地给人推荐书，几乎不加选择地随意读书，每本打开的书却又非常偏执地都读到最后一页，都是因为不懂得这种有限。

不过想来，那个时候觉得人生和没有尽头的随性阅读，才是真正快乐的阅读吧？不像现在，打开和继续读一本书，都常常要问问，值吗？（抛开沉默成本）还值吗？

有人问培养阅读习惯靠强迫行不行，我觉得是可行的。一个前提是你是一个非常持之以恒又很善于和孩子沟通的家长，另一个前提是你遇到一个像我这样非常一根筋的孩子，阅读就可能因为强迫而成为习惯，且在习惯里真正发现它的乐趣。

我上二三年级的时候，我妈给我买了本很厚的《中华诗歌百年精华》。我读书是不看目录、不跳着读、不偷看结局的（是的，我虽然是双子座，但我的上升星座是处女座），对于像诗歌集这样厚而没有连续性的书，我则自动养成了每天读一首的习惯。我是能从惯性的服从里感受到成就感的人，这可能是我在应试教育的比赛里唯一的天赋。

这本诗歌集就这样被我读了好几周以后，某一天，我读到了《再别康桥》。非常神奇地，二十年以后，我还能很清晰地回忆起那时候的心情，那种一遍读过，整个人呆滞，又一遍一遍读，不敢相信这样的美好文字是在人间的。当然这正是少见多怪，毕竟我那时候只背过课文里的押韵文和这本诗歌集前半段最初的白话诗，那感觉就像小时候第一次出省旅游看见长江，不相信世上还有这么宽的河。我还记得，那时候心不知怎么怦怦直跳，到后来喜欢上一个人，才知道这感觉是喜欢。

我对诗或者文学所有的兴趣，是从这首《再别康桥》，而不是坚持读了好几周的《中华诗歌百年精华》开始的。可是如果没有坚持读这本书，可能就要到初中学课文，我才读到《再别康桥》，在齐声朗读的氛围里，就不容易像遇到爱情一样被击中。

也是从这首诗起，我隐约明白了，诗或者书，是可以跳着读的。毕竟，读过这一首以后，我已经拒绝承认前面的那些，包括鲁迅、胡适、贺敬之、臧克家的文字，叫作诗了（这当然也是我那时候孩子般的浅见）。

一旦人学会了挑自己喜欢的书，就可以不凭惯性，而凭兴趣去读了。

我觉得一个孩子，是不可能一上来就喜欢杜甫的诗、辛弃疾的词的，所以强迫很危险，强迫需谨慎，需选择对症的作品。我们小时候，大概都是先喜欢读李煜的词，"天上人间""梦里不知身是客"这样的句子，好背、上口，又朦朦胧胧，一些仿佛能懂的词语，一种仿佛能理解的伤感，喜欢上是容易的。到后来快上初中，算是情窦初开了，就会觉得秦少游、晏几道不是"古之伤心人"，是古之同命人了。"从别后，忆相逢，几回魂梦与君同"，我抄在情书里至少五次，自己写出来自伤自怜的次数只有更多。到后来，上高中了，又自然觉得自己成熟了，觉得他们小气，多愁善感，矫情无力，自然转去喜欢了苏东坡，大家一起爱过"一蓑烟雨任平生"，自己私心偏爱"长恨此身非我有"，整个人都莫名其妙地跟着变豪迈了。再后来，也渐渐接受了苏东坡写"扇手一时似玉""欹枕钗横鬓乱"；而又发现吴文英也偶尔豪迈，辛弃疾也不一定每句三个典故，姜夔的词初读拗口，越读越有韵味，整个人才兼容并包起来，说一句，喜欢宋词。

以上这段可以证明我果然很喜欢排序。可我还是觉得，喜欢的诗词和书，都是匹配某一个年纪、某一种心境的，错过了可能就不再有，想要跳过去，喜欢上十年后的自己会沉迷的东西，也是不能的。所以有缘才有真爱呢。

当然，知道自己喜欢什么，是要从许多试错里得来的。像我，最初所谓涉猎广泛，一是因为好奇心重，爱乱翻；二是因为课外班少，人很闲，主要还是因为不会辨别。我在为自己挑书读的时候，是没有书单的。我的阅读，也是毫无章法地来自我爸、我妈兴之所至，风格和难度都差异极大的推荐（我九岁那年，我妈给我买了《永别了，武器》和"三言""二拍"，我爸给了我他自己的藏书《希腊棺材之谜》和《云海玉弓缘》。我怀疑他们要么自己也没好好读过，要么完全忘了这些书都讲了些什么，要么就是不讲逻辑、自相矛盾，才会与此同时以预防早恋为由，不许我在初中以前看《红楼梦》）。我后来结识的一些小书店老板、妈妈学校的老师听说我爱读书以后，赠书五花八门，和我们家在我出生前已经订阅了十来年的《译林》杂志。在这些似懂非懂的阅读体验里，遇到一本真正因为懂得所以喜欢的书，其实是可遇不可求的事。可我也相信，正是因为坚持这样似懂非懂地阅读，过了几年从头再读某本书的时候，才能那么明显地感受到自己的成长。

可是坚持从何而来呢？再一根筋如我，惯性的力量也是有限的，人不可能在枯燥里永远遵从惯性，还是因为书中有乐趣。一来时不时地真能读到很好看的书，比如我在那些比我年纪大的《译林》里，读到了《廊桥遗梦》，第一次读到了关于第二次世界大战的间谍小说、高科技犯罪小说、日本人的侦探小说。在《达·芬奇密码》火起来半年以前，我认识的书店老板已经把此书推荐给我。而金庸，一直是我的假期的同义词，是生活的动力来源。我是直到最近，才接受了并不是所有人都喜欢金庸小说这件事的，毕竟那个时候在学习上颇不得志的我，几乎是在读起金庸的时候，才由衷庆幸自己识字的。

还有一种乐趣不在书，而在人。感谢大学里的读书会、中学里的小团体和小学时那些爱听我讲故事的朋友。想来我是在很小的年纪，就掌握了"知识付费"的。我有好朋友自己不愿意花时间读书，但愿意整天要我给她们讲书里的故事。我作为"书籍筛选器"和"代理读书人"，虽然没有实现过收费盈利，但在这一过程中，收获了难得的自信和被需要的感觉。我大概是早早地明白了，好日子只得从读书里来，才一直既热情又固执地坚持吧。

读书全凭兴趣，是容易有舒适区的，而且可能比任何其他舒适区都更加明显。有的图书类型，像是科幻、天文，甚至军事，我小的时候也着迷过一阵子，后来看得少了，越是远离，越觉得有隔阂，越不会主动去看。读《科幻世界》已经是我上小学的事了，我平时又几乎不看好莱坞大片，连科幻电影都所知甚少，更不用说和身边那些很懂的朋友一聊，发现人家是真的看懂了"科"，我不过还在看"幻"，就觉得读得有点浪费，面前犹如有一座陌生的大山，也不知道路在哪里。而后我也认真读过《时间简史》《果壳中的宇宙》，因为基础不行，领悟得就少，读得还慢；又因为觉得自己水平不够，不敢和人谈谈说说，阅读的乐趣就减少了许多。

越不懂，越不敢进那个讨论科幻和读科幻的圈子，越远离，然后就越不懂。读起别的一些自己擅长的类型书来，读得多了，触类旁通，相辅相成，就读出一些成就感来。越有成就感，越喜欢和人聊，越感兴趣，就又越有兴趣和动力读下去。慢慢地，爱书的朋友里就分出圈子来了，自己的舒适圈也就有了，山那边的风景，因为不太懂，渐渐连兴趣也没有了。

这实在是很令人遗憾的事。只能靠朋友的多样性来开发自己的多样性。

阅读是一件孤独的事，这可能也是它的魅力，阅读的世界是完全属于自己的。但孤独久了，也希望能找到些人，彼此见证着阅读，有讨论，有分享，有鼓励，会莫名地给阅读这件事赋予一种事业感，好像我们开始了一段旅程，一起在做某一件比它本身更了不起的事。初中的时候，几个人见识都有限，但是互相比赛拓展着地平线，不只读安妮宝贝、韩寒，也开始读王小波了。大学的时候，我们的读书会刻意招揽各个专业的朋友，彼此推荐各自专业的入门系列，数学系的同学非让大家讨论一本很朴素的小说《平面国》，讲一个"点"的一生，怎么在一个"面"里活着，这是我自己这辈子绝不会主动去看的类型，读后竟然觉得非常有趣。而且有个懂的人带着读，心里比较放松，不至于总担心"我是不是没有明白""我是不是被作者玩了"。

因为有人的参与，读书就读出一些新的乐趣。少年时代，读书会有一种朋友间良性竞争的心理，多元、各有所长的读书会培养出陌生人之间纯粹的友谊，而在网络时代，就是许多可能终生不会相逢的人，因为一直保有这个朴素的爱好聚到一起。全凭内心偏好，找到偶尔做伴的人。其乐无穷的还是面对面的读书会，提议的那个人要讲解，其他人可以七嘴八舌地问，加上我这样"搞辩论"的人，从中"挑拨"，激得大家吵起来。这几年我能把舒适区以外的阅读兴趣坚持下去，不得不感谢身边那几个懂专业、很耐心，又不借机炫耀、嘲讽的朋友。如果能有一群也不太懂的朋友一起诚心发问，就更好了，最憋不住的那个人率先把"我有一个很基本的问题"给问出来，后面的一切就顺畅了，大家互相启发着提问，还不至于动摇对自己智商的信心。

读到舒适圈以外,还容易做圈和圈之间的横向联想。比如读《球状闪电》里那些哲学的时候,我正每天读着庄子,两者都有借离奇幻想写性命之道,竟然忍不住对比。科幻中的哲学,因为有科学支撑,甚至更觉玄妙。至于《北京折叠》和《银河帝国》,不知道是不是我悟性不够,还停在政治、经济的舒适圈里,读来读去,分明是借着科幻的壳,写眼前的事。因为阅读停留在脑子里的东西,有时已经模糊了,又被交错呼应。从一个兴趣奔赴另一个兴趣,有时就会在寂寞的阅读里,突然灵光一闪,接通了另一个瞬间。这种接通,也有趣极了,至少双子座的我有这种感觉。

附三 辩论:人生中有"不得不读的一百本书"吗?

(五十本有没有?十本呢?一本有没有?)

没有:焦虑营销,甚是无聊。同理,一生必须去的二十个地方,二十岁前必须懂的十个道理云云,都是广告词、标题党,不去又怎样?去别处又怎样?谁能替我决定有什么地方不去不行呢?

有:人要走自己的路,不代表要拒绝所有经验、分享和推荐。经典本来就是在时间淘洗中沉淀下来的众人的智慧,跟随着智慧去读一读经典,这不丢人。

没有:推荐当然可以,"不得不"三个字却带有显著时代特征的焦虑。其重点不在于书,而在于人,不在于书为何值得读,而仿佛在说,没有读过某书的人生是有缺憾的,这种自信不知从何而来。

有：不是我给你焦虑，是你多虑了，"不得不"只是想引起注意的措辞罢了。其实任何推荐都带着强制性和权威感，"必须读的一百本书"难道比"应该读的一百本书"好一点吗？

没有：所以我反对的是这种泛泛的推荐本身。读书是非常个人化的事，你很难作绝对的比较，说一本书一定比另一本书值得读，只能说某个人，在某个年纪、某种状态下，读一本书比读另一本，从中得到的东西可能更多。不同的人读同一本书，或者同一个人在不同的年纪读同一本书，得到的东西会不同。而这种得到，比书本身更重要。

有：你前番说这话错在对人不对书，这番又说这话错在只比较书，不看人。你到底是在为书还是为人抱不平啊？

没有：这话错在以为人和书是分离的，以为书是可以脱离读者、抽象地去比较谁更值得一读，谁不得不读的。可是书是不能这样抽象排序的，不是对于任何人来说，读排名第五十一的书，一定比排名第五十三的书好。《隋唐英雄传》里的好汉都有排名，胜负还且看临场发挥呢，阅读不是机械的，它需要兴趣的牵引和状态的契合。人应该凭着兴趣去读书，在合适的年纪找到合适的书，而不是跟随着某一个书单去读书。

有：然而全凭兴趣是危险的。如果我小时候读书全凭兴趣，不受限制地读武侠和侦探小说，不必照顾我妈的面子，没有写某些读书笔记的要求，最重要的是没有"读名著"这件事本身所包含的使命感和成就感，我肯定从不会打开一看名字就容易令人退缩的《巴黎圣母院》，还有前三十页都索然无味的《永别了，武器》，更不必说那些本来就不打算适读者意的小说，比如我后来最喜欢的米兰·昆德拉的书。

没有：那么你小的时候，在你妈的推荐、老师的要求、"名著"这个概念的诱惑下费了老大劲读了《巴黎圣母院》、读了《永别了，武器》，你得着什么了呢？阅读体验枯燥无比，阅读起来度日如年，情节味同嚼蜡、全不记得，精妙处全无感受，除了催眠，它们带给了你什么吗？你之所以不至于厌恶读书，还不是因为有在书店自由阅读的那些时间，大把大把地读侦探小说，着了迷了，觉得有胜于小霸王游戏机？先有了兴趣，再有了积累，最后才会有更有意义的阅读体验。

有：一生必读也不是要即刻就完成的。很诚恳地说，我觉得有的书就是得啃。虽说不同的书，是适合不同的年纪去读，可是人又如何去到那个适合的年纪呢？人之所以变，也是因为中间读了许多书，认识了许多人，学到了许多东西。第一次读，是枯燥，是艰辛，是没有太多阅读乐趣，但是总得有这样的过程。你说的经验积累从哪里来？是从这枯燥里来的，总是要读着读着，才越来越会读书的。如果永远随着兴趣，只读能立刻满足愉悦阅读体验的书，人是不会随着年纪自动成长的。阅读也可能彻底成为休闲，永远处在低度满足里了。而阅读的乐趣不是只有娱乐的，走一段比较艰辛的路，所得不像他人那么多，也不像后来的你那么多，不代表没有乐趣，甚至这本身就是乐趣。

没有：你不过是用一些新词包装了自己最初的那套理论。你还是觉得有的书能给人高度的满足，另一些给的满足是低度的，也就是书有绝对值的差异。而我一直说书的绝对值差异就算存在，也因人而异，而且不重要，人从书里得到的价值才重要。而且你已然假定了，给人高度满足的书更值得读，我先不说谁定的高度，且说，为什么读书一定要追求高度满足？人追求适合自己的满足就够了，哪有那许多深刻与浅俗之分呢？

有：过于强调个人体验因人而异的相对主义，往往就会变成虚无主义，甚至连书带来的体验有层次之分都不肯承认了，在下佩服。同一片江湖里，武侠小说作者何其多也，写好勇斗狠场面纷呈，写大侠功成名就、快意恩仇，又何其多也，可是读金庸，才知道武侠小说还可以用来写杨过般情痴情狂，写黄蓉般文人雅趣，一部部书写作者自己从民族主义里挣脱的历程，从明教到神龙教，写邪教威权，最后用韦小宝拆了武侠小说的江湖，又开了历史的玩笑，让人不禁细想究竟何为历史。不读古龙的武侠小说，又怎么知道想象力可以丰富到如此地步？新开一片江湖，丝毫不念同行多年耕耘；写人心鬼蜮，又可以到如此地步，把人情洞穿，一点不管读者的感受。有的书不得不读，因为它开拓书的边界，斯书如彩虹啊，读到方知有。

没有：吾生也有涯啊，未曾涉足的疆界又何其多也？有的书因为开拓疆界成为主流，更有疆界在非主流之中，又哪里是一份书单可以概括的？以疆界为目标，未免太乐观轻狂了；以书单为边界，又未免太俗气无趣了。以书单描绘知识的疆界，又是另一种限制，给有限的人生出太大的难题，勉为其难地去见别人见过、别人走过，所以你也该去看看的地方。而读书的目的，是在有限的时间里得到最大限度的丰富和满足。

有：就是因为生也有涯，书海无涯，才要定一个望得到的小目标，有所慰藉啊！天下之大，人一生能见多少山川，见过了三山五岳，真就天下无山吗？不是，不过是安慰，有所见了，余下的，随遇而安，得来的都是惊喜。

没有：原来是为焦虑开了自欺欺人的便宜处方啊！既然如此，忘掉焦虑，只要在有限而有闲的时间里，尽量读有趣的书就不枉此生了。

有：不是的。有的书是真正好，有闲要读，没有闲创造闲也要读，我不允许你没有读过鲁迅的小说杂文、张爱玲的散文短篇、《红楼梦》、《金瓶梅》和《儒林外史》……不读不是中国人！

没有：呵，呵，呵。

细雨湿流光——读书日记

小的时候读书，是在汪洋大海里遨游，偶尔见到一条美丽的鱼，就通宵达旦地追着它去，然后又在周围划着水，等新的偶遇。那时候人太闲了，日子被时间填满，大把大把地扔到海里，也并不觉得可惜。等到有一天突然明白人一生其实读不了（更别说读懂）多少书的道理，读书的时间也好像突然间变得像海绵里挤出来的水，不用力甚至找不到了。

这时候，应该把读书变成一件更"高效"的事吗？不应该。生活里讲效率、讲功利的地方未免太多了，读书人永远是年轻的，如果小时候读书是顺从天性培养兴趣，长大以后，阅读的世界依然是繁忙生活里的私密空间，和往日的兴趣重逢带着熟悉的安全感，和未曾领略过的天地初见带着焕然的快乐。

最初那种好看的书未免太多的焦虑和饥渴过去之后，会发现真正好看的书不常遇见，遇见了都要流连很久。那种多读书、多长见识就能登上人生巅峰的雄心壮志熄灭之后，阅读变成了不再勉强的体验，变成了长情的陪伴。

我会在一天之中不同的时间段读好几种不同特质的书。

《奇葩说》有一期，执中学长说我是"地铁女文青"，在上下班的地铁上读《庄子》，以至于有几次活动，主办方要我签名赠送的礼物，是一本本《庄子》。我在庄子他老人家的书上签自己的名字，心里很忐忑，手在颤抖。不过这个故事确实是真的。上班三年，我在地铁上读完了《老子》《庄子》《论语》和《孟子》，接着准备读《淮南子》。从前读书的时候，每天吃早饭等校车，我读完了《史记》《资治通鉴》和《吕氏春秋》。

初中课上我在课桌里读小说，被班主任老王抓到，老王叹口气说："看吧，这辈子哪还有工夫看这样的闲书呢？"而后到了寄宿高中，我搬了好些诗词、散文、小说去宿舍，隔壁床一个惯于热讽的朋友冷嘲道："你以为你还有时间看这些书吗？"她们的话当时让我很不服气，默默对抗的方式，就是每天必读一点和学习、和而今的生活其实已经很遥远的"无用"的书。

我一直有一种恐惧，害怕自己读了经济和法律，走了这样俗的路，会慢慢如老王和冷嘲热讽的朋友所预言的，不奋力挤出闲暇，会把曾经喜欢的东西都忘记。高中毕业十几年后，麦克斯韦方程组和细胞有丝分裂图显然我已经看不懂了，有点感慨，但并不觉得可惜，可我害怕有一天，我读不懂诗词里的典故，读不懂文言文了。

因此，有点幼稚地，为了对抗这种恐惧，我每天都读些唐诗宋词，读一点文言文。它们成为"打开"每一天的书。

地铁是很适合这些古老经典的所在。上班路上睡意蒙眬，下班路上身心疲惫，都需要一些和真实生活相距遥远的念想。古文经典微言大义，常常短短数行里有许多人生课题，很适合很慢地读。而经典并不那么有阅读体验上的吸引力，读得多、读得久了，大概是会困的。所以最适合在通勤十五分钟的地铁上，读上一两则，沉思片刻，印入脑海，第二天再来。

而上下班坐地铁是最熟悉和稳定的日常，不着急地一天天读了下去。我读《资治通鉴》大概一共读了四年，每天十分钟从不间断。如果要我每天读两小时，或者中间不穿插着读别的小说与散文，一口气读完整本，我可能早已放弃了。还好，这种书是为了陪伴而读的，每天读一个庄子的寓言故事，读上三五则孔夫子的话，我就很满足，就觉得够了，"略翻书数则，便不愧三餐"。第二天，我又可以好奇地打开下一则。

这些书说起来都是极熟悉的，但之前一直没有认认真真、从头到尾地读上一遍，都不好意思说自己是古典文化爱好者。这些年听过各种解读和讲座，自己去读一遍，才敢确认我见过它们原本的样子。而平淡的日子一天天积累的感觉，本身也是美好的。

假设一生都是每天乘坐地铁上下班的打工人，假设一生都能把这个习惯坚持下去，我不知道我要用多少年才能读完我列在读书计划表里的经典。一想到这个问题，就容易伤感。所以从来不想。不想《庄子》多少个月能读完，它们都是在不知不觉间读完的。因为做伴的日子非常漫长，孔、孟、老、庄中的每一人，最后都化身为一位熟悉的老爷爷，喋喋地说着人生的道理，有时彼此漫骂，以至于说别人"是禽兽也"，有时不明白，有时有点烦，有时很崇拜。

在每段时间里，所读的"子"们，甚至会影响人的气质。我说自己最喜欢《庄子》，大概因为读《庄子》的那大半年，觉得自己整个人潇洒起来，有我最喜欢的气质；后来开始读《论语》《孟子》了，整个人沉静很多；再翻到《庄子》说"彼仁人何其多忧也"，不觉哑然失笑。

在最忙的那些日子，我连小说，也是用读《庄子》的方法，一天天很慢地读的。这些时候包括高考前、准备法学院考试、读法学院和加班厉害的日子。

在最忙、最不能放任自己沉迷于任何事的日子，我会安排自己读那些"很长、读完了应该很有意义，但又没那么精彩"的小说。这些书因为长，能给生活带来某种稳定性；因为有意义，蓦然回首会突然有很多收获，完成重要的积累；因为通常是距离现实生活很遥远的虚构故事，能让人暂时从忙碌中抽离出来；但，又因为没那么好看，不会沉迷，会在生活中进入一种无欲无求的状态，帮助人专心于正事。

手边放着一本很好看的小说不能读，是非常痛苦的，尤其不能放任自己读个开头。人性是经不起考验的，我知道金庸那几部长篇一旦开了头，我一定会一边跟自己说"读到骗出神龙岛／三戏郑克塽／杀了吴之荣就不读了"，一边一章章地读下去，直到结局，读无可读，再翻回去把精彩情节重温一遍。所以在人生的关键时候，我只能打开《德川家康》《儒林外史》《追忆似水年华》。

每天是否有读闲书的时间，也是由生活的节奏决定的。通常我至少能在吃午饭和晚饭的时候读读小说，只是在法学院第一年吃着饭都在读案例，做律师忙起来连午饭也没的吃。我在本科每晚大概能闲读两小时，高中一度从半小时递减到十分钟，到后来只好改了闲书的定义，把历史课本定义为趣味闲书，专门放在床头读。

但无论怎样，就像每天都坚持读文言文一样，我也每天坚持读读小说。平常的日子里，这就是给自己的奖励，是每天最为愉悦的时刻。因为节奏极慢，看美好的东西被撕碎，也不会过于伤感。有时候读历史小说读太快，仿佛转眼之间就是兴亡盛衰，容易使人唏嘘。但是读了大半年，看秦献公和德川家康终于老去了，会想，是啊！这么久了，有谁是不老的呢？

这样做还有些意外的好处。比如锻炼了记忆力，甚至看丹·布朗那样写得节奏极快的书，一眨眼能回忆起上上个月读的情节；

也锻炼了自制力,虽然好奇,但是该刷题还是刷题。综合来说,自己变成了一个很长情的人。

我用这种慢慢拖的方式读完了许多寡淡、漫长但颇值得回味的书,它们像一段段恋情一样,成为岁月的标记。回头一想,高二是"《静静的顿河》年",研一是"《卡拉马佐夫兄弟》年",那两年相关的回忆仿佛就能一起回来。那些很快就读完的书(意味着它们是更吸引人的书),对其的记忆却淡漠了。

当然,阅读真正成为生活中莫大的乐趣,是因为会偶尔使人进入那种放不下、走不出、看不破的痴迷状态。它们不属于日常,而是生活中偶尔的奢侈,铁了心关机断网,全情读书的状态。

我对小说好不好读的判断,是非常朴实的,就是看读起来气顺不顺(当然世上还有很多有意义、值得读的书,却并不好读)。

有的书读到一半就放弃,通常是因为气不顺。要么是遣词太过矫情或太过粗鄙,情节太闷或太跳跃,说教的意图太明显,读着读着就感到一阵气闷;要么就是那些超越了自我的品位、层次的作品,写作手法过于后现代,义理过于高深,作者寻求的突破太过个性,读着读着会感到一阵气短。

而好看的书,阅读体验是平滑的。有如飞机加速起飞,人被带进一种"流"里,时间略久便会半晕眩,渐渐浑然不知人间何世。这个时候,人自言自语,回想往事,跟人搭话,都不自觉地用着书里的语言节奏,直到被猛然惊醒(比如突然收到工作邮件),

而一时回转不过来。

刚上本科的时候，我狠读了一阵子张爱玲，而后又读《长恨歌》《繁花》，一种连绵的风格，几个不同又有些相似的时代，整个人陷入一种对世事啼笑皆非的颓然状态。一个同学有天忍不住问我最近怎么了，说在路上看到我，感觉我状态很恍惚，大家都在想我是不是跟异地恋对象分手了。我哑然失笑，说我最近在读《半生缘》。后来翻了两章《鹿鼎记》，整个人的状态又回来了，大家又纷纷问我新欢是谁。过了两年，张爱玲未经面世的《小团圆》出版，我连夜去买，回来以后先跟我室友说，如果我接下来状态有什么不对，请别担心，我又要读张爱玲了。

所以，如果接下来有什么重要计划，比如下了飞机要去面试，我会很小心地挑书。反过来，对于一些珍贵的小说，我也要珍重地挑选阅读的情境。

在从多伦多回来，为了省钱转机两次的漫长飞行中，我再读了《百年孤独》。在四十八小时现实的孤独里，我任由它把我引入孤独，几乎带来一种生理上可感受的悲伤。而这种悲伤并不是故事情节的悲惨或荒诞所带来的联想和触动，它就是阅读体验本身，就是被文字引诱的一种状态。

有人说它情节散乱，且人名重复，是作者存心打乱人的阅读体验。这点我同意。可每本书都自有其阅读体验，不是所有书均服务于最不让人费神的那一种——情节推演、遣词造句合理、舒适，让人感到满足。在任何书里寻找阅读体验，本身就有一个走入其节奏的过程，一旦进入，那些散乱和重复，就都叠加着荒诞和孤独，它们和忘记了为什么开始的战争、被抹去的集体记忆、被名字注定和交换的命运、偏激肆意和偏激克制的爱、无法解释的猝死和太过漫长的衰老一起，构筑着孤独。截然相反的选择通向完全相同的路径，一切偏执或放纵最终都会变成枷锁，毫无意义，唯有抱守一刻也不能停歇的孤独才能使人平静、安宁。

当努力想要描述这种感受的时候，我还能走回那四十八小时之中。那种无法找到任何地方附着人生意义的孤独，和在飞机上短暂隔绝般的状态融为一体，它无法被热闹驱散，而只能自己缓缓解脱。

和这种完全迷醉的阅读体验相比，在这个过程中，人物关系表是次要的，历史上的"香蕉工人大罢工"究竟发生了什么是次要的，作者和左派革命家的友情八卦、小说的技巧和对后来文学流派的影响也都是次要的。

还是那个感想，阅读是一种体验，是用来被享受，而不是和自己或是和作者对抗的。我们大部分人读此书，不是为了提炼出二十几个奥雷里亚诺生平往事的知识点。马尔克斯反对人物关系表，而我们也大可不必在每一个奥雷里亚诺旁边贴上一张对抗失忆的字条，上面记载着和他有关的一切人物关系。

读这本书的体验可以是顺滑的，只要不刻意地竭力搜索记忆。每一个名字在刚出现的那一刻一定是最让人困扰的，因为人物还没有成型，还没有性格和故事让这些总是略微不同的名字被染上些可以辨认的颜色，而只能通过强力搜索记忆，或是借助人物关系表把他和其他名字区别开来。可是毫不用心、平滑地读下去，每一个阿尔卡蒂奥会呈现出越来越清晰的特色，哪怕这特色是重复，会因为某些事件被记住，哪怕我们会遗忘，当这个名字被重新提起的时候，那一点朦胧的熟悉感，就和书里一样，通过古老的回忆的烟尘，那些熟悉里都带着孤独。

哪怕最终什么也不记得，这种体验也是值得的，甚至这种没有什么还能记起的感觉，也是荒诞体验的一部分。合上书很久以后，一些闪亮的字句还朦胧地闪现，闪烁一下，又消失。毫不用力、平滑地回头看去，只看见字里行间作者满溢的才华，以及那些字句背后，绵绵不绝的孤独。

还有一次，我坐火车穿过西伯利亚，从北京去莫斯科，我在那条路上给自己准备了《卡拉马佐夫兄弟》，我以为晃动的火车和西伯利亚的森林能让我读懂它。可惜没有。《卡拉马佐夫兄弟》不是一本阅读体验平滑的书，它没有办法用那种轻微的晕眩感来陪伴旅途，它需要人在最清醒的时候读，然后思考，至少对我而言是这样。而火车旅途也并不平滑，它被许许多多、形形色色的人打乱，我在火车上的心情其实一直是躁动不安。后来，我放弃了读书，全心投入了和旅途中俄罗斯朋友的聊天、喝伏特加和玩

书是永不负心郎——读书意趣　　193

多米诺牌。《卡拉马佐夫兄弟》最终要用大学宿舍里深夜的台灯来读完，在夜深人静、凉爽下来的热带夜晚，读一段就合上书一阵子，让心情在沉重和治愈之间轻轻晃动。

总的来说，在不同的阶段和时段，固然要读不同的书，才更觉得享受和吸收，不同的书也自有不同的阅读节奏。但如果有的书实在找不到节奏，怎么读都气不顺，可能是时候未到，也不必强求。

还有一种可能，是时辰已过了。

人的品位和被惊艳的阈值都是随着年纪增加而提升的。我后来读《小团圆》，甚至觉得它比《怨女》《半生缘》更有意味，但就没有那种跌入一个迷人的旋涡里，思绪像在非常平滑的大地上贴地飞行的感觉了。这种贴地飞行有时候是振奋的（比如令狐冲在洛阳绿竹巷里初遇任盈盈），有时候是绚烂的（比如三体人的世界从游戏里渐渐露出面貌），有时候是迷幻的（比如《百年孤独》里的老祖母乌尔苏拉不断缩小的身体），有时候是茫然的（比如《不朽》里阿涅丝回头一挥手，贝婷娜坐上歌德的双腿，两人初次邂逅），有时候是动摇三观的（比如《战争与和平》里，有好几页写一名法国炮兵的屁股如何改变了拿破仑和整个欧洲的命运，竟然让人读到停不下来），也有很多时候，是沉郁、悲凉、恍惚，甚至是绝望的，读张爱玲是，王安忆是，长大一点，才发觉卡夫卡、加缪也是。

在生活能触及的地方很小的童年里，它们是一扇扇敞开、朝向未曾想象过的世界的大门；在长大以后被很多琐事填满的生活里，它们是一扇扇离开这个世界的大门。

小时候，打开一扇能贴地飞行的门是容易的，我喜欢的那几套小人书，《杨家将》《说唐演义》《后汉演义》全都能让我恍惚不在此间。后来我把这些书推荐给我表妹，她一点不爱看，我心想，这么好的书，怎么会有人不爱看呢？自己重新看了看，好像确实很一般。

可能是长大了，再这样沉迷一次就变得很奢侈了，一来很多经典已经读过，真就是除却巫山难觅云了；二来生活里总有一些弦绷着，很少放任自己这样沉迷了。

贴地飞行的沉浸式阅读体验，是需要一段心无旁骛的日子，或者是一段没有什么严重后果的拖延来实现的。这样的书越来越少，这样的日子和拖延就更少了。它们仍旧是生活的奖励，是生活中的假期。每次想到可以带上一本目测会很好看的小说坐上火车、飞机，还会有那种孩童般的快乐。

回到平凡的生活里，我每天会找一段精神集中的时间，读不那么让人气顺，不那么能跌入，或者恰恰因为气不顺而觉得有收获的那些书，那些跟工作无关，但也不休闲的课外学术书。读小说这时已经变成了娱乐，而这些书则代表了不断学习、永远好奇的愿望。

这种好奇大约是从《百家讲坛》开始的。因为我是一个习惯成自然的人，从听埃及考古入迷之后，自信应该一集不落地听过后来几年的《百家讲坛》，它取代了《名家书场》成为每天中午催促我回家的那股力量。小时候我给她讲阿加莎的侦探小说的那个闺密，后来我也给她讲过图坦卡蒙的面具。我发现，我既不是视觉学习型的人，也不是听觉学习型的人，我是讲故事学习型的人，什么小说、什么历史、什么理论，一旦给人讲过，就会刻入我的脑海，许多年不忘。那些我闺密没有兴趣的部分，比如多尔衮和韩非子，我大概是对着窗台给自己讲过的。

后来我就在大学里找到了读书会，找到了辩论队，不只讲，也听，也讨论，还辩论，乐趣无穷。人的眼界是需要外来的力量帮忙拓宽的，小时候是我妈给我买海明威，我爸把他的埃勒里·奎因送给我，我初中的文青朋友开始读王小波，我认识的书店老板介绍希区柯克给我，语文老师让我去读泰戈尔。到了大学，必读书单和大学书店推到我面前的书，和我从前读的书又仿佛是两个世界。我终于读了亨廷顿、萨义德和福山，回头再看，从前的读书都近于娱乐消遣。我终于明白了印在我某一套侦探小说集开篇的毛姆的一句话——侦探小说是卧病在床、天气阴暗、不想做任何严肃思考的你最好的陪伴。我从前读侦探小说是全副精神投入，把它计入学习时间的，现在才知道，那是因为从前根本不知道严肃的学术阅读为何物，就以为走到了阅读的圆的边界，而后猛地被推进一个广阔得多的大圆、大世界。

这些严肃阅读不同于小说、"十万个为什么"系列、趣味历史故事，我拿起这些书，发现自己在阅读别人的阅读和思索，有一种原来这就是思想碰撞的兴奋感。起初读来句句都有启发，都奉为真知灼见，后来看大师们在内部是争吵不休的，甚至过几年就把从前的自己给全盘推翻，就敢在行间写下大段的反驳。反正，大师们眼不见心不烦，不会找我什么麻烦，等过几年又发现自己从前看错了，再反驳就是了。那时候好多书是从图书馆借的，微微发黄的旧书，封底贴一张卡片，上面有所有借过这本书的人的名字，有的跨越了好几十年。书里偶尔有些铅笔写下的批注，也不知是哪个名字留下的。虽然在图书馆的书上涂写是有失公德的事，但好些批注写得很是认真，读起来还真很有帮助，想来那些前辈是实在忍不住了。有的批注之间还彼此对话，正是因缘一书牵，碰撞中的碰撞。后来这些当然都为被电子书轻易地实现，不用削尖铅笔写小小的字了。多看了几回批注中的反驳，又反驳了批注，再后来，就能以平常心，把大师和前辈们的思索、考证、理论和论证只当作启发和参考，不尽信了。

这些年里，我总结出一个小小的规律。思辨的书，让人收获最大的，是两类：一类让你无话可说，另一类让你有很多话想说。让人无话可说的书读起来是全然的震撼，就像三角形的内角和可以不等于180°，一瞬间感到自己从前的"知识自信"十分可笑，甚至对那些跟三角形完全无关的东西的信心也都被动摇了。那是被置于一种全新的眼光之下让人又激动又自嘲的空白。大概我第一次读《东方主义》《论晚期风格》就是这样的感觉。

另一类书，是读着读着就激发出满篇的联想，有时候是击节赞赏恨不能给他帮腔，有时候是想要和作者辩论，有时候是借此突然打通了之前互不相关的许多想法，或是解答了埋在脑海中已久的困惑。那种感觉是突然间许多脑细胞活跃了起来，它们大声说："那我可就不困了啊。"非常想要把这书中理论分享给他人，连带点评，再看别人会怎么点评。也许一下被戳醒驳倒，发现是空欢喜；也许两个人一起激动，喜上加喜。我最近正在读《叫魂》《乡土中国》，就是这种感觉。

两类书都给人一种鲜明的"进步了"的感觉，不过前者是有自知之明，看到了前路犹长，又找到了源于焦虑的进步；后者是想明白了很多道理，学习使我快乐的进步。

夹在中间的，是一些不温不火的书，既不让人太沉迷，也没有让人很有表达欲。如果还让人愿意勾画重点，折下书角，做些批注，做些笔记，都可说是有所得，值得一读。还有些是全然无味的，既不赞同也说不上反对的，就是缘分未到了。

这一类书都需要每天有一段比较长的、安静的时间来读，是不能一边看球一边读，或者缩在被子里拿着手机读的，否则极有可能手机拍到脸上，一时醒了，恍如一梦，需要重读。这一类书我也通常不愿意一口气读完，慢点读，留些时间给自己，拖延着拖延着就突然理解了什么，去反驳，去联想，去写感想，也能有一段时间停留在它的理论、它的话语风格里，有时候能正好和课堂、辩题、闲聊、新闻、电影互相印证，有许多新的领悟。

还有一类书，则是需要专门打开床头灯读，"酒阑更喜团茶苦"的时候读，慵懒的午后和脑力耗竭的夜晚读，周日晚起在明媚的窗前读，它们是一些让生活美好起来的书，包括美的字帖、画册、唐诗宋词、余秀华的诗、董桥的散文，甚至是灯谜、趣味诗文故事。正如那年《奇葩说》里执中学长说的，一些最精致的东西并不贵。跨越时代的许多至美的存在，凝聚在薄薄的纸片上，很轻易地来到我们面前了。它们是凡俗的生活里被竭力保留的美感。除了读，我也收集了许许多多漂亮的纸，颜色多种多样且有好听名字的墨水（同样是蓝黑，有叫"月色"的蓝黑，也有叫"太平洋"的蓝黑，写起来感觉是不同的），各色狼毫和鹅管笔，有时临帖、画画，抄写些喜欢的字句，正是一个天赋平平的人对靠近美尚未放弃的坚持。

这些年听书类 App（应用程序）、播客应用四起，生活中美的陪伴又丰富许多。做饭、打游戏、看球、居家锻炼的时候也不闲着，喜欢的节目都被迅速匹配进生活中不同的时间段，古典音乐入门是做饭的时候听，读书类节目是写字、画画的时候听，长篇的主题探讨如聊聊比特币、聊什么是原谅、聊历史上的大流行病，就是周末打简单小游戏的时候听。

　　这些书是日复一日的陪伴，它们点染了人们走入职场以后原本疲惫而重复的生活。书永远有一种一点点积累起来的感觉，岁月并不在白白地流逝，岁月被它们充实，也被关于它们的记忆记录。阅读并不等待什么实现、什么成就，阅读是留存在当下的。

隔岸红尘忙——读书时光机

除了陪伴，书也记录岁月，包括读它的人的岁月。书不变，人在变，人的记忆中有书，书的记忆中也有人。

有一些书大概是会陪伴人一生的。每个不同年纪去读它们的感觉都不同，有一些朦朦胧胧抓住了的感觉要许多年以后才会懂。长大以后，重新读《悲惨世界》这样的巨著，仿佛在读一本全新的书，我带着好奇打量着自己对它的记忆，也打量着那个许多年前的自己。我一方面觉得太小的时候读这样的书浪费了，另一方面又觉得这种旁观十分有趣。

书不变，可又仿佛一直在变，是因为人从书里读到的东西一直在变。

不管小学那个有点好笑的小小的我从《悲惨世界》里读到了什么，我后来安慰自己，至少我当年觉得这书挺好看，看完以后很受震撼，头脑里一阵暖烘烘的（就不像那时候硬读《尤利西斯》，每次都正好看到第二页的一半睡着，试了三次赶紧放弃了）。哪怕好看是唯一的感觉，书是"大书有大量"，也无所谓被一个小孩子辜负。怪我浅薄，可我的童年曾被它丰富过。

总是要在不合适的年纪啃过，然后踩着一些注定被辜负的书，才能爬上来变成一个更好的自己。回过头来再把它们拾起，记忆中一团模模糊糊的影子，突然间清晰起来，好像成长就是戴上眼镜的过程。

一年又一年，年龄不停增加，可什么时候觉得能印证自己是真成长了呢？就是重读一本旧书。那些字那时也是认得的，但连起来并没有看懂；一些字是藏在字里行间的，那时并没有看见。而现在，它们终于被剥去了遮掩，展开在眼前了。

是的，不了解南北战争的历史，不熟悉种族制度的变迁，不知道女性主义的视角，或者没有亲身经历过欲拒还迎的爱情波动，都不妨碍读《飘》上瘾。甚至是因为无知，初读仿佛是一趟精彩而又全然不可捉摸、不可把握的旅程。不只那故事是全新的，那故事的整个时代背景、庄园、马车、紧身裙、北方佬、黑妈妈、走私军火商、运棉花的船，也都是全新的。戴上眼镜重新打开它，它终于从玄妙的世界里褪色，成为你逐渐理解的世界的一部分了。那有一种可解带来的力量感，甚至是安全感，可很难说哪一种才是更美好的阅读体验了。

过早开始读某些书不是问题，只要自己知道，自己是不能一次就把这书读透的。对它们的领悟会被拜托给岁月，它们就顺手帮人记录下自己的岁月。

而在不同的年纪读同一本书，所求的东西本来也不同。

我最早读《人间词话》是为什么呢？可能就是因为偶然知道了某些金句就在这书里的某个地方，想亲自读到。就像因为好喜欢那句"明天又是另外一天了"，硬读了整本《飘》，最后发现，这句话是全书最后一句。或者是看所有人都在引用"满地都是六便士，他却抬头看见了月亮"，不甘于只做一个摘抄的人，读了整本《月亮和六便士》，发现"他"这个人完全没有这句话里的浪漫气质。

某天，要么是在励志文章里，要么是在高考满分作文里，我读到了人生有三种境界，是"昨夜西风凋碧树"，到"衣带渐宽终不悔"，再到"众里寻他千百度"，震惊于人世间还有这样绝美的"鸡汤"。发现它们出自一本叫《人间词话》的小书，也看到了余秋雨写王国维的那句"他死于一种文化"，所以才要去读一读前后文，以为满篇都会是这样美，道理不算过分深奥，是能抄进作文里的文字。然后发现，没有了，其他都是些一时难懂、似懂非懂的文字。

最好笑的是一开始看整篇的"梅溪""梦窗"，还以为是什么专有名词，后来发现是词人的字、号，又因为没文化而感到尴尬，又觉得突然离他们近了。我后来写作文引用诗词，不说秦观，不说秦少游了，要说"秦淮海"，刻意营造出一种和他很熟的感觉。

再大些，读《人间词话》，是因为觉得他所话的必是些最好的词，就像找到了一份很有格调的书单。

《宋词三百首》不知从哪里读起，就先看看王国维品评了哪些。有些明明是被他拎出来批评的，我反而喜欢上了。比如王国维说周邦彦的"水面清圆，一一风荷举"算作"能得荷之神理"，相比之下，姜夔的《念奴娇》《惜红衣》"犹有隔雾看花之恨"，我带着批判的态度读了读《念奴娇》和《惜红衣》，觉得美不胜收，比周邦彦平平淡淡的词美多了。反过来，王国维说周邦彦写月"境界极妙"，只可惜用了替代字。我读了读，实在难以想象"水浴清蟾""桂华流瓦"，换作"月"和"月色"是什么效果，觉得这词就美在替代字。可见我水平有限，而对美的鉴赏力强求不来，很难欺骗自己的直觉。

再后来读了些词、背了些词，但不知道该怎么分出好坏，只觉得有些读起来是顺的，有些没有那么顺，这个标准未免有些粗暴和土气，于是去王国维那里找一些品评的高阶方法。

偏《人间词话》里，正有许多气场十足的断语，好比"'西风残照，汉家陵阙'，寥寥八字，遂关千古登临之口"。以后你文艺的朋友，爬山的时候再朗诵什么"百年多病独登台""登临送目，正故国晚秋"之类，你就可以说"其实'西风残照，汉家陵阙'之后，这些词句都不必写了"，是不是很有爽感？

有一年去咸阳，在荒郊找汉武帝的茂陵，最后在乡野里、乱山中找到一块乾隆年间的石碑。走的时候，暮色里回头一看，这些不看碑文全不起眼的山丘，正是一座座汉家陵阙。"西风残照，汉家陵阙"这关上了"千古登临之口"的八个字在我心里有过的魔力，才突然消失了。

再后来，读词读出些自己的偏好和感觉，排出了好坏座次来，就想再去王国维那里，看和他是不是志同道合。

有一些原本模糊的感觉，也不知是被他说穿，还是被他引导却以为是自己所感。比如他说韦庄的词品是"弦上黄莺语"，说温庭筠的是"画屏金鹧鸪"，越读越觉得正是如此，以及冯延巳真的和他们都不一样。以前一眼看去，这些人都用温婉笔触，写青楼闺房里离情笼罩着精雕细刻，也就马马虎虎当作一群人读过去，彼此彼此。看了王国维的总结之后，就能读出些风格不同了。

有的词则是从前不知道好在哪里，要被他点醒。比如"云破月来花弄影"，第一次看到说"著一'弄'字，而境界全出矣"，是很惊艳的。不是"弄"字本身让人惊艳，是"著一字而境界全出"这种品评诗词的方法，以及真的让人觉得"确是如此"这件事的惊艳。后来读诗词，我也偶尔读出"著一字而境界全出"的顿悟时刻。还记得，在山里找路，眼看着夕阳下粉红色雾气弥漫，正要"落日满秋山"这个"满"字才写得出韵味。

《人间词话》我读了好几遍，不少段落都会背了，对词也就有了一种能懂其中三味的亲切感，再读词，就不是一味蛮背，也知道摇头晃脑地品了，再读别人的词话，也会参考对照着看了。先有了这些基础，才敢慢慢地说有了自己的品位。

我小时候，羡慕我爸写字好看，总要他给我抄些诗词。我要他抄我那时候喜欢的"自在飞花轻似梦"或者"晴窗细乳戏分茶"之类，我爸就觉得这些句子太"小气"，他还是要写他的"古来征战几人回"或者"江山如此多娇"。我一时就想到了王国维说的，"境界有大小，不以是而分优劣"，其中的例子，正有"宝帘闲挂小银钩"未必不如"雾失楼台，月迷津渡"。未免令人拍案叫绝，觉得自己又有知识又有品位，有这样大牌的知己，可以侃侃地讥刺我爸的偏见，那感觉真是太好了！

我刚去香港读书，行李箱里放了几本书，有我爸送我的龙榆生的《唐宋名家词选》、《海子诗全集》和《人间词话》。到后来，那两本书又被我带去了美国，但是《人间词话》渐渐淡出了。它从一本需要静下心来慢读的书，变成一本回到家在床头随手翻起，增添生活美感的书了。最初的惊艳，最终化作了美好的熟悉感。有时候想写字，我就把它找出来抄一抄。

浅薄无知的时候，以为《人间词话》，就是对人间词的评定，是有多傻才想不到，人间词话，不止《人间词话》一本。原来王国维也不过是品词、评词长河里的一脉。那本《唐宋名家词选》，每首词下面，摘录历代名家的词话点评，以一首词看各家词话，斗来斗去，也是很有意思，比那种像高考诗词赏析题的标准答案一样的点评，有趣多了。一味吹捧的有之（但文辞极优美，捧出了境界），闲话八卦有之，一踩一捧有之，货比多家有之，有时候这比读词本身更有意思。我又想起当年知道了"梅溪""梦窗"是词人的别号，仿佛和他们近了，这时看这些讨论，又仿佛进了评论家们的群。但都再不似初读王国维的境界论那般惊佩，像学了"放大镜能点火"，忍不住到处烧纸一样，把"有我""无我"代到好些词里检验过，记忆太过深刻。太小的时候就遇到水平未免高出太多、太过权威的先生，从此很难摆脱他的眼光，也不知是不是一件好事。

最近一次再读《人间词话》，是因为正好买了叶嘉莹先生的《人间词话七讲》，仿佛遇到了一个自己很喜欢又很有见地的人，絮絮地跟你聊一个你知道很久却一直没能完全理解的人。不知道是不是因为这是一个系列讲座的讲稿，所以叶先生不厌其烦，一切小知识点从头讲起。

以前读某些书，文化类也好，科普类也罢，我有种很难受的感觉，就是大概作者心里很明白，却不肯写得够清楚，或者他太明白了，理解不了我们这些不明白的人心痒难耐的痛苦，看过以后留下的困惑比收到的解答更多。像我这样没法不求甚解的人，总会自己查很久，知道这句子里每个点从哪里来、到哪里去，在心里盘算替这些书写个工具手册。

《人间话话七讲》是一本读起来令人很舒服的书。因为凡不甚明白的点，叶先生都替人想到，且讲明白了。比如讲起冯延巳为什么又叫冯正中，为了说明白"正中"这两个字，她就把天干地支从头讲了一遍。可能我自己，就是喜欢"这要从头讲起""这里多说几句"的人，完全不合于词这种余韵悠长的艺术。

　　一本最熟悉的陌生书，我读了二十年，但没有经真正懂的人讲解过，读来读去总是存在王国维说的"隔"。被人絮絮地讲一遍，真是难以言喻地浑身舒服。

　　叶先生也不只讲王国维，她也讲些王没有写到的故事，以及她自己的故事。比如她讲韦庄的五首《菩萨蛮》中的"忆江南"，王国维就没有细讲过。叶先生说五首词要连成一线来读，也因此把词从具体的场景，拉到了抽象的人生感慨。"红楼别夜堪惆怅"的时候，还被佳人叮嘱"劝我早归家，绿窗人似花"，初次去蜀，本欲速归，谁知兜兜转转，已过了半生，其间也流连别处，"遇酒且呵呵，人生能几何"。多少年后，终于知道回不去了，绿窗下的人不知在何处，"凝恨对斜晖，忆君君不知"，那人总是不会知道的了。而她讲"春花秋月何时了，往事知多少"，说自己去国四十年，一年年归来春花秋月如旧，身边的人都已不再，正是一代代人重重的悲感。

　　而回头看去，这本书也是自己二十年的成长，二十年的各处漂泊，渐渐懂得。

另一本必会重读的书是《红楼梦》。从初二起，每两三年我总要再读一次，每次都能感到这本书读起来又不同了，而读书的人也变得不同了。

起初不自量力开始读《红楼梦》，只有那么几回是真心觉得好看的，比如贾宝玉给林黛玉编耗子开大会的笑话啦，刘姥姥"老牛老牛，力气大如牛"啦，凤姐吃醋闹宁国府，心里一紧说"来了来了，这番稳赢不输爽极了"，可以一读再读，余下的好多章节，不甚了了，且读且略过。里面的诗词，只记得"孤标傲世偕谁隐""天尽头，何处有香丘"等几句，也就是只有林妹妹写的，是真心觉得好的。至于《姽婳词》《芙蓉女儿诔》之类，就跟那时候硬读英文原版小说一样，不过是挑自己看得懂的那几个词，混过去罢了。

但是很奇怪，即便只有那么几回是好看的，阅读体验还是很美好。一来大概是因为它的世界也是陌生而炫目的，人物虽遥远但真实可感，哪怕只浮光掠影地看看，也满眼生花了；二来因为我爸觉得这本书有"恋爱指南"的性质，坚持我上了初二才让看，之前我只能靠着一本《红楼诗词解析》像探案一样猜故事，越被压抑，越觉好奇。还有就是《红楼梦》前五回实在是催眠，我靠着读书必须有始有终的偏执才读了下来，期望既低，读到后面故事精彩起来，竟然有种"卿毕竟不负我"的感激。

再大一点，到一心附庸风雅的年纪，《红楼梦》就成了"高端文艺指南"。大观园是一种既古老又清新、既文艺又有趣的生活方式和态度。硬性条件是无力模仿的，但软性的出灯谜、结诗社、吃螃蟹配黄酒需兼作诗，还有桃花开、柳絮飞、摘牌写词，雪天里围炉烧烤联句斗诗种种活动，则仿佛是可以借鉴的。我因为一直找不到结诗社的同伴，少不了一个人做一支队伍，起了性格不同的七八个笔名，成天里对着我家楼下马路两边的桂花树，自己写了一组桂花诗。可惜我的"金陵十二钗又又又副册"判词拿给我妈读，她一个也没分辨出来，也就"趁早丢开手"了。

高中那两年，全班都在等《百家讲坛》上的刘心武解读《红楼梦》，等他下回如何分解。我也把我从前集的那些红学书，全又翻出来，把《红楼梦》读成了侦探小说。当年读诗词解析的时候还只是想知道每个人的结局，到这时候，未免一时觉得从前的红学书不够给力，竟然完全不聊书里藏着清史的大秘密。这股热潮来去匆匆，我高中还没毕业，它又突然消散了，我的红学书被重新搁起。只是我后来发现书的编辑、印刷越来越精良，终于读了复古版的脂砚斋批语。那些贯彻全书一直被隐喻的结局，慢慢不需参考书提醒也能读出来了，但好像没有那么重要了。

最初读《红楼梦》，只能读到"林黛玉焚稿断痴情"，是情感上的不忍读。后来某一天，看到第八十一回的时候，明白了"一个个人物都语言便无味，面目可憎起来"是什么感觉，内心还为自己骄傲了一下，我此番戴上张爱玲的眼镜了，从此不再读高鹗的续，对高鹗此人有种莫名的愤恨。等到偶然翻到《红楼奇梦》

《红楼续梦》之类的续书，不是写成了小黄书，就是离谱得过分的奇幻文，才知道了续书的底线又可以有多低，而续书又有多难，和高鹗"和解"了。再过了两年，当年苦苦期盼的刘心武的解读，化作了《刘心武续红楼梦》出版了，读了几章，人物语言有些无味，终于从当年那段难以自拔的好奇里走了出来。

从前读书，情绪上头，爱恨分明，偏见极强，看到宝钗、袭人，就自动带入小人之心去解读。每次重看，就觉得自己少了一些情绪，多理解了一些人。终于不结诗社，不学着做茄子，不破历史迷案，不"站队"地读《红楼梦》，读书才完全只是阅读享受。本科时，大学图书馆里有很多《红楼梦》的旧版印刷，甚至珍藏的版本，我有时候就坐在书架之间，把一本本软绵绵的线装书从大盒子里小心地拿出来，慢慢地读，真是美好。

再后来，《红楼梦》像很多熟悉的读物一样，变成异乡或忙碌生活中的慰藉。有一阵子我一个人初去旧金山实习，有的中午故意和同事错开，在一家安安静静的小中餐馆，把《红楼梦》拿出来读，一时忘了自己身在何方。我已经完全不记得我仿着潇湘妃子起的笔名和写的诗了，但在家里可以读着读着便仿做书里的菜、做书里的花签，抄书里诗词的时光，都成为阅读记忆的一部分，让长大后的我歆羡不已。那时，阅读体验是多么地肤浅，但又多么地快乐。

我小时候觉得写得好的小说有很多，金庸的几部长篇，太妙、

书是永不负心郎——读书意趣　　211

太顺畅了，是一个字不能改的。后来重读，渐渐有些觉得未免过于巧了，字句不大令人舒服，逻辑上有要拼命帮他圆回去的地方。唯有读《红楼梦》，还是越读越觉得妙，只渐渐地，读到文气不顺的地方，能感觉到是版本问题，闲下来非要做些比对，找出一个顺的才罢。

看《红楼梦》里的人物，却都渐渐顺了很多。从前一见就满心厌恶王夫人、赵姨娘，很不喜欢小红、司棋，后来仿佛开始理解了她们的选择，每个人的"合理性"尤为让人感到难过，也尤为显出书的经典。现在看书多是电子书，有大家的点评，也有许多让人莞尔，或连呼"有才之士在民间"的，也有的一味"黑"宝钗、袭人，甚至言语粗鄙，不知道他们的怒火会不会在岁月里渐渐平息，变成叹息和悲悯。不过，和我无关了，我们都在各自的阅读世界里，各撷所欲。在特定的时空里，天才们或才华喷涌，或呕心沥血而成的作品，而今轻易地出现在我们眼前，相伴多年，我只觉得被命运厚待。这些最精致的东西，真的都并不贵。

可惜长大有几个很明显的标志，其中之一是更难下决心开始看一本书了。不只是因为闲暇更少了，也是因为你知道了闲暇是最宝贵的东西，而书是大把大把占据闲暇的。从头开始看一本新书，就好像交一个新朋友，开始一个新爱好一样，变成一件需要勇气、需要做决定的事情了，不像小时候，一本书看完迫不及待就是下一本，自己像一台机器一样不知疲倦地只是要读。

我现在觉得读书最美好的是两种状态，一种是重新读一本一别好几年已经淡忘的书，那种感觉又安稳又迫切，像是一趟已经知道会是美好体验的旅程，等着你去填充细节；另一种是读一本不错的新书，渐渐入迷，读到快读完的时候。那时候你已经和书的节奏契合，已经有所收获，而且习惯每天从它这里有所收获。突然读完的那一天，会感到一阵欣慰，又一阵阵失落。

这种失落通常只能由迅速确定下一本想读的书来化解。比如接着读同一个作者，或是同样的主题、地域，在阅读里磨合出来的那种契合感就能延续下去。而这，也是我读书的方法。如果读的书太过跳跃，今日是国际经济，明天是古代哲学，后天是天文学入门，虽丰富，但读过的书就很容易变成一块块碎片，被轻易忘却。我接连去读的书之间必能找出某种联系，下一本可以是前一本中所列的重要参考书目，可以是同一个领域里互相争辩的两派理论，也可以是同一作者在不同年纪、心境下对同一主题的探讨，更可以是被文学评论家认为的继承发展前人的致敬之作等。最近我又听杨照先生提到一种读法，读那些疑似抄袭，或者称作借鉴致敬之作，和它们的原作相比，别有趣味。在同一个领域里多看看，容易视野开阔些，不是只抱住一家一时之言。有时候看一个人怎么骂另一个，反而把第一个人到底想说什么给理解了，彼此互为参照都能懂得深刻些，或者仅仅是同一个问题想的时间久了，记忆也长久些。

读书读出了岁月绵长,好像生活都变慢了。

小的时候,相信一生很长,长到没有尽头。因此,我相信,到我老了,应该能读完世界上所有的书,至少是所有我觉得有意思的书。

我有这样的迷之自信,除了浅薄,也因为我读书非常快,快到我妈觉得给我买书有点浪费,而我常常要用某某书读了五六遍来向她证明买书的钱是值得花的。与之相反,我妈从来不觉得给我买酸奶和零食是浪费,因为一盒酸奶我能喝一整天,零食如果不坏的话,我大概可以吃到永远。

长大以后,读书变得很慢,有很多联想,做很多笔记,而且没有什么闲的时间,也没有那么好的体力了。不知道是不是一种补偿,看着某些买到的时候十分欣喜的书,也不觉得一定要读了。后来读到董桥写"能看得下去的书越来越少",竟然是一种很大的安慰。不必勉强了,阅读不是一项事业,没有KPI(关键绩效指标),把有限的时间,耽搁在真正值得的书上,也就可以了。

每个人的生活里都有那么几个痴迷而不计较付出与所得的热爱之物吧?清醒地看到自己的,就不容易对别人的指指点点。有时候,我想到我做球迷这么多年,有多少次熬更守夜,看那些遥远的地方的比赛,说它到底跟我有什么关系呢?从前还喜欢哭,赢也哭,输也哭,多么伤身体,为比赛熬夜、逃课,晚自习偷开着收音机,耽误多少"正事"?可是这些可能只是偶然间迷上的东西，天长日久，成了生活的一部分。我们仍然喜欢着的不是一支球队，是自己守望过它的那些年了。

读书也是一样的。这几年有好几位陪伴过我成长的作家辞世，余光中、林清玄和金庸，读了他们那么多的书，眼望他们离开时心里的悲哀，仍然找不到语言表述。

想起余光中的诗，还会想起大学里和前任一起走过种满台湾相思树的小路，去听他一年一度回学校来朗诵自己的诗；想起林清玄，回想起高三的课间读他的书放松精神，把一些词句自然而然地写进高考作文里。

想起金庸，想起的往事就多了。我小时候老爸不在身边，暑假他总带我一起出差，在漫长寂寞的许多坐火车的日子里，他给我讲金庸。那些故事精彩到八九岁的我会希望玩的地方少一点，火车开得慢一点，坐火车的时间长一点，甚至被堵在路上。在小学和初中，努力最大的诱惑，是放假的最初几天，我妈许我自由地读金庸。她知道我拿起一本，不到很饿和很困的时候，就不会放下。那种恍惚不在人间的感觉，到后来热恋，才会有。

初中的时候，我已经不知天高地厚地写起金庸书评了。那是人生最初有稿费做零花钱的日子。并且因为我写金庸，我们那儿的编辑，一直以为我是"三十岁左右的中年男性"，是我小时候最得意的一段笑事。

后来有几年就不大看金庸了。一是被修订版那些从隐喻到明写的事伤了心（黄药师原来爱着梅超风，段誉对王语嫣的爱原来是一种幻觉），才发现写书评的我，根本没读懂过；二是长大了，有好些其他事做、其他书读，不敢那么沉迷了。

直到前几年在法学院，在满身满心疲惫的时候，我随意地翻起来。看到长大了的袁承志，在艰难时世和他的忘年交木桑道长重逢，就想起小时候的评点版里写"历经风雨故人来"，眼泪就流下来。熬到期末考试，觉得全世界的人都比我聪明、勤奋、有背景，我便把《射雕英雄传》重新打开，像励志故事那么读，就知道了，勤奋这件事，不像它读起来那么容易，而书中故事，也不像它从前读起来那么单纯。可不管怎样，坚持中有了种莫名的豪迈。

有好多年，我因为金庸想去浙江大学学中文，后来想去剑桥大学留学，以期和他偶遇。因为看他的采访里说自己等着年轻人写好看的武侠小说给他读，我便写了好几年。虽然最后一无所成，但他在书里书外，都鼓舞过我奋斗。而他在，故事也许还解得开，他不在，它们就成了任人指点的谜语。

小时候，我像我的朋友盼电影续集上映一样盼修订版上市，特别想知道真相，想知道到底是怎样。到后来，也就和大多数人一样，我只挑自己喜欢的那一版读。到头来，其实人们在意的并不是作者到底怎么想，而是自己最喜欢的那个理想到底是什么样的吧。米兰·昆德拉写《被背叛的遗嘱》，死后，作家们对自己的作品，再无发言权。金庸先生活着的时候，其实已经多有体会吧。

太多人说，汹汹人言里连载的作家如他，根本不曾有过写作的自由。也许吧。可不管是出于最后的不忍，还是不敢，都想谢谢他，给那些不似人间的美好，一些美好的结局。

有的人一直没有被时间和世界改变，他们永远光明、坦荡；有的爱情，一直没有被世人改变，永远真实、骄傲；有的风范，给我平凡的人生画上过底线。

君子有所不为。也许，多少个梦过后，仅此而已。

小时候，隔着好几百页，还看着萧峰一片萧瑟，一想到后来终会有"燕云十八飞骑，奔腾如虎风烟举"，就觉得血脉偾张。等这一段读过去，突然就少了力气，知道后来，尽归尘土。终于，到了这一页了。尽归尘土。

百无一用是书生，可是书里有过我们的英雄主义。"先生之著述，或有时而不章；先生之学说，或有时而可商"，可不是吗？而只有先生"独立之精神，自由之思想，历千万祀，与天壤而同久，共三光而永光"。

不贵的
诗和远方

——旅途记忆

桃源不堪访——支教困局

刚进大学，几个朋友发现彼此志同道合，开始筹划组建一个支教社团的时候，我们都以为这会是我们"做社会有用之人"梦想的开始，是简历上一个同时证明品德和能力的标签，是一些单纯美好的缘分的起点，是一段可以给一生带来美好回忆的故事。我知道，"政治正确"的记录应该如此，可惜，现实并不是这样。

一起组建社团的这些人，到今天还是会漂洋过海一起聚会的好友，可我们很少聊那段往事。支教是一段沉重的回忆。大二那年我们从贵州乡下回到香港，开总结大会，和出发之前动员大会热烈的气氛相反，大家一直沉默着，有很多不满却不知道该抱怨什么，也不知道我们是哪里错了。我们用了整个学期拉赞助，给远方素不相识的孩子买书、买礼物，用了整个暑假坐着绿皮火车去陌生的地方送知识上门，我们错了吗？

我们的社团从一开始就以贵州为目标，我作为贵州人，也是因此才很早成为组织者中的一员，我们单纯的想法，是"到最穷、最需要我们的地方去"。我们那时候都刚刚经历高考，是一群在应试教育下长大，也对自己这方面的能力很有自信的人，习惯了每年假期去给母校的学弟、学妹传授学习方法，不觉得支教与此有什么本质上的不同。我们的确是满怀热情和真诚设计了课堂，只是都没能超越自己的一厢情愿。"他们一定缺英语老师和口语训练吧""他们一定没发现数学其实是很有意思的吧""他们一定会喜欢体验戏剧表演吧"，最重要的还是，"他们一定会欢迎我们的吧"。

也是一厢情愿，我们对乡村生活的想象是浪漫化的。唯其如此，我们才不假思索，一心要到最苦的地方去，而不满足于最初几次由我妈介绍的县城中小学。因为那些经历大体愉快，但太过平凡，不觉浪漫。

我们后来终于联系到贵州省新店镇，小镇上有一所学校，一条小河依偎在小镇旁边，这是一个名字里带着一点乡土气息的地方。让我们颇感自豪的，是这所学校是我们自己走街串巷联系的，不是通过任何关系找的。然而事实证明这可能不是一个最好的选择。虽然我们这些所谓香港来的大学生，大部分是在内地长大的普通学生，但团队里也有香港本地学生和外国友人，学校其实颇有一些疑忌。他们没有拒绝我们，但也没有全力支持，而是采取旁观的态度，把初一、初二每个班学习最差与最淘气的那些学生组成了四个班，在远离教学楼的地方，给了我们一块领地。除了一位我们可以联系的团委体育老师，我们基本完全被放任自流了。临走那天晚上，学校领导倒是请我们吃了一顿饭，还喝了茅台。酒过三巡，略有醉意的主任跟说相似方言的我渐渐聊起来，忍不住说："你们还是年轻，当时为什么不联系政府？如果是走了正规渠道过来，我们肯定全力配合啊！"我一时愣住，这些问题我们甚至从没想过，可见真是年轻。

学校虽然慎重，但还是帮助我们租了学校对面那唯一的一家招待所。第一天推门进去，大家都闻到一阵腐臭，可是谁也没敢说出口。说好了来吃苦、来支教，大家都一边自己做心理建设，一边强忍着，不敢显出挑剔的样子。我们二十个人，住了那栋小房子的二、三楼，过了好几天，才好奇地循着那味道推开了一楼的门，发现里面养着猪。床不够，都得三四个人挤，被子也不够，且被子是回潮的，盖在身上一阵湿冷。贵州的夏天是很凉爽的，可在我们那栋阴冷的小楼里，只有凉，没有爽。自来水是没有的，只有老板娘在一楼的一口大缸，里面的水想是积得时间久了，已经发黄。发黄的水似乎也有味道，大家还是忍着都没说，每天按配给小心地用着。嘴上不说，身体是诚实的，没几天，好些人就病倒了，有人着凉发烧，有人浑身起疹子。很多人到了这时候，才明白贫穷的真相，不是柴火炊烟，而是黑冷腐臭的房间。

我们想到了条件艰苦，但没有想到自己来到这里，只是一群多余的人，学校对我们心怀顾忌，我们热切幻想过的学生们，则对学习完全没有兴趣。

除了没有体验过真正的贫穷，我这些来自大城市、重点中学，习惯做好学生的朋友，可能也从不知道真淘气的学生是什么样子的。我一个好朋友刚在大学戏剧社做了主演，又做了导演，正是满腔热情的时候，去贵州之前，他们戏剧社刚应邀去了成都一所实验学校带学生体验戏剧。她带着相似的期待来了，排了一出三国历史戏配合我的历史课。结局是，没有人在意场景和台词，分配角色后，演员们就十分入戏地真打上了。教室迅速陷入了"老师失其鹿，天下共逐之"的混乱状态，打出了尘土飞扬的舞台效果。剧本本来是"桃园三结义"，约略演得像"三英战吕布"。我们那时候喊哑了嗓子，只恨自己不会武功，不能一统天下恢复秩序，吹一句"设使国家无有孤，不知当几人称帝"。我朋友事后相当痛苦，觉得是自己的设计引起了一场混乱，众人只好纷纷安慰她，打架是每节课都在发生的，无论黑板上正画着三角形还是写着古诗词。

事实上，我作为"班主任"第一天去教室，便大开眼界。从走廊过去，我就看见我们班一个小男生在隔壁窗前一蹦一跳的，和里面好几个声音对骂，过了一会儿，那窗户里飞出一条桌子腿，他转身跑了。我正好奇这桌子腿从何而来，进了我们班就很清楚了，教室里没有人坐着，最后一排的桌椅已经被拆了个干净，桌面是盾，桌子腿是矛，全班人打得不亦乐乎。

孩子们很快发现我们是没有什么惩罚能力的。女老师只会苦苦劝诫，男老师通常会自己生闷气，有一个脾气比较直的男老师真发了火，就被这些孩子以群殴相威胁，以至于他要在女老师们的保护下回招待所，我们只能寄希望于那些孩子能给我们面子。

到这个时候，我们始终不明白这种敌意到底从何而来。从一开始，孩子们就不明白我们的行为，不理解我们的动机，再加上我们来了，他们就从自己的班里被挑选出来，送到这栋楼，真有一种为了配合我们而被发配的感觉。可是我们又何曾期待过这种安排、这种感觉？我们又是否明白自己想要什么？到群殴事件，大家的苦闷值到达峰值，最初的失望、困惑、疲惫，乃至愤怒，都不比此时，我们在陌生的地方，感受到的是恐惧。

最初大家不愿意放弃原则，默默对抗。脾气温和的物理老师C，哪怕没有一个人听他说话，也只平和地在黑板上写着，教他的力学，回来以后告诉我们，他的物理课上，孩子们一刻不停地做着不规则的"布朗运动"。性格直率冷酷的美术老师L，冷冷地盯着躁动的人群，看了五分钟，说我们来画自画像，然后在黑板上画了一大个一看就怒火中烧的她自己，由于那愤怒被画得十分生动，大家倒安静了一阵子。我的好朋友，本来想教戏剧课的Z，"三国群架"之后只想到了一个办法——行为艺术。某天她搬着一个长凳进了教室，开始打坐。十分钟过后，教室里渐渐安静下来，大家凑上来围观，然后，又渐渐地散回去打了。

我们陷入了无边的绝望。只要没有大事，学校就不怎么管我们，团委体育老师偶尔来帮忙申斥，也只会适得其反。这些孩子几乎都是留守儿童，其间我们班一个男孩子一拳打断了另一个学生的鼻梁，被公安拘留，还是我们去签字担保，把他带回来的。我们距离承认失败、草草结束只差那么一点了。有的改变，是在无奈中被逼做出的。

因为那些孩子实在精力旺盛，不听讲，打骂不休，大部分女老师连进教室的勇气都快没有了，我们只好每天安排三四节体育课，期望大家都跑累了，回到教室就是睡觉，偶尔有感兴趣的两三个人，就能安安静静地听课了。

还好我小时候接受过我爸的一些素质教育，我是很喜欢打球的，打球的人比较真我，发狠劲、骂脏话，加上并肩作战，大家突然开始有了些友情。我又发现他们喜欢在学校门口打桌球，只是那桌球三块钱一局，他们舍不得打，到最后几个球，要硬撑着不打入袋，把这一局无限地撑下去。谁不小心把球打进了，旁边的人是要擂他几拳的。我挥手表示请客，可以尽情打。由于我常年练习的是怎么打进袋，他们练习的是怎么在袋口徘徊，我起初可谓大杀四方，从那时起，他们才对我这"老师"，有了一点佩服。

我最初准备好的历史课不教了，从家里把我四处旅行收集的那些"宝贝"，仿的三国的酒杯、汉朝的漆碗、唐朝的铜镜、浓缩的乐山大佛和兵马俑带来给大家玩，看着大家有兴趣了，我就讲点历史故事。我发现他们是喜欢项羽和樊哙的，喜欢那种"霸气侧漏"的风格，我们班便改作了"日月神教"，上课也不喊"老师好"了，说一声"见过教主"，我说声"兄弟们坐吧"。打架最厉害的两个人做了"左、右使者"，每个组有了"四大法王"以后，纪律竟然一天天好起来了。我发现，他们不愿意守规矩，但很愿意讲义气。做了朋友以后，谁在我课上捣乱，是要被其他人揍的，虽然结局和从前差不多，还是打作一团，我却能感受到被在意了。

其他老师，也各出绝招，一个气质文静的男生，给大家讲了他"混上海滩"的故事，把孩子们唬住了；一个香港同学意外发现，大家很喜欢跟他学唱粤语歌；还有一位朋友边教语文边变魔术，我们此前都不知道彼此还有这些江湖特长。还有的朋友，只是持之以恒地认真加温和，大约是相信孟子说的"至诚而不动者，未之有也"。

我也天天打电话向当老师的妈妈求经验，她给我们买来了好多巧克力和模型车。从那天起，回答问题，无论对错，都是有奖品的了。我没有想到那些小东西对他们有那样的吸引力。我妈买的巧克力，有金币形和元宝形的，一开始为了传递积累的理念，我们的规则是每回答一次获得一枚金币，攒够三枚金币可以换一个元宝。直到最后，从来没有人找我换过元宝。我后来和我爸聊天，还讲起这个困惑，我爸哑然失笑，他说："什么叫不懂实际的理想主义呢？就是你们把金币、元宝当作游戏，对于那些很少吃到巧克力的孩子，那就是有大有小的巧克力而已，元宝那么小个，他们为什么要三换一啊？"

彻底改变我们和孩子间关系的，是我们班一名学生，有一天捡到了一只刚刚生下来，还没有睁开眼睛的小狗。我们没有想到我们班那些一言不合就要动手的男孩子，对这只小狗有那样温柔的喜爱；小孩子们也想不到这些不快乐的哥哥、姐姐一瞬间在这只小狗身上找到了情感寄托，迸发出无限的父爱、母爱。我们把它装进一个酒盒子，一百多个人突然心同此心，都在等着它睁开眼。我的同学 J 整晚守着它，用台灯的光给它取暖，到县城里买了注射器和奶粉给它喂奶。我那位热爱戏剧的打坐朋友，满心要给狗狗做个骨头玩具，悄悄拆开老板娘的棉被，偷了一些棉花出来，缝了一整晚，缝成了一个球。

这只小狗后来辗转跟了我外公，特别温和，特别听话，被外公养得胖成了球，我每次看到它，总想起它刚出生，手掌那么大的样子，以及那段因为它有了些温暖的时光。我们走的那一天，已经有很多孩子相信，我们是一群单纯地想要帮助他们的人，我已经收到了好些男孩让人啼笑皆非的"情书"，我们班威望最高、最能打的"光明左使"，陪我们一起打扫和清空了教室，帮我背着包，把我们送到了车站。那一刻，真是不知眼泪到底为何而流。

情感上的靠近当然是巨大的安慰，可无益于缓解我们深深的挫败感。我们是来支教的，是想带来一些知识，而不是陪他们玩耍一阵子的。我觉得说出这句话很残酷，但这就是我真实的体验，他们不是缺老师，他们就是不学习。他们缺的不是我们，我们对于他们面对的现实，毫无用处，我们什么也不能改变，只是在空谈理想，给彼此增添烦恼。我们所能实现的，可能是让一些孩子相信，有一群人关心他们的命运，单纯地想要帮忙。可是随时间过去，我们渐渐失去联系，就连这件事，他们也会渐渐地不再相信吧？

我后来和几个孩子保持了一段时间的联系，直到我彻底忘记我的QQ密码。我们负责的将近一百个孩子，只有两个人上了高中。一来他们的父母不觉得有上高中的必要；二来上初中不花钱，上高中却很贵；三来他们自己也急着要外出打工挣钱看世界。我们觉得遗憾，却不知道我们能改变什么，也没法劝他们把书读下去。他们面对的是真实的生活压力，我们能付出和愿意付出的，其实太少、太有限了，所以只能默默地退到一边。

事实上，我们面对的人生挑战是如此不同，我们理解不了彼此，也改变不了彼此。我在《奇葩说》辩知识芯片那道题的时候，不停地想起那些当年支教的画面，他们对知识没有兴趣，是因为看不到知识的意义，在那样的现实里，没有星辰，没有大海。

我们的理想主义在于，不理解他们真正需要的是什么，也从未明白我们想要实现什么。所以大家都说，短期支教，被教的人其实是支教老师自己。没有经历过，就不明白贫穷、封闭和起跑线的不同到底意味着什么。

我其实应该早些想到的。我们厂矿的子弟小学，也接收周边农村的孩子，他们要走一两小时的山路来上学，中午就不回家。我有一天邀请一个不回家的同学去我家吃饭。那几天我爸刚从无锡出差回来，带了我最喜欢的无锡酱排骨。这个菜我自己都是省着吃的，那天一半是出于善意，一半是想要炫耀，夹了好多给我这个同学，最后却发现她一点也没吃，她碗里那些酱排骨肉，都被倒掉了。我是很不开心的，直到好久以后才知道，在那天以前，她从没有吃过肉，留着碗里的肉是因为不敢吃。

是啊！人没有经历过真正的贫穷，就不会真正懂得贫穷是什么样子。我外公是地道的苗族人，我们好大一个家族，一些人走出了大山，一些人还聚居在山里的寨子中。我外公是参加抗美援朝，因参军改变了一生命运的。我们每年都会去山里走亲戚，我这一辈的孩子共有二三十个，都在山里一所香港人捐建的学校里读书。全家最聪明、唯一被寄予读书希望的，是三外公家的一个小表弟。作为城里的姐姐，我被安排教他写作文，表弟说他完全不会写，我一看作文题目是"公园"，正准备说这样模糊不清的题目还不是信手拈来吗？他突然问："什么是公园？"他长到十来岁，还从未出过大山，从没有见过公园。这样的差距，有好多看得到，也有好多看不到也想不到，支教老师又能为他们做什么呢？

初中的时候，我一时兴起开始写一本言情小说，其实连我自己都觉得十分乏味。可我同桌，也是一个来自周边农村的孩子，却觉得很好看，整天催我写下去。完全是为了我这唯一的读者的热情，我上课下课不停地写。我有次问她还看不看别人的书，她说，她从来没有看过一本小说，因为她从来没有拥有过一本课外书。我把这个故事告诉了我妈，我妈决定送她本书，自作主张地，选了励志的《钢铁是怎样炼成的》。从有这本书起，我同桌上课下课地看这本我实在觉得不怎么好看的小说，而再也没问过我的"大作"。小的时候我家也不甚宽裕，我妈也不太舍得给我买书，可是直到明白这世上竟然有人从没拥有过一本自己的课外书，我想我够幸运了。

支教的人收获最多的，是对自己的反思，原来世上有那么多事，并非理所当然。我后来学了政治，读罗尔斯的"无知之幕"，还会想起那个夏天。

那个夏天却很快成为回忆。我们从筹备社团、招募志愿者，到去支教，一共忙活了三年，到大三了，也该把成型的社团交出去了。我们自觉做得并不成功，但又不愿意说从此都走托人介绍的"捷径"，除了劝继任的学弟、学妹们不要把事情想得太简单，也没有什么经验可以传授，因为我们自己都是迷茫的。新店镇之行，是我们这群人最后一次支教。快十年过去了，整晚养着小狗的朋友 J 已经决定去读博做兽医，一直默默做后勤的 N，学了汉语言教学教美国人说中文，成了我们当中唯一做老师的人。

某天大家在群里一问，我们最初的那支小团队，竟然全都读了博士，学了那么多不一样的东西，我们却还是不知道能为支教做点什么。我不知道在那个夏天遇到的那群孩子，是否还记得我们，他们生活得怎样，会怎么回忆我们共度的那段时光。他们教给我们的东西，我们却终生难忘。

他强任他强——论辩有余

辩论这件事，我曾一直以为只是我许多课余爱好中的一个，却在不知不觉间改变了我的人生轨迹。如果不是因为辩论，我不会对政治学产生兴趣，以至于去读博；我不会被队友激励，说我一定擅长挑别人逻辑漏洞的法学院考试，以至于做了律师；我不会认识我一生中最重要的人，不会参加《奇葩说》，以至于有机会写了这本书。

这是不是说明，有些"无用"的爱好，坚持下去，也许就会改变人生呢？

我妈是个"文艺女中年"，做班主任，参加合唱比赛、校运动会、班会活动，甚至办黑板报，样样都认真做，样样都争第一。学校教职工歌唱比赛，我妈勇夺第一。我想，我妈一定很希望我承其风采，是个文艺细胞发达的孩子，可惜我截然相反。就连小学六一文艺会演集体舞蹈，这种以"大家都能参与"为导向的活动,在四十个孩子里选三十六个,我都能因为"动作实在不协调"而落选。长大以后,我妈跟我聊:"那么简单的舞蹈动作,怎么就学不会呢?"我说:"那时候连跳绳都学不会,何况跳舞?"

不过我妈并不放弃,正视我的优缺点,开发了其他冷门些的文艺项目,比如说相声、诗朗诵,组织智力竞赛、话剧表演一类的班会活动。只要我表示有兴趣,我妈一定鼎力支持,把我家客厅借给大伙排练,买好多纯音乐光碟帮我们挑选诗朗诵的配乐,我们家甚至有一本关于出黑板报的书。我妈是这样的人,积极参与生活,参与了就要认认真真、有模有样,无论大事小事,理论先行,热情实践。大概我确实有些语言天赋,也因为其他有文艺细胞的同学都不怎么在这个领域竞争,我竟然另辟蹊径,一直稳定地做着班上的文娱委员。

我妈也很喜欢辩论,应该是因为那两年沉迷于风靡一时的国际大专辩论赛,觉得唇舌之间挥斥方遒,风流潇洒,有为青年正该如此。她带的高中班,进了学校辩论赛的决赛,她很是开心。我那时候才上三四年级,作为教师子女,被悄悄带到礼堂去看。台上一名辩手是我表姐,另一个是她的绯闻男友,我似懂非懂,笑吟吟地盯着他们看,也不大明白其他人说了些什么。那题目是关于学习方法的,突然,对方一位辩手问我表姐:"你说什么什么方法有用,那请问你是你们班学习最好的人吗?"

我大吃一惊,只见我表姐站起来冷冷地说:"这个问题与本场辩论无关，我有权不回答你。"一时掌声如雷。这句话我记忆至今，当时心中一定满是艳羡，心想，如果有一天我参加了辩论赛，也在场上抓住机会，大气磅礴地说出这句话来，一定帅气极了！想不到，过去十年打了那么多场辩论赛，我还没能找到机会说出这句话。

这大概是我对辩论的第一印象，最重要的是姿态，要凛然又冷硬。在我当时的认知里，最好的辩手是蔺相如和诸葛亮，最好的辩词是唐雎对威胁要杀了他的秦王说"若士必怒，伏尸二人，流血五步，天下缟素"，好像我的确永远也走不出那种对英雄气概无限向往，有时候会被批评为用力过猛的辩论风格。

小时候我妈买了不少国际大专辩论赛的光碟，她自己比我看得起劲。后来我进了大学辩论队，好多队友都因为家里人反对他们浪费时间在辩论上、耽误学习而和爸妈冷战。我就不同了，我穿上黑西装站到辩论场上的那一刻，想必我妈会想起她那些年看过的光碟，老泪纵横，没想到别人家的孩子就在身边。我妈（以及我爸）倾力支持我参加辩论。每次外出比赛，他们跨山跨海到现场来给我们加油。有一年回贵阳比赛，电视台采访他们，我妈百感交集，说不出话来，倒是我爸侃侃而谈。

我外公有一次看新闻，正好看到我们在香港夺冠的报道，全家人高兴了好一阵子。我外公更是得意非凡，说幸亏他坚持看新闻频道，比我外婆整天看电视剧高明太多。每次赢了奖杯、奖牌，我都直接送给前去观战的爸妈，很像小时候我爸参加工厂的游泳比赛，我组织同学去给他加油，他拿到八十块钱奖金，立刻送给我们去吃火锅了，皆大欢喜。后来回家，发现我一个"最佳辩手"的奖杯，被我妈用来代替她的小锤子，敲核桃吃。虽然感觉怪怪的，但我妈连说"这奖杯不错，重量正好"，就觉得也算终于送了我妈一样实在礼物，挺开心的。

辩论给我这样平凡的少年带来恍惚英雄梦的瞬间，何况还是衣锦还乡、举家欢庆，独乐乐后众乐乐，实在是夫复何求。虽然我妈倾力支持我搞过的活动还有许多，但大多草草收场，只有这条路我一直走了下来，是因为我在这个爱好里感受过实在的快乐，也满足过小小的虚荣心。

可是当众辩论，属于"正面硬刚"，是需要些勇气的。我第一次辩论是在初中历史课上，学到了安史之乱，老师让辩论"杨贵妃是不是该为唐朝走向衰落负责"。我到现在还有些无法相信这题目真是这样问的，而在我之前发言的大部分同学都觉得"该"。我那时候头脑中没有什么理论武装，想法朴素而简单，只觉得一股怒火在脑海中爆裂开来，一句话如鲠在喉，竟然是"小女子何德何能"。一个为君王宠幸的女子，在那样的时代，讲兵制变革不会有她，讲以胡制胡不会有她，讲民族关系不会有她，讲兼并、讲贸易、讲科举、讲王侯将相和百代功业，讲那个时代重要的一切，样样都没有她，一讲到盛世衰颓、大厦将倾了，历史突然就化作"红颜祸水"这么简单的四个字了。她被当作背锅的棋子赐死，千百年了，对方辩友还要她背这锅，气死我了。那是打辩论时最真诚的一种状态，一种原始的不服和不甘，一种想要呐喊的朴素欲望。后来的辩论被这样的愤怒点燃的次数并不多，它们也都不是我发挥得最好的比赛。被持续加班磨平了的时候，我怀念那种感觉，那是在表达朴实的快乐。

到高中，语文课上又有一个辩题，出自课本上莫泊桑的小说《项链》。也许大家还记得，一个叫玛蒂尔德的女子，为了参加晚会向好友借了一条名贵项链，结果遗失了，只好借钱买了还回去，和丈夫用了十年辛苦劳作才把借的钱还上。十年以后，她从年轻美丽、有一点爱慕虚荣的女孩，在艰辛生活中逐渐变得沧桑老去，和好友再见的时候，才知道她当年借走的不过是价格低廉的人造钻石项链，十年青春所偿还的虚荣，原来从一开始便是假的。

那时我们在课上分成两拨，辩论这一切对她"是好是坏"。我又一次不明白这为什么可以辩论，这样读完让人无限唏嘘、无从说起的悲剧有什么"好"？但既然要辩论，我想，也许是我的认识不够深刻。但听到"好事"一方的论点，又是一股火气上头，我没法拦住那个同学发言，只能听她说完后大声说："什么叫生活的难题把她变成了一个脚踏实地的人，朴素勤劳的人，凭双手生活的劳动妇女？这些称号比那条项链更加虚假，那十年是一个人多好的时光啊！她过得虚荣而自恋，那又怎样？为什么要被生活的捉弄改造成所谓脚踏实地的人？别把这些大词加在她头上了，十年青春变作无数疲劳又徒劳的日夜，她要你这句'朴素勤劳'干吗啊？"

我自己也很奇怪，我作为双子座，大部分时候是十分温和的，居中而立，觉得公和婆都有些道理。但就是有一些忍不了的时刻，我心中的愤怒值高达十级，觉得倾吐而出的不是语言，简直是一团团火。爆发过后很怕自己过了火，连忙找朋友们问："我刚才是不是很凶很暴躁？"还好大概我气虚，爆发力终究十分有限，在旁观者眼中，只是动情，算不得凶蛮。我略尴尬又略放心。

这些时刻不是因为胜负心，甚至也不是因为热情，而是一种莫名的使命感。仿佛有些想法来到我的脑子里，在稍纵即逝的表达机会面前，它们撺掇我，赋予我起身发言的勇气。当我坐下的时候，仿佛看到这些说出来的话，在眼前给我一个鼓励的微笑。

很奇怪，对于略有社交恐惧的人来说，终于表达出来本身就是安慰和成就，就会有满足感；如果因为羞涩忍住了，藏在心里，久而久之，就会变成纠结、后悔、抱怨，最后灵感会枯竭。真的，想说的时候，说出来吧。

我想，每个人都有自己向世界倾诉的方式，有人是通过文字，有人是通过艺术，有人是通过肢体语言，通过表演，通过创作，这些天赋都极美好，可惜我没有。我跟世界倾诉的方式，这么直白，竟然就是当面辩论。但不管怎么说，还好这种方式给我找到了，否则人生该失去多少那种释放过后反而充盈的快乐啊！

可等我真正进了辩论队，正反方历练多了，冲动和勇气便渐渐被消磨。就好像学下棋，知道了要推演几个来回，一眼看上去的杀招未必是妙招，觉得理所当然的未必就是对的，后来有种越练武越不敢跟人动手的感觉。

何况当众表达的经历，不都是美好的，反而常常是难以形容的强烈窘迫和挫败。我加入大学辩论队时第一次参加跨校比赛，辩题是关于留学生的，大概那时观点也幼稚，普通话又不标准，我在场上说"女博士"如何如何，赛后评委点评说，四辩提到"姓吕的博士"，有点莫名其妙，不知说的是谁。我在场上发言的时候，就有对方学校的观众，在场下哧哧轻笑。

那种感觉是非常痛苦的，旁观者尽可以说"你又何必在乎"，可站在场上的人，想不在乎真的很难，五六个人的目光，在自己看来就是"众目睽睽""芒刺在背"了。我带着第一次为团队而战的责任感，努力对自己进行一番心理建设，才勉强把话说下去。

这样的事还发生过几次，一次是讲性交易合法化的话题，对方一脸笑地说"做一种运动"，我竟然真的没明白他在说什么。可是全场的评委、观众仿佛都明白了，在场上看观众、评委席，是朦胧的一片笑脸，看着我不知是故作还是真蠢的迷茫。

那一次，还是靠比赛过后跟我爸煲电话粥恢复过来的。大概，我从小得到的爱和宽容很多，没有被生活真正磨炼过。甚至我已经毕业，回来打"老友赛"了，还有一次觉得怎么解释都没法让评委和对方理解我们的逻辑，所有人像看着待宰的羔羊一样看着我们。我根本听不见对方说话，双子座场上上演"分裂"，心里的小恶魔一直对自己说，走吧，不理他们了，不管了；小天使在努力做建设，坚持，詹青云，不能放弃。

经历过这些，竟然还是坚持下来了，有时候觉得自己勇敢，有时候觉得是不肯割舍的懦弱。其实大学的时候去电台比赛，每次走进那间空调温度开得很低的大厅，我的手脚就会一阵冰凉，每次都在想，何苦对自己这样相逼？可是，那种我应该说出来的快乐，还一直在。凡是那些贴合内心真正想法去表达的比赛，每次从那间大厅走出来的时候，我就看到那些说出来的话，在远处对我露出鼓励的微笑了。

但那种为杨贵妃和玛蒂尔德而辩论，靠直觉就能找到的是非感，却渐渐越来越少。我常常感到犹疑，怀疑自己的认知水平，一个看山都不是山的阶段，表达的感觉就是干涩，内心的感觉就是虚弱。辩论仿佛应该培养人能说，好似手里抓住了一根线头，就能绵绵不绝地说下去。可这种技能，我竟然也没怎么学会。一心虚就想沉默，一不投机就想走掉。甚至年纪不小到了《奇葩说》，还有不知道跟对方说点什么，要靠"敬业精神"逼自己说下去的时候。后来才知道这也是成长，不再激情澎湃，不再觉得自己天经地义，辩论才不是靠一腔热情，而是三思，谋定而后言了。

如果我最初参与课堂辩论，是愤怒的力量驱使人去表达，那么渐渐却会明白，愤怒并不常常给人带去力量。相反，愤怒会让表达无力。学做辩手，也是学会控制情绪的过程。

这不是一个被嘲笑后上山习武、下山复仇的励志故事。对辩论本身的忐忑，我始终没能战胜，在新的比赛里，还是准备面对紧张、面对嘲笑、面对"吕博士"般的意外，只是不断练习了与它们相处。后来习得的自信与勇气，美其名曰"勇敢"，是"卒然临之而不惊，无故加之而不怒"。但那已经不是靠勇气，而是靠底气了。

底气是由好几样东西组成的。辩论最初推着我进步，就是被胜负心和羞耻心激发了求知欲。

刚去香港读书时，是为了打辩论赛，我才会去研究香港的垃圾是怎么回收，立法会是怎么选举的；冲出香港，进入了地区、全国辩论的比赛，一时聊屈原，一时聊代孕；到国外比赛，有时候得聊新加坡的华语教育，有时候聊马来西亚的青年该如何参与社会。这些多样又复杂的领域，不是为了比赛，谁会有心或者有勇气从头学起？就算还想凭着热情说话，但热情在这些题目上也已经无话可说了。

为了比赛而突击学习，好多时候是从零开始的，最后得到的仍不过是皮毛，可那又何妨？从未迈出第一步，便不可能走出更远。辩论不会把我们变成专家，它只是让我们对和专业、考试、平常日子毫不相关的事永远保持好奇。当一支队、一群人，一起为了一场我们喜欢的、分输赢的游戏积极学习，灵感迸发，时常碰撞，那种体验是非常美好的，效果胜过上许多专业课。我对"群贤毕至，少长咸集""忆昔午桥桥上饮"一类场景的想象，就是我们一支辩论队临近比赛一起半夜吃大排档的样子。

而当真的为了说到底没那么重要的比赛，为了每个人不超过十分钟的发言，认认真真学习过后，有了些底气，有话可说的感觉，也是极美好的。孟子有句著名的、精彩的话，说勇气——"自反而不缩，虽褐宽博，吾不惴焉；自反而缩，虽千万人，吾往矣"。勇气真的不是靠厚脸皮，是靠扪心自问，你是不是认真思考过了，仍然相信道义在我这里。

我最喜欢的是本科快毕业以及开始读博的那两年，生活很闲适，比赛也不多，每一次都很从容地去打辩论赛。有一年暑假，我们抽到的辩题是"是否应该武装打击'伊斯兰国'"。那两年正值"伊斯兰国"迅速扩张，他们时不时在网络上发布斩首视频，大家真切地感受着恐怖主义之恐怖的时候。如果说大部分议题，多有不同看法和辩论空间，但应该严厉打击恐怖主义这件事，共识大约是明确的。可我们抽到的立场，却是"不应该"。

抽到反方立场的时候，我们心里大概已经觉得赢得比赛是不可能的了，不过去新加坡再旅游一次，看看上次错过的夜间动物园，好像也不错。距离比赛还有好几个月，但首轮败局已定，后面的比赛也不用准备了，我们几个决定慢慢来，把伊斯兰的历史从头读起，看能有什么灵感，去面对这个几乎无法捍卫的立场。一名队友立刻咬牙买了起初觉得太贵的《耶路撒冷三千年》，我收集了无数关于"伊斯兰国"的时评文章，忍困读了萨义德的《遮蔽的伊斯兰》和一本很有趣的假想型历史书，假想"如果没有伊斯兰，过往的一千四百年会变成什么样"。还有人分到最好的工作，即看了好多伊斯兰电影。

那整个暑假，我们读书、看电影、聊天、辩论，靠近了这个一直很陌生的宗教文明，它的历史，它的裂痕，它和地缘政治间的互相作用。

或许到最后，我们都还是得承认"不应该武装打击"是个过于理想化的立场，但我们也都有底气觉得，即便在这个立场之下，仍然有有意义的观点可以说。

这观点说穿了也很简单，即如果一切其他条件不改变，武力不会解决这片土地上的问题，它只会是这片土地无数裂痕之上的又一道新伤口。也许拿到反方立场的那一天，凭辩论的经验我们就可以说出这句话，可是，读了一个暑假的书以后再说，那气势是不同的。

我们还是输掉了比赛，用辩论的术语来说，我们这样理想主义的软弱立场，又没有什么奇葩的角度，扛不住辩论场上的攻防、快节奏的来回。在那些骇人的暴力和威胁的例子面前，假想一千四百年，讲政府军同样劣迹斑斑，讲部落矛盾，讲帝国主义割裂的中东，说不出力量，一着急更显得慌乱。可是这些读过、思考过又说出口的话，在我们心里是有力量的。输是辩论场上的无力，但那并不是输掉一切的感觉。

多年以后，很少人还会记得那场比赛（不用多年，几周以后吧），可是我们几个人，还记得那年看过的伊斯兰电影，因为是带着追问去看的，又把它的启发变成了自己的话，不管有多少人认同。辩论的最初，我们是为了输赢熬更守夜，读书上进的，可是后来一想，原来它只是手段，我们借由它，读书上进，熬更守夜，想过了一些遥远的问题，感觉自己靠近了一个更大的世界。

底气也来自真诚。这是孟子说的，"行有不慊于心，则馁矣"。如果人为了辩论而辩论，说出口的其实是内心并不认同的东西，也许能骗过别人，却骗不过自己，在出口的瞬间就能感到心情一阵黯淡，气馁了，这口气下去了，是绝不能靠虚张声势再提起来的。

我进辩论队的第一场比赛，题目是关于狗肉节的，我们一方的立场是支持。其实我小时候吃过狗肉。我爸在离家有些远的工厂上班，所在地正是一个小有名气的"狗肉乡"，我五六岁的时候每年暑假会去吃，诚实地说，觉得很好吃。后来我们家开始养狗，有了对于我自己来说永远难忘的温柔往事，其中一只险些被狗贩子下毒偷走，此事现在想来我还会心有余悸，自此我当然是绝不再吃狗肉的。

传统这件事，本来是各个地方各有些他人难以理解的偏执，我并不敢站在道德高地上批评我吃狗肉的朋友，但是站到辩论场上，去为狗肉节辩护是另一回事了，超了底线太远，说了太多违心的话。那场队内赛过后，我不痛快了好一阵子，也没有什么病因，大约就是自己突然看轻了自己，觉得自己竟然是这样的人，说得出那样的话来，气馁了。

后来再想，这是从前高估了自己，我不是那种游刃有余的辩手，没有办法驾驭所有立场。想不到，辩论路上的阻碍，竟然是骗不过自己。

被指责走"歪门邪道"打辩论赛的是那场小有名气的"搓麻绳"。我们当时抽到支持"当今中国大麻应该合法化"，一时觉得无从辩起。为认知中的一种毒品做合法化辩护，本来在道义上就很难立足，如果辩题讨论的是美国这样，有吸食大麻的文化和庞大吸食人群的地方，还可说与其让黑市盛行，不如在阳光下监管，但在中国则找不到娱乐用大麻合法化的任何法理基础。我们并不是被看好的队伍，过去几年，已然习惯了在各个国际比赛里首轮出局，这番晋级原本靠了些运气。我们的对手在旁人和我们自己眼中，都说得上是十分强大。我们整天一边开心地吃赛场边上的东北菜，一边丧气地想着大麻，突然有人说："大麻合法化，并没说抽大麻合法化，也可能是医用大麻合法化、工业大麻合法化！"

像这样钻题目的空子，实在不大气，败是我队兵家常事，大可以坦坦荡荡地去输，不必避开题目中的锋芒，交由评委去裁量我们的投机。不过我们约定用一天研读法律，如果真有有意义的论点，才走这条路。结果我们真的在当时的《中华人民共和国刑法》（简称《刑法》）中有所发现：大麻因其成分不同，有成瘾性的吸食用大麻，也有无毒的工业用大麻，运输贩卖大麻当然触犯《刑法》，可是只读法律条文，此罪的量刑，是只看重量，不看毒性的。《刑法》第357条规定："本法所称的毒品，是指……大麻、可卡因以及国家规定管制的其他能够使人形成瘾癖的麻醉药品和精神药品。毒品的数量以查证属实的走私、贩卖、运输、制造、非法持有毒品的数量计算，不以纯度折算。"我们读到"不以纯度折算"这几个字，一时呆住，除了辩论赛终于有路可走，甚至觉得我们现在有义务把这个法律"漏洞"给说出来。

　　当年如果多些后来学法律的直觉，就应该想到法律条文中的每个字词都要深究，都要明晰定义。我们如果能追问那什么是国家规定管制的麻醉药品，然后一查《麻醉药品品种目录（2013年版）》，就会发现这里的大麻是"cannabis"，而不是搓麻绳用的"hemp"，其实是很明白的。可是我们确实想不到，怎么读法条，都觉得理论上真有可能，运输贩卖用来搓麻绳的工业用不成瘾大麻，是入罪的。

　　我们整场比赛的底气，也就是这个法律"漏洞"而已，我们的论点也就是工业大麻无毒无害，理应合法，应该在《刑法》里写明白。对方辩友没想到我们真能一本正经地大谈搓麻绳是无辜的，自然也没有细查过目录，不过大江南北多少汉麻，没有谁因为贩卖搓麻绳的大麻而被捕，想必又好气又好笑，在场上花样百出地嘲讽了我们，回头再看时，甚至觉得"骂"得十分精彩。可是当时，我也生气了，一番据队友们说近乎哽咽的陈词，是被委屈驱动的。我们有没有畏惧强敌，想占出其不意的便宜？恐怕是有的，但被嘲讽多了，多少有"我们并没有这么不堪"的委屈。我们是真的自以为发现了法律问题，觉得应该说出来，呼吁用合法化去修正的。

当时以为有的底气，后来发现是无知给的勇气，当然格外让人难堪。有的难堪来自违心的选择，反而可以反省，迁善补过，下不为例；有的则来自知识经验的局限，是真的水平有限，只能把它当作过往接受，提醒自己永远不要自居正确。

也有的难堪，不是因为知识经验的局限，只是要经过一些事、一些岁月，回过头才能发现。一个个辩题，也就像一本本读过的书那样，再想起的时候，会从中看到曾经的自己，也会看到自己的改变。

有一年我们去澳门比赛，题目是"清明节可不可以雇人代理扫墓"。我们的立场是可以。我就说，其实人死而无知，扫墓不过是活着的人给自己的一种心理安慰，千山万水回不去，隔着屏

不贵的诗和远方——旅途记忆

幕看一看，尽了心也就是了。当时的一个评委是位老爷爷，我这番话显然是点燃了他的愤怒，点评的时候，他在一张纸上写了个大大的"孝"字，说我们把扫墓说得这样云淡风轻，是因为没有理解这个字，足讲了一小时。

我们坐在台下，被他骂得久了，又未免觉得"至于吗"，甚至暗暗低笑，嫌他太过较真。过了几年，我的外公去世了。我那时人在国外，没能回来见他最后一面。那年清明，我们去给他扫墓。对我来说，仿佛是突然之间，我外公高而清瘦的身影，连同他那双很大且总是温暖的手掌，消失不见，变成了一方矮矮的坟墓。

我妈跟我说，外公直到最后一刻还很清醒，围在身边的家人他都还认得，跟每个人说了几句话，唯独我不在。我小时候是家里唯一的孙辈，是在外公、外婆的万千宠爱中长大的，自从我外公在凤凰卫视看到我们在香港的辩论赛夺冠的报道，他天天盯着凤凰卫视看，可惜我再没出现过。

我一生都盼着长大成为他们的骄傲。从知道他走以后的那些天，我总盼着他托梦给我，我想他一定还有什么话要跟我说。直到站在他的墓前，我好像才突然理解这是死亡，灵魂梦境终属渺茫，我这一生都不能和他再见，他不会再对我说话了。我又想起小时候他给我做的木头弓箭和长枪，想起每年过年打麻将他执迷于清一色，把一年攒的钱输得精光，想起我们爷孙俩清早起床，到家旁边的茶山上，我背单词，他打太极。

而不知道为什么，我也想起那场辩论赛，那位评委老爷爷，举着一个"孝"字，说这个字是子孙站在坟墓前，理解了死亡。他苦口婆心地说着，我们却没有好好地听。我想起了他，想起了那道辩题。许多话，说出口，是太轻易了，可生活如此沉重，而那时我们不懂。

辩论原本是快节奏的，以竞技的吸引力，驱动人临阵学习，又有苦思，又有激情。有的领悟是在时光里积累的，积累过后，终于有一天，智识上瞬间灵光一闪，那是辩论的勇气与底气以外，神奇而美妙的灵气。

大二进辩论队以后，我作为新人"小朋友"，只待了一年，满世界地输比赛、旅游，嘻嘻哈哈地就过去了。大三去了美国做交换生，大四已经到了毕业年，在辩论上却是久疏战阵的"新人"，我当时以为这条路已经走到尽头。

那年正好是辛亥革命一百周年，全国都掀起了"民国热"，我这文艺青年当然未能免俗，也是整天地读民国的书。正好武昌市团委办了个辛亥革命纪念赛，邀请全国四所学校讨论与辛亥革命相关的种种问题，比如辛亥革命有没有实际提高民众的生活水平之类。因为是民国主题，我决定再去一次，作为对辩论这个小爱好的告别之旅。

我们仍然一如往常，首战告负，接下来就是爬黄鹤楼、吃武昌鱼之旅了。作为辛亥革命之旅的一部分，我另辟蹊径去参观了

不贵的诗和远方——旅途记忆

汉阳铁厂。不过我们一起去看了那届比赛的决赛，题目是"武昌起义第一枪在武昌打响，是历史的必然还是偶然"。

这场比赛既然是辛亥革命纪念赛，目标之一自然是让我们重读辛亥革命的历史。决赛的正反方显然做了大量功课，"必然"的一方用史实讲武昌的特别，在二十世纪初的商业发展，还有驻扎新军、兴办报纸等；"偶然"那一方自然要讲武昌没有那么特别，在任何一个维度上，武昌都不是独一无二的，商业有广州，驻军有四川等。直到"偶然"一方的四辩站起来说："其实我们知道，任何一个历史事件的发生，都一定有其必然因素，也有其偶然因素，我们都只是普通的大学生，不是这个领域的专家学者，我们也不可能在一场辩论里为这道难题提供答案。辩论这个题目的意义，是问我们自己，把这件事当作偶然或必然，会给我们带来什么影响。如果我们把一个历史事件当作必然，我们就不会为之而奋斗。"

他接下来读了烈士林觉民的一段著名的《与妻诀别书》，然后说："如果当初林觉民们把革命当作是必然的，他们不必付出这样的牺牲，因为他们会想，我不去做，总会有别人去做，这必然的历史进程总会发生。可正是因为他们把这件事当作偶然，历史也许不会再给第二次机会，所以他们不计代价，终于成就了历史的变革。"

这场比赛我是在整整十年前看的，比赛并没有录像，那天之后，就再也没有看过，具体的字句当然不能记得准确，可是这段话，我确乎言犹在耳，记忆至今。

那时充塞于胸中的，不只是感动，或者不只是对林觉民与那一代革命者的感动，还有一种"辩论正当如此"的感动。辩论，是可以超出历史知识的陈述，找到这样一个点亮自己的瞬间的。

我想我不能就此和辩论告别，因为我还从未体验过属于自己的这样的瞬间。如果最初参与辩论是有什么话憋在心里，不说出来就不快乐，后来是因为喜欢教练和队友，总想要完成队长布置的任务。从此以后，我想要告别那种完成任务的心态，去寻找那会被我自己记得的瞬间。

其实在辩论不长的历史上，超越那场比赛的名局，应该有很多。可是一来我很懒，从来没想在这个爱好里精进业务、出人头地，队长布置去看的视频，我从没看过；二来，震撼，大概都是在不经意间到来的吧。那是你最感兴趣、最有底气的话题，却没想到，原来可以这样辩论。那种灵光一闪，突然看到了更大的世界的感觉，在读书的时候，听讲座的时候，或者跟朋友聊天的时候，偶尔也会遇到，归根结底，它们都只是形式，我们只是借由这一切的形式，去伸手够那团自我启蒙的光。

这是一种不同的求知欲，它不是被胜负心激发的，是被"找到那些精彩的想法"这个愿望本身激发的。

那次过后，还有一次，被淘汰之后，我跟队里的学姐一起看比赛，题目是"富人不仁更可怕，还是穷人不仁更可怕"。"富人"一方说，不仁都很可怕，同等可怕，但我们常常因为同情心而理解他们的不仁，或者像对方一样辩论说穷人的不仁没有那么可怕，这才是最可怕的。我在台下听着，一身冷汗，心想我要是遇到这样的连环套，真不知怎么对付，越是论证自己这一方的立场，就越是容易跌入他那一套语言的陷阱里——我越说穷人不仁不可怕，他正好说，看，多可怕，我们这个社会这样宽待穷人的不仁。

不过学姐并没有被吓到，她说跳出陷阱，冷静想想，我们这个社会并不是真的对穷人的不仁更加宽容。举例来说，如果一个普通男人，为了情妇抛家弃子，放下工作和家业与情人私奔，这个社会会怎么评价他？可当这个男人是英国国王爱德华八世呢？"不爱江山爱美人"，就算不是一边倒的浪漫赞赏，至少也是颇有争议吧？

那又是一个灵光一闪的瞬间。很久以后我开始学法律了，看到法律如何变成一套极复杂的体系，有话语权和资源的人避开了多少麻烦和惩罚，我又想起这段话来。我后来想，就像那年辛亥革命纪念赛上那些困难的题目，我们其实从未指望自己真能在一场辩论赛里找到答案，只是那些你认真思索过的辩题，会作为问题永远留在脑子里，而后不断和它们重新相遇，重新思考。

离开香港以后，辩论的机会其实很少，越到后来，越觉得很多事不是正反分明，底气不那么容易找，也不容易那么有热情地想要呐喊了。辩论只是偶尔为之。这样也有好处，从前在学校里，或是录节目的时候，参加许多比赛是仓促间上场的，急切间或许能逼出一些灵感，但也常常觉得抓不住内心的声音。也不知是不是有点老了，或者加班太多脑力耗竭，那些灵光一闪的瞬间都是在漫长的闲暇里突然出现的。

我喜欢那种几个月以后有一两场比赛，先把问题存在心里，也并不常常刻意去想它们，只是等着一个了悟的瞬间。有一种禅的意味，其实主要是懒。有一年要参加一场表演赛，辩题是"博物馆失了火，是救画还是救猫"。那一场题目中的名画限定为凡·高的一幅画。我从小像许多朋友一样，喜欢《夜晚露天咖啡座》，把水彩颜料挤光画过《星夜》，去过他荷兰的故乡，亲眼看了他许多画，确认了那一条条好像挤上去的厚重油彩，不过如此而已。而我们这一方的立场，是要"救猫"。那段时间我在伦敦实习，住在遥远的城郊，伦敦的地铁又慢又没有信号，我在地铁上就开始听《凡·高传》，也没有想一定要从那本书里找到什么答案，只是碰巧感到和他有了联系而已。

有一天我正听到关于凡·高自杀的争议，据书里说，当代历史学家普遍认为凡·高并非自杀，除了关于事实细节的梳理论证，也因为不相信凡·高这样一个用夸张的艺术赞颂生命力的人，会不惜结束生命。我突然若有所悟，保护名画，究竟是在保护什么呢？伟大的艺术创作又因为什么打动人心呢？我想起我的一个画家朋友，有一次我去看她的画展，就问她画作最重要的元素是什么，我知道一定不是"技巧"，我小心地问，是不是"创意"。而她给我的回答是"精神密度"。我一时彷徨无语，不敢说我懂了，又不甘心说完全没懂，仿佛悟到这个概念可以用来理解很多东西。

又想起看凡·高的画时那种说不清的冲击，现在有了些轮廓，站在那个精巧的古典主义时代的尾巴上，他不画静止的舞台，而是画乞丐和妓女，画吃土豆的农民，画那些卑微但鲜活的生命，画作只是他不忍割舍的鲜活生命的载体。他为了保护孩子而宣称自杀，他曾在火场里救猫。

后来去打这场比赛，我也是用了这番领悟以后的论点。那是我最喜欢的比赛之一，身在其中十分享受，也因为不枉多年过去，辩论的快乐终于不只在表达之中，而甚至在辩论之外了。

回头一看，辩论赛本身的局限之处，是不能认输，虽然这胜负心，原本是热情和求知欲的起点。有时候在场上我心里已经想要投子认负，默默为对手鼓掌；有的问题局中人心知已经分出输赢，不如认了，也好继续往下讨论更有意义的话题，可是不能认输。我常常被问起做辩手和做律师如何把一个复杂的世界解释得黑白分明。其实律师并不完全是这样。律师的职业道德要求为客户倾尽全力，可是法律的回答常常不能用输赢概括，而是寻求事实澄清，以及在规则之下找一个公平的解决方法，每一方得到他应得的东西。

辩论没有这样的中间地带。辩论赛的结果，就是谁输谁赢。这胜负心，对自己的立场有一种加强效应，越为它辩护，越觉得它是对的。输后，反思很难，容易的是怪罪对手不讲武德、评委有失水准。

超越于胜负之外，能公正面对场上得失，非有强大的自信不能做到。不为他人的评价所动，内心是倨傲的，所以外在反而能云淡风轻。不过这种内心的倨傲大约有不同的层次，有的是热血盲目的，有的是冷静坦荡的。孟子说他四十岁"不动于心"，是在养足浩然之气之后了（这一章里频繁地引用《孟子》，可以看出来我最近是在地铁上猛读《孟子》了，他的辩论水平，在我读过的诸子中可称第一）。

我最初作为一个常常抽离于比赛之外的四辩，对自己能表达什么的关注，远胜于对辩论能讨论出什么的关注，自然对胜负也并不在意，可以说是自娱自乐、盲目倨傲。在胜负心里沉迷过又解脱，辩论的意义还是回到了表达上。从我偏不认输，到输赢不能左右我，又是另一种倨傲了。只不过距离"不动于心"还有很远。

写了这么久，写的是自己，而辩论最重要的魅力，是它不只是自己。按理说，这是一种竞技，输赢一定是最重要的KPI。只是在输赢这件事上，我们指望不上KPI。一开始是怎么也赢不了的梦魇，燃起过希望，又失望而归于平和，也曾不经意间，想或没想过的都意外赢得了。真正支撑人走过这一切起起伏伏的，是友谊，以及后来逐渐学会的责任感。

我常常觉得，一个人的性格会被爱好塑形。孔子、孟子均推崇"射"，称为仁者的运动，"射者正己而后发，发而不中，不怨胜己者，反求诸己而已矣"。射箭必须自己正才能射得正，射得不好，也只能反求诸己，与对手无关。不记得是不是拉菲尔·纳达尔说过，打网球是一项孤独的运动，当你站在场上，只有孤身一人，不能向任何人求助。初看时，因为仿佛能对那种孤独感同身受，几乎感到恐惧。我小时候参与的都是团体运动，喜欢踢足球和打篮球，整个中学时代最好的朋友，就是篮球队的朋友。那种友谊是从并肩作战、互相依赖中来的。大抵可以想象，从小练射箭，练仁者的不抱怨、求诸己；练网球，还练一个人靠自己去赢的强大内心。而团体运动，练的是协同和依赖，能把别人的成功当作自己的成功。总的来说，我感恩自己参与的是团体运动，因为结成一个个亲密的团体，在童年和学生时代要有底气得多，不过班级之间的友谊赛而已，生活却充满大事记和大动力。

辩论，仿佛是介于两者之间的。一支队是一个集体，靠互相分享观点协作，比打篮球的协作更需要克服人性的自私。而与此同时，每个人都有需要发言的那几分钟，当你独自站起身的那一刻，是不能坐下去请队友来发言的，那一刻人是孤独的。

因此辩论会同时教会人这两件事。我和辩论队的许多队友，眼见成了相伴一生的朋友，这并不是辩论的结果，而是辩论的条件。先有了无私的分享和信赖，才可能有好的辩论。

　　我一直觉得人有两种孤独，我们一直为之困扰的，是情感上的孤独——我们需要爱和被爱。可是人还有一种智识上的孤独，我们需要跟人真正地聊天，聊埋在内心的真诚思考，而不只是消耗情绪的客套。辩论本身是一个分享的过程，可是总有一些话，是不足为外人道的。只有在和队友讨论的时候，才不必害怕自己的想法幼稚，不必害怕被人误解或是看低，敢想到哪里便说到哪里。而这群人，在智识上是互相极其熟悉的，因为我们整天一起讨论同样的问题，这些问题常常离生活很远，我们查相似的资料，读相近的书，分享吸收的一切。我们喜欢这样真正地聊天，不是为了灵感的碰撞，常常就是作为对抗孤独的一种需求。

　　我有两种自己也无法控制的情绪状态，一种是对身边的世界强烈的好奇和参与感，对一切新知兴致盎然；另一种却是偶尔突如其来的抽离感，只觉得疲惫和冷漠。刚开始打辩论的时候，听对方说话久了又句句都不认同，只觉得烦闷，我立时就会抽离。辩论本来是最讲究协作的团体竞技，但我最初开始辩论只是为了实现自我表达的愿望。自从教练发现我有做四辩总结陈词的天分，我就一直留在这个位置上，时不时地抽离出训练甚至比赛。

　　从一开始，我就知道我想讲的是什么。每一次训练都是应付过去，随意找些话来说，等到比赛，有时候觉得对方说得不精彩，没什么道理，我也就不认真地听下去。我最后说出来的就是第一次训练那晚，已经在我心里的话，我是为了那些话才要辩论的。所以我辩论，总是异乎寻常地严肃又激愤，仿佛控制不了自己。第一次在辩论场上见到阿庞（庞颖）那样的辩手，跟人聊天一样，说什么"三天三夜的流水席"，我整个人目瞪口呆，真想学也学不来。

也是奇怪，我这样的人，为什么要参与辩论呢？

虽然我妈殷切期盼了多年，我刚进大学参与了十来个感觉有趣的社团，却完全没想过加入辩论队。一来我不觉得自己真的能行，"杨贵妃"和"钻石项链"的辩论赛，都是偶然出现的经年往事，那种表达的冲动，生活里的我几乎没有；二来听说辩论队的人非常辛苦，我刚刚告别高三，离家千万里来了大学，头一件绝不肯做的事情，就是辛苦。

不过后来到了大二，听说辩论队有学校赞助，可以飞到世界各地去比赛，我就很是心动了。那动了一下的，也许还是我妈当年埋在我心底的种子吧。后来飞来飞去的这个愿望真没落空，而且超出预期。大二那年，我们在世界各地输比赛。一个系列赛，从三十二强打到决赛，总要打个十天八天的，我们第一天、第二天就出局了，也只好就地开始旅游。

那一年我们一整支辩论队，坐通宵大巴去马来西亚的海岛，因为穿着拖鞋被拦在台湾当局领导人的办公室门外，在澳大利亚合租的大房子里辩论谁该刷澡盆，然后轮流去泡澡，再去码头上蹦迪。正是高中毕业没有太久，考到全国各大城市的朋友，我都拜访了一遍。

那时候在辩论队里我是"小朋友"，我早上不起床，半夜看球赛，都被队里通报批评过；我一路丢东西，坐火车睡过站，大家更没少笑我。最可气的是有一年发照片给主办方印手册，我的照片因为是用滑盖手机自拍的，像素极低，印出来变成了马赛克，费了我好大力气才洗刷掉这个外号。

输的比赛多了，我也会难受，毕竟每一场也是认认真真准备的，但胜负心也就如此而已了，只要表现得勉强合格，不至于被教练、队长批评，能找出些和我们自己无关的理由，浑浑噩噩地便过去了。

一直到一年又一年过去，我一年又一年地留下来，队友们毕业，新的队友进来。我终于成了资格最老、要带着"小朋友"们四处打比赛的人。我从小是在宠爱中长大的，习惯做家里最小的孩子，承担责任这件事，大概是从支教和辩论才开始学的。这个时候，我已经不是沉迷于自我表达的快乐的那个人了，我已经喜欢上辩论本身，喜欢碰撞出来的火花，那灵光闪耀的瞬间。一个人的快乐是不够的，不够赢，也不够快乐。我的使命感已经是让每个人参与其中，希望每个人都能找到自己的灵感。

后来读博，跟好朋友阿庞一起打比赛，我才发现当领导这事绝对是靠天赋的。我人挺和气，也挺淡定，但她就给人可靠的印象，大家有事都找阿庞，找我就是问"庞教练在哪里"。我自然而然也回到了刚进辩论队，有什么困惑、委屈都可以跟教练说的美好时代，放松而茫然。但在遇到阿庞之前，我真诚地努力过，能力虽不至，心向往之，心态上选择承担的那一刻，就超越了小我，也超越了我自己的那四分钟，成了一个队员，而不只是一个辩手。

如果辩论本来只是这个小圈子里的人自娱的游戏，那参加节目走到台前，就是要向成千上万的陌生人表达自己。一个人的表达里有着许多的过去，可是大多数人不知道你是谁，不知道你是一个怎样的人，也不知道你一向是个怎样的人，甚至不知道你的整段发言，只看到了一个剪切后的片段。这种表达让原本遇不到的人，跨越时空，产生联系，与此同时，也遇到本来不必遇到的误解，以及许多莫名其妙的揣测。

而从小圈子走到大舞台，当然也意味着你说出口的每句话，都会被更多人评价和审视，于是又回到最初的起点，为自己寻找底气。记得在哈佛读书的时候，我在一段时间里有个室友是麻省理工学院的物理学博士，他的好多物理学博士朋友有一次在我们宿舍聚会。大家吃完饭就有人提议一起看一场我的辩论赛，那是一场关于AI（人工智能）的比赛，我一向自以为发挥得很不错。谁知看完之后，其中一个研究AI的博士便说："阿詹，你没有聊AI呀。"我气个半死，心想你说我聊AI聊得不对也就罢了，怎么说我没有聊AI？但是在专业人士面前，我也没什么勇气辩驳。

这件事在我心中是警钟长鸣，一场小圈子里的比赛，即便聊跑题，坏影响也有限，要是在节目上胡说就糟糕至极了。可辩论原本常常是要聊许多你不明白的领域的，所以后来在节目里聊"在全人类大脑安装一个芯片，一秒共享全世界知识，你是否支持"的时候，我忐忑不已，连夜联系那位物理学博士，以及专门研究知识论的博士朋友，搜遍了我的朋友圈，和大家开了好几天"圆桌会议"，至少要大家帮我确认，我说出口的话不是全然不着边际、贻笑大方的。

然而我还是被骂得挺惨。在舞台上，讲自己的故事是最安全的。虽然一定还有人以己度人，臆想出许多无聊心事，但能骂的角度毕竟有限，且暴露他自己的许多无知之处，我看到了不过在心里感觉好笑。可是聊任何别的领域，我的底气当然都是有限的。就像写这本书，因为是我自己的故事，毕竟有些底气，可在这个无限细分的世界，任何其他领域，自有真正的专家，从各人的专业角度，各给评断。

何况有许多问题原本是没有，或者说还没有标准答案的。别说"知识芯片该不该支持"没有答案，就连"知识"到底是什么意思也没有标准答案。所以有人批评我弄错了知识的定义，并给出解释，我觉得挺好，我自己也从中受益。辩论的意义不是给出答案，当时你确定无疑的答案，很多年后自己再看也可能啼笑皆非，一道道辩题都只是一个个问题的开始。如果一场辩论，能让大家讨论起"知识是什么"这样无穷无尽的有趣话题，那就是它的意义。

不过总有些人，不讨论问题本身，偏从一个论点、一个眼神解读你整个人，仿佛一个人身边的朋友都不了解的性格隐秘，都因为几十秒的对辩全暴露在他们眼前了。有人说，我没有说出"物理学大厦背后的两朵乌云"是知识分子的傲慢，也有人说这是小人心机，挑大家不知道的说。我只有苦笑，心想好不容易挑这个例子，正是因为想到更多人知道这个例子，说起来容易产生共鸣，想不到换来这样的误解。早知如此，我真要挑点你不知道的例子说，恐怕还是能做到的。

起初我很在意这些言论，就像初站在赛场上，几声遥远的轻笑也能刺痛人一样敏感，仿佛又回到那种辩论场上"这等事，我真不屑为之"的愤懑，想写一篇告别宣言，说，这件事自始至终都只是一份爱好，可以为它付出很多，但绝不会为它出卖什么。感觉还挺悲壮的。

当然最后没有这样做。我是老大不小才体验"红"了一把的感觉的，不会为了姿态冷酷而在所不惜了。我也不是一直自我感觉良好。初登舞台，最初的想法都因为不适合舞台被否定了，那时我是全无底气的状态，完全依赖别人的建议，硬撑起来的气场，黑长裙加博士人设，都是外强中干。不过后来，渐渐找回自己。我那时还想，如果播出了我打得不错的几集，大家还是这样骂我,可见我和观众无缘,从此便断了这个念头也好。后来,开始收到不少鼓励,我就想,大家是公正的,你表达的到底是不是自己,到底有没有底气,是能看出来的。

所以还是要表达。回过头来看,当初为什么在语文课上举起了手?一腔话好像不由自主地冲出口,是不服气,是打抱不平,是想要被听见的愿望。如今得到了这个机会,让那么多人听我说话,命运如此厚待,当竭力报之。

而且,我又总想起"武昌起义第一枪在武昌打响,是历史的必然还是偶然"那场比赛。可不是吗?我们这几个刚上大学,学经济、学数学、学IT(互联网技术)的小孩,哪里来的勇气,读了几页书,就敢回答这样的历史问题。后来看费尔南·布罗代尔说,偶然性与必然性,是历史的短时段与中时段,争来争去不过是看历史的不同视角而已,何况根本还没提到他最著名的长时段历史视角。回答辩题不是辩论的目的,我们自己从辩论中得到什么,才是辩论的目的。

我越长大,越觉得辩论改变了我,不只是因为我在那里认识了最好的朋友,改变了专业的选择,得到了半只脚踏进娱乐圈的机会,找到了生命中的月亮和六便士,更是因为辩论重塑了我的思维方式。渐渐地,读论文,如在看笔头的辩论;写论文,是用笔头和前辈与同辈辩论。当律师,不只是在法庭上跟人辩论,而是无时无刻不在辩论,看合同条款,商议合同细节,寻找和解方

不贵的诗和远方——旅途记忆

案，说服对方接受我的建议、我的方法、我的构想，无一不是评价损益、比较得失利弊的过程，无一不需要明确定义、厘清争议、设定标准，再做计较。先用辩证的思路自己想清楚，再用辩证的方法说服别人接受。

可是这一切辩论带来的改变，不是求仁得仁，是计划外的，是事后总结的。要算利弊，这个过程本身一定不怎么划算。这个过程是我们为自己不上场的比赛、队友熬更守夜，为一些后来忘了为什么重要的比赛，还有一些好似和自己全不相关的话题，满怀热血。

有一年我们去马来西亚比赛，被淘汰以后几个人一起去一座海岛，学着当地习俗，每个人读给自己当时的心上人带回去一个小瓶子，里面是那个岛的细沙、海水和空气。后来想想，每一个留在记忆中的辩题，都是这样一个小瓶子，它们是匆匆流逝的生活里，记录一段日子的刻痕和标记。

也许多年以后，再给我同一道辩题，我的立场、角度、论点都会改变，可我还是庆幸我曾勇敢地把当下真实的我表达出来。它们都成为回望中人生闪闪发亮的注脚，"却顾所来径"时，知道自己从哪里走来。

也许只要表达，就会被批评，就会被嘲笑，就会被指责，可是没有表达，就不会为了不被嘲笑而那么努力地表达，就不会有批评和批评带来的反省，就不会有沟通和沟通带来的启发。

这件事，仍然并不容易。我想，学习了许多年的辩论，用功于底气，收获过灵气，回到最初，那使人那么想要站起来，把自己可能很幼稚的想法说出口的，还是勇气。是说出口之后，你看到那些话从天空飘走，对你鼓励地微笑一下说："这个稍纵即逝的机会，你抓住了。"

问就在路上——那人那地

人对旅行的态度，可能会经过三个阶段。哈，偏不说"见山是山，见山不是山"这一句。

是从不为什么就是很想去旅行，到为了点什么而去旅行，又回到不为什么而去旅行。

最初，是从不为什么。一想到要出远门，我就提前好几天高兴得彻夜难眠；等真的出门了，仔细想想，也不觉得外面的世界就更美好一些，可还是会热切地盼着下一次。昆明举办世博会那年是我第一次出省旅游，英语老师我妈坐在身边，我在火车上还得一如往日地背单词；在世博园里为了抓住这难得的练习英语的机会，还会被我妈推着，忸怩着去找那些外国馆员问路。可能我小时候长得挺萌，或者因为缺牙自带喜感，一路上收到了那些老外的好多小礼物。那时候比较穷，住的是二十块一晚的纳西族民宿；弄错了火车票无处可去，只能去投奔厂里在昆明的办事处；因为弄丢了给外婆买的一枚小玉佩，下着雨整晚打着手电筒在丽江的石板路上找。这些记忆都不算美好，可整个旅途还是很令人高兴。外面的世界那么清奇地出现在眼前，一切小吃、路人、导游讲的不靠谱的小故事，都饶有趣味。最初的那些旅行，所有的细节都深入脑海，20 年以后还如在眼前和舌尖。

到后来，去的地方多了，各种风景，各种传说，各种设施和体验，常常似曾相识，觉得在哪里见过，但想不起是在哪里了。当然了，这种时候，还是有突然让人心头一震的旅途，那是一种再次印证自己渺小而世界有趣的喜悦，倒是小时候不曾体验过的。好比小时候读什么书都能废寝忘食，大了以后感觉需要一口气读下去的书越来越少，真的读到了，心里竟会有一阵感激。

再往后，去旅游就开始是为了点什么。为了在一圈孩子比拼"我去过北京""我去过上海"的时候不落下风；为了在语文课学到《苏州园林》时老师问谁去过的时候，高高地举手；为了有人说"一生不得不去的 100 个旅游胜地"，不至于自己一生也没能去过；为了在朋友圈的摄影大赛里，比出一些新意。有两年，大家在朋友圈里比填一幅中国旅行地图，我赶在 25 岁以前填满了那张图，去过了中国的每一个省、自治区、直辖市和港澳台。最后，贴出自己打败了 99.9% 的"驴友"的朋友圈，我感到了一阵无趣。

小的时候旅游，也做一些贴纸打卡、摆造型的事。比如一定要在阳关上和王维的塑像喝一杯酒；一定要加钱在阳关道上走一走以免将来过独木桥；一定要在早已变成了居民小区的金陵凤凰台上望一眼长江，说"果然浮云蔽日"；一定要在见到神女峰之前准备好一块手帕，见过之后赶紧"紧紧捂住自己的眼睛"。

但，那些时候的文艺和做作，至少是满怀真挚和热情的。那年在阳关烽火台前跟王维喝酒，只买到青岛啤酒，我摆了造型，我爸拍了照，我说："走吧。"我爸说："你酒没喝完呢！"我一呆，说："难不成要在这儿把这一瓶青岛啤酒喝光吗？"我爸认真地说："王维说的是'劝君更尽一杯酒'，你没尽呢。"我气道："他劝我而已，我非得听吗？"我爸说："王维的面子你都不给，你要怎样？"周围好些游客，笑嘻嘻地看我们爷儿俩辩论，看着我一口气对瓶吹，鼓起掌来。

等到打卡、集景点、暗暗比拼都成为往事，有些无趣，有些累，也不在意了，旅行突然恢复了它本来的面貌。我开始希望遇到，去迪士尼乐园，不用定下密集的时间表，不用指望赶上每一场表演、玩过所有热门项目的人。两个人坐在阴凉里，吹着风喝可乐，看造型奇怪的人们走来走去，小火车经过的时候挥挥手，也很满足。

有一年去婺源，我刚走进一个古村村口，喝到了味道清甜的桂花酒，就坐在那店外小溪旁，一连喝了好几碗，浑然不觉地就醺醺然走不了路了，在那里坐到了日暮。每次想起来心里都一阵美滋滋的，那酒真好喝。同一年我去了不远的西递村、宏村，也是漂亮的石刻砖房看得多了，再不想着排队拍照，转进背街没有人去的一栋老宅，遇到一位用毛笔抄着他们《胡氏家训》的爷爷，跟他聊了一下午，读他记下来的一家家的老对联，奶奶在旁边厨房里做饭，一阵阵柴火香。

　　有好多次，是因为走错了路，太累了，反而发现了旅行。有一年我独自在南京钟山风景区，想要从朱元璋的明孝陵走去中山陵，走着走着就迷了路，在两座陵中间，又累又怕，一直在想我有没有说过什么得罪朱元璋的话。后来听到喑哑的二胡声，循着走过去发现一个凉亭，一位爷爷在那里拉二胡。我实在累了，就默默走过去坐在了旁边，那爷爷一愣，停下来望着我，我就说："对不起，没想打扰您，太累了。"那爷爷一笑，问我想听什么曲，我知道名字的二胡曲也有限，点了《梅花三弄》。那爷爷瞧出我不懂，一边解释一边演奏，竟然讲了一下午二胡，歇下来的时候又给我讲他早年学艺的往事，后来怎么因为"文革"中断，现在，功夫搁下了，无欲无求了，只每天自得其乐。那爷爷后来看天晚了，一直送我到了中山陵，其实明孝陵是什么模样，我已渐渐地不记得，爷爷的模样倒还记得。

　　那天因为去得太晚，我成了工作人员清理景区的时候才被"清理"出中山陵的最后的游客。在马路边等了好久，我才打到一辆出租车，结果车驶出景区看见一条岔路，我随口问那旁边是什么，司机说是廖仲恺、何香凝的墓。我忙叫司机停车，说路经烈士陵墓，不能不去致哀。那司机莫名其妙地看着我，我也不做理会。后来聊起了天，我说自己是一个人来南京，也常常一个人四处旅行，因为很少有人愿意热情地满足我这些奇怪的需求。司机说他没见过我这么"有意思"的人，他作为南京司机不能让我失望，开着车带我看了古城墙和长江，还不肯收钱。

这些人于我都是极大的鼓励，证明的是，随心所欲，总会遇到惊喜。从以前坐着老爸的车一家人自驾游，到后来自己开车带着朋友自驾游，有许多次，走到半路，决定停下来，放弃最初的目的地。

比如全家原计划过年去玉溪泡温泉，过云南收费站时，被发了一张传单，写着"西双版纳，26℃的冬天"，我们当即穿着羽绒服去了，每人换了一套傣族花衣。又一次跟我爸去乌鲁木齐，在机场等行李时又被发了一张喀纳斯景区的传单，我睁大眼睛望着我爸说："想去。"虽然发现机场尚未建好，但我们还是认真制订了一个三十六小时往返喀纳斯、在火车上睡觉的计划，一边玩一边鼓励自己，值得啊，值得。比传单来得更快的，还有一次去桂林的路上看见了龙胜梯田的广告牌，我问着路就去了，我朋友从贵州的山路上一路晕车昏睡，醒过来问："桂林到了吗？"我说："咱们不去桂林了。"她静静地又闭上了眼睛。早年还没有高铁，是坐着卧铺旅行的年代，我还特别喜欢听火车上的广播，从北京回贵阳的路上，广播介绍起下一站韶山，我望了我妈一眼，两人心灵相通，说："下车。"

这些半路上做的决定，事后都被证明不错，但那已经不重要了，重要的是做决定的那一刻，那种随心而去的感觉。我从这些旅途中，总结出一个做选择的方法，即不要想哪个选择更诱人，只问自己此刻放下了是否会难过。

还有一次我们开着车去稻城，一路上看到好些人出现了高原反应，而我们不喘不晕，还略得意着下车帮忙，后来，我们家的车出现"高原反应"，不肯走了。我和妈妈从康定飞回了重庆，在那里等我爸修好了车开回来。我们俩一边吃着火锅一边叹气，我突然想到，为什么不从康定飞去稻城呢？在接受命运回家的难过和抛下我爸又飞回康定然后飞回稻城的折腾与无情中间，我们觉得还是第一种难过更难忍受一些，于是买了机票，在稻城打电话给我爸，要他自己好好回家。

后来挑选的，也不再是那些最有名、最"不得不去"、最容易发朋友圈配很有格调的解说词的目的地，而是会直接幻想体验。苏格兰的高地荒野，冰岛火山埋在冰山底下的小村，音乐轰隆的城边沙滩或是整天只有海浪低回的小岛沙滩，能够为之打动的东西，只剩下体验。所以尼泊尔戳中我的广告词，不再是"佛教文化胜地""世界文化遗产""佛祖的故乡"，而是"可以发呆的杜巴广场"和"去费瓦湖上发呆"。真的去了，也真的只想发发呆。但偶然地，还有回忆更深刻的部分，是在寒风中看了喜马拉雅山上的日出，然后下山走了两小时，又坐了每小时十公里的老吉普车，去有机农场摘了两个茄子做晚饭。以及在博卡拉真的没去坐滑翔伞，因为一出门，就有个尼泊尔小哥，划着船到我们面前，要带我们去湖上看山。我脑子里有什么东西一闪——泰戈尔的《渡口》（"我坐在路边，望着你荡着小舟，横过幽暗的水面，斜阳闪耀在你的风帆上；我看见舵旁伫立着你静默无声的身影，突然间，我看见你那双凝视着我的眼睛；我不再歌唱，我大声呼唤你，渡我过河"），便答应了。那天后来狂风暴雨，我们爬到了山上的草棚子咖啡店，雨后他从树林里摘了朵小花送我，我们吃了紫色的果子，伸出舌头，吓坏了与我结伴旅行的高中历史老师。

　　终于我们明白，我们不是为了那些风景去旅游的，那些风景，是为我们的人生体验增添颜色的。

　　我有一阵子是个很爱折腾的人，总抱怨大家太不愿意"玩"。没有人愿意在兰亭加入"曲水流觞"，或是在三味书屋一本正经地假装上一节四书五经的课，我在庐山含鄱口才朗诵了一句"登高壮观天地间"，就把好些人吓跑了，更不用说当着北京地坛里晨练的大爷、大妈的面，朗诵《我与地坛》。只有在伦敦的马克思墓前读《共产党宣言》的时候，四野静寂无人，斜阳相伴。又有一阵子，不为什么，但我特别有考据癖，去洛阳之前先在图书馆查了好几天资料，去了之后又问了好几十个路人，想知道"金谷俊游，铜驼巷陌"有什么遗存，可惜无人理睬；打车在北邙山上硬要找北魏孝文帝那一个土包的时候，司机倒很热情。

到后来，我不再做攻略，只偶遇，不强求了，自己也满足于到目的地后，整天躺着，就觉得大家不过各取所需。只住得起青年旅社的时候，难免幻想豪华私人定制的快乐，等攒攒钱也住得起温泉酒店了，又回想起背包客们互相买酒的开心。人间事，太难两全了。

到最后，我去过的地方多了，每次旅行中找到的相似，渐渐多于不同。被大足石刻震撼过，后来又去了龙门石窟和云冈石窟，见到莫高窟的时候，味道似乎就淡了。但一回首红色山岩上的斜阳，真仿佛有佛光。有的地方，在明信片上见得多了，真的走到眼前，难免觉得不过如此，比如悉尼歌剧院和罗马斗兽场。有的地方，却要亲眼见了，才发现世间有如此的美好，比如凑近去看佛罗伦萨的圣母百花教堂，才知道那些花纹是不同颜色大理石的拼接，觉得自己以前以为它是涂的红配绿，简直是傻得可以；又或者只是黄昏时在佛罗伦萨街头走走，远远地传来街头弦乐四重奏，一时所有人寂寂无声，悠然沉浸。每一次，觉得自己看得很多了，不过如此了，大自然就会重新震撼你，街角转出来的小楼、山野里转过山一刹那的光影也会重新震撼你，"啪"当头一棒，知道自己看过的还那么有限。从罗马斗兽场失望地出来，在罗马古城街头闲逛，看街头艺术家在地上作画，直到整个灰白的古城，好像突然跌入一片粉红色的夕阳之中，一切残破，都被这种温暖笼罩着，像一种无法触及的历史深处的浪漫。后来读《你当像鸟飞往你的山》，作者第一次到罗马古城，天近黄昏，她写到"那不是钢、玻璃和混凝土构成的现代城市的颜色，而是夕阳的颜色，看上去如此不真实"。一种多么美好的邂逅，和一座老去的城市托住夕阳的颜色，和一个被同一种邂逅震撼过的人。

也许没有什么风景是只属于谁的，好的照片，早由别人拍过了，但某些光影是，路途上的囧事是，那些萍水相逢又匆匆道别的人也是。

像我这样自诩自由派的人，一向旗帜鲜明地反对刻板印象和贴标签，可又不得不承认，国民性格，真是既鲜明又有趣。以下，做一个总结和怀念吧。

跟团去朝鲜旅行，做导游的朝鲜小姐姐，普通话其实说得并不标准，但说时昂首挺胸，自有一种字正腔圆的风范。朝鲜人对中国游客颇为友好，一路火车开过，路边的大人、小孩，都和我们挥手。可惜我们不被允许和他们有更多交流。唯一可以每天对话的，就只有导游小姐姐。她很漂亮，关键是整个人挺拔而充满能量。我们在朝鲜旅游的时间表设计得很奇怪，明明每天下午四点就结束行程，偏要清早六点起床。有一天，听说又要早上六点半出发，我不免垂头丧气，小姐姐猛地一拍我的背说："金（青）君（云），你还年轻呢！"

对游客这么严格的，在我去过的地方里，就只有日本了。轻井泽地区的一位奶奶，八十几岁了，还在经营自己的家庭旅馆，每天早起给住客们做早饭（这样三四世同堂、人人干活的家族老店，原本也是日本特色）。奶奶看我起得晚，又吃得少，总喜欢唠唠叨叨地教育我，我们同去的一个胖胖的朋友，吃得最多，奶奶就最喜欢。等到我们要走了，跟她作别聊天，问她这么大年纪怎么还这么精神，有什么长寿的秘诀，奶奶直视着我，严肃地说："我起得早，吃饭多。"

我更喜欢的是俄罗斯人，白天喝酒之前就相当友好爱笑，傍晚喝酒之后简直亲如一家。我和朋友坐火车从满洲里去圣彼得堡，几千公里的路途上，几乎没有哪个俄罗斯男人不是揣着一两个伏特加酒瓶上火车的，当然旁边的大妈也时不时接过酒瓶来一口。八月的贝加尔湖边，寒风刺骨，我们也学会了睡前来点伏特加取暖，很快和他们打成一片。

从赤塔去叶卡捷琳堡的寒冷旅途中，在火车上只能用冷水淋浴，我和朋友发现，平时以为自己一天不洗澡都受不了，其实这完全是因为生活待我们太好产生的错觉。一个金发小哥，整日去冲凉，光着膀子在过道里走来走去，我们都敬他是条汉子。本来一句俄语也不会的朋友，考虑到一路上没发现几个俄罗斯人会英语，决心恶补一些俄语前去搭讪，结果三十几个小时学了四句。四句话里的所有单词她都记住了，但搭配总是错乱。眼看火车又跑了一天一夜，小哥说不定什么时候就下车了，她决定说上两句。结果发现这小哥会说英语。

可惜，又发现，这小哥原来是个才十五岁的小兄弟，比我们小了十岁，长得"自来旧"。我朋友感到又尴尬又好笑，换上了轻松自如的纯真心情，和他们一起打多米诺牌，然后又认识了带小兄弟出门旅行的舅舅。我们正好一起在叶卡捷琳堡下了车。他们好像是近郊的农民，还要坐长途巴士才能到家，可听说我们只在这儿玩一个白天，坚持留下来给我们做导游。

那是我头一次体会到战斗民族的"战斗性"。一天之中在城市里折返穿梭，舅舅从来没有考虑过坐车这个选项，全都是用走。先走到城北边去看马戏，结果马戏团没开门；马不停蹄走去城中心看了个一无所有、完全无法停留的广场；然后穿城而过，到不知道哪一边去吃这舅舅眼中世间最美味的食物。结果端上来一看，是芝士拌饺子！还好，吃饺子也配酒。

最"累"出望外的，是舅舅热情洋溢地带着我们走路去参观了他的母校——乌拉尔国立林业技术大学（小时候，爸妈为了鼓励我好好学习，带我参观了北大、清华，但我实在没想过有一天会参观乌拉尔国立林业技术大学）。我对乌拉尔国立林业技术大学的印象并不好：第一，远；第二，大。我是真的气虚，不是矫情。后来舅舅终于如愿带我们去了他以前常去的咖啡馆，见了当年冲咖啡的老大爷，好几次大家说走，我都说："再喝一杯。"

由于坐了太久，后来去看尼古拉二世被革命者处死的教堂时，大家都是跑步去的。

那天傍晚，他们跑着，扛着我们和他们的包，把我们送上了去往下一程的火车，一直站在站台上挥手，直到火车开动。我心里涌起一股别离的悲伤，却连挥手的力气也没有了。

那趟火车上也有不喝酒的，是两位胖胖的、可爱的俄罗斯爷爷与奶奶。那天我们到了火车站，两个人只剩下一百卢布，买了一个肉饼，一人一半，吃完更饿了，凄凄惨惨戚戚。火车站有五个取款机，我们加起来有五张卡，偏偏一个能取的都没有。那时我们马上要坐五十几小时的火车，眼看会在旅途中活活饿死，差点典当了我的笔记本电脑。

不过，上车以后，我们很快发现自己多虑了。一个车厢四个人，我和朋友买了便宜的两个上铺。下铺是一对老夫妻，这爷爷、奶奶都很胖，特别是那奶奶，一个卧铺睡不下她，她得侧着身把胳膊搁在货架子上。

我们很快就发现了没有无缘无故的胖。爷爷、奶奶卧铺底下有三个大包，分别装满了红肠、芝士和大列巴。虽然品种非常单一，但每顿饭他们都会认真地摆一大桌，吃一大堆。而且，只要自己吃饭，他们一定会给我们俩也准备两份，并且要看着我们吃完才作罢。于是我们不仅没有饿死，那几天反而成为我人生里吃得最饱的几天。

每天天刚亮，爷爷、奶奶就摆好了早餐，然后那爷爷就会"当当当"地敲我们的头，叫我们起来吃饭（真的，从小到大，我在家里也是"小公举"，我亲爷爷都没有这样敲过我）。我一开始就想跟他说可不可以把我的早餐换成夜宵，由于没有学俄语，而且双方的英语水平都有限，只好作罢。

西伯利亚铁路上最美的景色是每天的日落时分，粉红色的晚霞映着林间草地上粉红的小花，天地间好似只有火车这个人造物，在大自然里孤独着。文青如我，难免会想起屠格涅夫。每到这时候，我和我朋友就会相看两生厌，怨自己为什么是和对方，而不是和自己的意中人来此处。而这爷爷、奶奶，一把年纪，头发全白了，每天这时候，偏要手拉手在窗前看落日。而且他们往那一站，别人也就看不到别的什么了。他们时不时还转过头给彼此一个吻，我和我朋友只好在他们背后悄悄翻白眼、扮鬼脸。

那时候我的"文艺青年病"相当厉害，背了画册和一大包彩色铅笔去写生。由于火车一直开得很快，难免画出了一些印象派的效果。这天刚开始画，被那爷爷看到了。他不仅毫不掩饰地用眼神表达了嫌弃，还直接拿过了我的本子和笔，在上面哗哗哗地画起来。我睁大眼睛凝望着那奶奶，意思是您不主持下公道吗？结果见那奶奶一脸怜爱地看着那爷爷，抬头用语法完全错误的英语对我说："他一直很会画。"心灵受到重创的我，从此把纸笔全权委托给了那爷爷，自己也到隔壁打多米诺牌去了。

乘坐火车这种很慢的旅行方式，似乎总能带人遇到一些好像从旧时光里走出来的人。我小时候很喜欢坐卧铺，不太快，整天坐在窗前的小椅子上，听火车广播，有时候播相声，有时候播人文历史、民俗风光的介绍，我总是听得饶有兴致，一回家问我妈知不知道我们这一路走了些什么地方，她一脸发蒙，我就笑吟吟地把火车上听来的故事拿出来显摆。

有时候我爸和我一起看风景。我爸是个理科男，路经的工厂他都能大概说出来是生产什么的，几个明显的装置是用在什么步骤的。我虽然化学全然没有入门，但从小好奇心甚重，最喜欢问为什么。读法学院第一年回家，我和我爸去喀纳斯景区，当时还没有通高铁、飞机，我们坐着火车硬卧去了。

在那之前，我已经很多年没有和我爸一起坐火车旅游过了。从乌鲁木齐去北屯，北屯是能源丰厚之地，正多化工厂，我和我爸照例问答起来。我们邻座的两位阿姨也感兴趣地凑过来听，我们聊起天，交换彼此的故事。一位阿姨是上海知青，多年以前来到"天荒地老"的北屯，后来回上海，结婚生子，儿女都在城里扎根，可她总是很怀念这个叫北屯的远方小城。有一年，她决定回来看看，一回来，就不想走了，置地、盖房，一个人把日子过起来，逢年过节，回去看看儿女，倒像她才是那远方游子。另一位阿姨，则不过来了一两年，她本是中原地区的农民，跟着投资的人来新疆种水稻。我们都惊了，这个地方，多风沙、严寒、干旱、大风，自然条件对种植水稻来说简直不能更严苛。我们还以为他们在恶劣条件下，开发出什么"与天斗其乐无穷"的新品种，结果只是他们自己"与天斗其乐无穷"，屡败屡战，说到后来，她自己也笑了。我觉得这地方真是有趣，聚集着一群不服从命运安排的人。

倒是在美国坐火车的时候，我遇到过两位足不出得克萨斯州、在自己的小世界里安然生活的奶奶。美国的火车，慢、贵、晃、晚点、线路少，除了我这样莫名其妙的游客，以及奶奶们这样慢悠悠、有钱有闲的人，真不知道谁会选择这种交通方式。我从南边的达拉斯，毫无目的地坐着，一直去到北边的芝加哥，就是为了看看地理书上写过的，被两岸的大山脉夹住，南风和北风自由来去、呼啸而过的大平原。

结果火车从达拉斯出发时已经晚了一小时，站台上寥寥数人，都好似习惯了，聊着天等。这两位奶奶是母女俩，一个七十岁，一个九十岁了。她俩第一次出远门，是为了去参加其中一个人的孙子，也就是另一个人的重孙子的大学毕业典礼。二人扛着大包小包，不知道里面是不是家乡特产，颤颤巍巍的。我和朋友就帮着她们把东西搬上了火车，两位奶奶都很高兴，说一出门，就遇到了这么好的人。七十岁的奶奶拿出了一部很旧的手机，九十岁的奶奶则拿出了她的小笔记本，坚持要我们把名字写上去，好让她能一直记得。那时候，我还使用着自己给自己起的那个很傻的英文名字，但想到这是"好人好事笔记本"，就写了中文名上去，希望奶奶将来翻到会想起，她曾遇到两个可爱的中国小孩，一时脸都红了。

得克萨斯，或者美国南方，是很有趣的地方。他们支持特朗普和他的墙，却又对陌生人热情、善良。听说得州人脾气很是暴躁，我在得州读书的朋友，到波士顿，看我在城里开车，变道加塞，紧张得不行，说这要是在得州，后面那车的大哥说不定就掏枪了，以至于我到了得州，紧张得几乎忘了怎么开车，只差停在路边哭了。可是不开车是不行的，比美国火车更难指望的是美国公交，我和我朋友在烈日下等了一小时，依然全无号称每十五分钟一班的公交的踪影。我只好学了电影里，在路边竖大拇指。结果，真的有车停下来，问明原因，司机绕路带我们去了火车站，听说我们在达拉斯混了一天还是对这座城市一无所知，又帮我们算着时间，带我们去逛了肯尼迪遇刺的广场。在火车站道别的时候，他跟我们握手，很认真地说："到了纽约，可千万不要像这样搭便车了，那里的人都是坏人。"

类似的话，在美国中西部，雪山脚下，小镇上的人也是这么跟我说的。我第一次去美国做交换生那年，一个高中好友来参加美国的"Work and Study"（工作和学习）计划，在黄石国家公园里打工，又挣钱，又看风景。她打电话约我去玩，我一高兴就买了"红眼航班"，飞到她说的一个叫博兹曼的小镇。一觉醒来，发现窗外已经是连绵的落基山脉了。我陶醉了一阵子，突然想起，在这样荒凉的地方，我一个人要怎么去黄石国家公园呢？问了问旁边的小哥，叫Tim（蒂姆），他正是本地人，笑说，别担心，开车两小时就到了。我说我没有车，他就说机场唯一的商店就是租车行。我说，我没有驾照。他看着我，"莫名"了三秒，礼貌地说那咱们再去问问。到了博兹曼，他先帮我打电话给黄石国家公园，对方说，本季节没有景区大巴，而当地人，似乎都没有听说过旅馆这个东西。我朋友人在黄石国家公园，手机整日没有信号。我向蒂姆道谢，不能走，又不能住，趁着天没有黑，我准备飞回加利福尼亚州了。

他一脸遗憾，叫我别冲动，然后他自己一冲动，说："我明天放假，我带你去吧。"我虽然胆大，但也不敢这样搭车，直到他妈妈开车来接他，又一个美国老太太，我还比较放心。最后告别的时候，蒂姆妈妈问："你一个人到处跑，你妈妈不担心吗？"我说："她相信好人多吧。"蒂姆妈妈说："我们这里是好人多，等你回了加利福尼亚州，可千万别这样了，到处都是坏人。"

博兹曼的确是个好人多的地方，群山环绕的草原，寥寥几栋小房子，真正实现了夜不闭户、车不锁门。开车出小镇，就有雪山融化的一条大河，放上气垫床，可以半睡半醒地顺流而下。这里的人都有枪，一年有两个月的打猎季，上山打鹿，偶尔能遇到熊。蒂姆一家说："太遗憾了，你错过了跟我们去打猎的季节。"

我心想，要是遇到熊了，那才是遗憾呢。

于是，不着急去黄石国家公园了，我在博兹曼住了两天，有种入山修道的感觉。两天以后，我才联系上我那个靠不住的朋友，她以为我已经变成野人了。我朋友带着我们住了黄石国家公园里的员工宿舍，我和蒂姆眼看不花钱，又在黄石国家公园玩了好几天。

蒂姆是个帅气的卡车司机，唯一的问题是话太多了。去黄石国家公园的路上，我忍不住说："你知道我们中国有一位哲学家，叫孔子吗？"他赶忙说："Confucius！我知道啊！"我说："Confucius说过，一个人，应当多做事，少说话。"蒂姆点头说："我们美国人就是话太多，Confucius真是一个有智慧的人……"

他收敛了一阵子，进公园买票的时候，又跟那售票小姐姐叨叨起来，说："我来过好几次啦，但这次是陪我的中国朋友来（然后介绍我），她有个朋友，在里面工作呢！"结果那小姐姐赶忙说："来公园看朋友，不用买票！"然后把钱退给了我们。车开出去一阵子，蒂姆忍不住笑说："多说话，有时候还是有好处的吧！"

比美国人话更多的是东南亚、南亚各国的小哥。我在东南亚做背包客，经常包一辆当地小哥的三轮摩托玩一天，其他开出租、骑摩托、骑突突车的，都能胜任半个导游。其中对中国人最友好的，大概是巴基斯坦人。有次在迪拜打车，司机看我们是从中国来的，上来就说："Your country, my country, best friend！"（你的国家，我的国家，最好的朋友！）我心想，什么 best friend？肯定是"巴铁"，试探道："Pakistan？"（巴基斯坦）他很高兴，说："那当然了！"接着就开始"满嘴跑火车"了，说他家楼下开了家中餐馆，非常好吃，可惜有的东西必须站着吃。我心想，那又是什么，非得站着吃？灵光一闪："面条！"他更高兴了，还以为自己说得很靠谱，"可不是嘛！"他说，"面条是没有尽头的。"

兼任导游的东南亚小哥，比美国人更加自来熟。去的地方比较远的话，他们也就乐得歇息半天，自己到处逛逛，再把我们载回来；有的人不请自来，自然而然地跟我们组团旅游。前阵子我和阿庞傍晚去曼谷近郊的河上看萤火虫，司机小哥毫不犹豫地搭上了我们包的艇。我们的小快艇在黑暗的河上行驶，他开始给他女朋友开视频直播，两个人叽叽喳喳，开心得很。一个非常文艺的夜寻萤火项目，全然是很接地气的快乐。

日常生活里的南亚小哥，也能胜任客串导游。我和我老师在蓝毗尼的热带丛林里逛庙，因为是佛教发源地，世界各个佛教文化国家都去那里建起一座有民族特色的寺庙。我们逛到韩国的寺庙，太累了，在空旷无人的殿里睡着了。过了一阵子，突然到了某个法会时间，来了一个旅游团。我立刻想到，这里的交通工具极为有限，待会儿大家一起出门，一下子把车抢完的话，我们要走回大路上，可就太难了。来不及跟我老师细说，我已经冲了出去，眼见门口停了两辆摩托，赶紧先爬上一辆。过了好一阵子，我老师才慢吞吞地出来，果然周围的摩托、突突车、篷篷车，都被抢没了。我正为自己常年在东南亚、南亚旅游积累的经验自得不已，两辆摩托的司机出来了，结果他们只是附近的村民，是骑着摩托过来参拜的。看我一脸失望、尴尬，小哥立刻说："你们要去哪儿？"

两个小哥骑着摩托，先把我们载到了村口他表哥开的小卖部问路，他表嫂给我们倒水，快活地问我们从哪里来。我们当然照顾生意，买了好些吃的喝的，一会儿说要走了，换了他表哥，骑着摩托，把我们送到了大路旁的长途车站。

飞去尼泊尔的第一天，才从加德满都的机场出来，我们就被当地人抢钱了。我对这个国家原本是处处戒备，充满恐惧，可后来，就遇到了在费瓦湖上撑船的小哥、丛林里的摩托小哥，还有在巴德岗的庙前，一个劲拉着我，夸我白的大妈。第一印象是真实的，当然也是片面的，了解一个国家的许多侧面，实在并不容易。

类似的经历和困惑在其他地方也有过。

比东南亚、南亚小哥更爱多管闲事的，是墨西哥小哥。提起要去墨西哥玩，我在美国的房东很紧张。房东姐姐是香港人，把我当小朋友一样照顾，经常给我和室友做饭，开车带我们出去玩，就是人比较一板一眼，连去拉斯维加斯玩，都是有时间表的。我那时没有满二十一岁，她怎么也不许我喝酒，我说我是苗族人，五岁就喝白酒了，她两手一摊，生气了。

因为她总给我发墨西哥的凶杀案、毒品犯罪的报道，以及美国政府发出的旅游警告，弄得我很紧张，连机票也买错了，到了以后，发现此处距离我们真正想去的玛雅金字塔，还要再飞好几小时。可是在墨西哥城老城，看见五步有一个警察，街上处处有音乐，以及喝酒以后当街起舞的人群，我们很快放松下来。墨西哥城的青年旅舍里，多是没满二十一岁，在美国没法合法喝酒，来这边喝个痛快的年轻人。我们很快又结识了几名中国留学生，蹦迪过后一"蹦"如故，各自放弃了计划中遥远的目的地，在墨西哥城附近几个彩色小镇开始享受生活了。

墨西哥这个国家，治安不太好应该是真实的。我们自然没有往黑帮和毒品战争的汪洋大海里去，但我们去度假的小镇之一，在我们回来一个月后就发生了绑架杀头案。那自然又是我的房东姐姐，看我玩得很高兴地回来，发给我，警告我别再去的。我和我朋友第一天在墨西哥城瞎逛，有辆警车跟上我们，缓缓与我们并行，不停地朝我们喊话。我们吓坏了，因为关于墨西哥的可怕传言之一，正是警察和黑帮勾结。过了一阵子，两名警察看我们怎么也不听，反而加快车速，我们只好停下车来，他们跟我们一通比画，最后两个人表演一个人逛着街，另一个人冲出来抢劫，不停地叫我们别再向前走，我们终于懂了他们是一片好心。回来以后一查攻略，发现我们差点走去的街区是墨西哥城著名的抢劫地段，不免后怕，出了一身冷汗。想来，这些攻略，我的房东姐姐一定早就发给了我。我另几个同在美国做交换生的朋友，则怀疑自己遇到了这个国家海关的系统性诈骗。具体方法是，他们为了省钱，从加利福尼亚州南部坐车或徒步入境墨西哥，搭墨西哥国内航班去墨西哥城。一路上畅通无阻，没人检查护照，也没人盖章。等到从墨西哥城飞回美国的时候，机场海关指着他们空空的护照说，他们是偷渡的，属于非法入境，罚款两百美元。如果不服，海关人员就会淡淡地说，监狱就在机场旁边。

可是另外，墨西哥人又实在是极友好、极热情、极欢快的，并且因为语言不通，还没有话痨的问题。以致我刚从墨西哥旅行回到美国的那几天，整个人都抑郁了，开始思索人生的意义，思索什么才是生命里重要的东西。

墨西哥人随处放音乐，随处起舞，随处开玩笑，是把生活过出了意思的人。一天傍晚，我们在墨西哥小镇的一个露天酒吧喝酒，玩起了大冒险。第一盘我就输了，酒吧在一个小公园里，除了喝酒、吃饭的客人，还有许多在公园草地上和树下乘凉的人，一支乐队在唱着有淡淡忧愁的歌。我朋友给我设计的冒险是去抢乐队主唱的麦，然后唱首歌。愿赌服输，我就去了，认真地给主唱解释了好几遍，但他听不懂英语。我暗暗心里高兴地回来，说没办法，总不能真抢。结果，坐我们隔壁桌的小哥迫不及待地告诉我们，他会说英语，想要帮忙。明白我们想干吗之后，他很高兴地去给乐队主唱解释了一番，整个乐队也很有兴趣，一起弯腰请我登场，还问我要不要伴奏。小哥意犹未尽，自己抢了麦，对着餐厅和公园里的人介绍说，一位来自中国的朋友，要为大家唱首歌。一时间连窸窸窣窣的聊天都中断，大伙儿都笑吟吟地看着我。本人唱歌一向是不大在调上的，但能控制自己的时候，还不至于跑得太厉害，这时突然间站在了舞台中央，一紧张，大脑一片空白，我跟着感觉，唱了一首《月亮代表我的心》，达到了我旅途中尴尬值的巅峰。

  唱完回来，朋友们已经笑倒，小哥非常高兴，跑来跟我击掌，连说："这是我第一次听中国歌！"朋友们赶紧说："这不是中国歌，中国歌并不是这样唱的！"接下来报应不爽，那个提议我去抢麦的朋友输了，我嘿嘿一笑，提议她去做服务生，挨桌收拾盘子。酒吧里的墨西哥人似乎看出来我们在玩某种游戏，不仅已经吃完的赶紧把盘子递给她，那些正在吃的，飞快连吃几口，也把盘子给她了。酒吧里的两个服务生小哥，笑嘻嘻地看着，抱着手倚在门上，看我朋友端着盘子过来，也不伸手接，笑着给她指路，送到后厨去。过了好一阵子，我朋友终于把盘子全收完了，比画着想找他们要张纸擦手，小哥们愣了一会儿，其中一个灵光一闪，进去拿了抹布给她，拍拍她肩膀说："Go ahead！"（继续啊！）我朋友一呆，又老老实实地把餐桌全擦了一遍。

  唉，面条是没有尽头的，回忆里有趣的人也是。好吧，以上故事，虽然已处处尴尬，但也是经过了一些筛选的美好回忆，像我这样易冲动、不靠谱的双子座，一路上真是靠好人和缘分才平安走到今日的。将来有缘，再写写我那些被骗的故事，以为后来者鉴吧。

小时候，觉得世界很大，我想去看看，看看本身，就很令我满足。什么都是新鲜的，什么都是快活的，什么都是开眼界的。高中的时候我去澳大利亚参加一个英语夏令营，回来以后老师要我给全班同学谈谈澳大利亚是什么样子。我忍不住说，其实跟贵阳，也差不多，大家哈哈哈笑着鼓起掌来。那真是我人生中关键的转折时刻，已经过了那最初什么都想去看看的年纪，被环境一鼓励，自我一感动，就会忍不住对自己说，外面的世界，也不过如此，没什么可看的。

还好，后来，还是抵不住心底的好奇，我又到处去看了看。

对世界已经看了几眼，在一知半解的年纪，是最容易半瓶晃荡、坐井观天的。就好像去一个地方生活，最初的新鲜劲过去了，处处都透着不适应，处处都是毛病，处处都让人想家，那是人最容易放弃去接受一个新环境的时刻。等那一阵子忍过去了，发现这里也有点什么之前没体验过的优点，开始能欣赏每个地方的不一样，渐渐习惯了，再回家，发现家也不是完美的，各有各的好处。多看看，跟人认识了，跟生活方式认识了，跟不同的文化认识了，还是不可能每个地方都喜欢，但能承认每个地方都有它的活法。

我身边的人总觉得我不像女孩子，很多时候只是因为，我

不贵的诗和远方——旅途记忆

是一个没有什么消费欲的人。我挣来的奖学金、稿费、兼职补贴、股市好的时候赚的钱，除了用来买好看的茶壶和酒杯，都是为了支持自己四处旅行。一年年过去，要出远门的时候，我没有那么兴奋，也没有那么不安，越来越觉得这是平常事了。可是，每次想到，我还能期待十几个小时的飞机旅程、几十个小时的火车旅程，期待一个陌生地方，有的是没信号的山里，有的是语言不通的异域，陌生的食物和街巷，陌生的人和生活，还让我好奇跟向往，就感到一阵开心，仿佛这是我还没有长大、还没有变老的证据。

世界没有我最初想象的那么精彩，世界也不是我一度以为的那样无聊。

世界很大，以为自己去过很多地方了，一停下来，又觉得能去的地方真少，能懂的地方更少。世界太大了。我还想到处看看。

附四 辩论：旅行的意义是否被高估了？

庞颖：正方　詹青云：反方

詹：什么叫旅行的意义被高估了？旅行的意义被谁高估了呢？

庞：自然是被你们这些高估了旅行的意义的人高估了。

詹：不对，我觉得旅行的意义是被你们这些误以为旅行的意义被高估了的人高估了，是你们误以为我们高估了旅行的意义，才会说旅行的意义被高估了。

庞：不管是被谁吧，总的来说，你已经承认旅行的意义被高估了。

詹：嗯？不对，这是用误解论证误解，是语言的圈套。

庞：不要让别人看了以上对话误认为辩论就是语言的圈套，是绕口令能力的比拼。我们来聊一聊旅行的意义。

詹：明明是你……

庞：有一句你们文艺青年喜欢的话，说"身体和心灵，总有一个要在路上"。用阅读类比旅行，"在路上"的意义就已经超出了空间上的移动，仿佛旅行就可以丰富人的生活，就好像阅读可以丰富人的头脑。反过来，我们这些典型游客也有一句话，说"景点拍照，上车睡觉，下车尿尿"，很多人真实的旅游还真就是仪式性的、空间上的移动而已，并没有真正地了解和参与当地生活，除了丰富朋友圈和相册，生活并没有被丰富。

詹：有的人没有充分地实现旅行的意义，不代表旅行的意义是被高估的，就像不是所有阅读都能让心灵在路上，不代表阅读的意义被高估了。比如说你从开始读《红楼梦》，到现在也只读到第十回，每次平均读三页就会入睡，此时阅读也就只有催眠的意义。但你不能据此说，读《红楼梦》让心灵在路上是对阅读意义的高估。

庞：首先，我是《红楼梦》读者中的奇葩，但"景点拍照，上车睡觉，下车尿尿"却是以玩笑的口吻，对现象的总结，你不能用一个夸张的个例反驳一种常态。其次，虽然《红楼梦》确实没有带我上路，是我和它缘分未到，但还是有一些书带我的心灵上路了。我仍然相信阅读就是丰富思想的方法，因为它能给我的确实是我自己在生活里寻找，却找不到的东西。旅行就不同了，真正决定一个人是否有丰富生命体验的，不是物理意义上的移动，而是你是否是一个开放的人，愿意平等地了解和理解不同的文化、习俗、信仰、偏好。还有一句话说，旅行就是从你待腻了的地方，去别人待腻了的地方，在路上的人不一定真在路上，如果只是换个地方过疲惫无趣的生活，腻在哪儿都一样。

詹：又开始说俗语和绕口令比赛了，我帮你想了一句优美、有气势的话，"坐地日行八万里，巡天遥看一千河"。

庞：谢谢。这就是为了秀文采不顾立场。

詹：因为俗语或诗词或绕口令说得再多也没有用，在路上就是在路上，《红楼梦》里有一些东西是自己在生活里找不到的，在路上也会以其他方式让你发现它的存在。收获阅读的意义既靠书也靠人，旅行也一样。林妹妹在书中，林妹妹也在远方，阅读和旅行都会让你认识一些平常生活中遇不到的人和事。你是不是历时两年终于读完了《乔达摩·悉达多》？我方建议你去佛祖故乡蓝毗尼看一看呢，配合食用，效果更佳。

庞：我方说的是旅行的意义被高估了，不是说旅行没有意义。坦然承认旅行可以锦上添花，不过如此而已。欸，有没有什么例子，比如有的人一辈子没有远行过，但心灵世界非常广阔的？

詹：康德。康德一辈子生活在故乡的小城。

庞：你看，康德不就是一个很好的例子吗？

詹：你就知道康德，不对，你甚至不知道康德，那怎么不说说马可·波罗和徐霞客呢？再说了，不是只有更丰富才叫作意义。有的时候，就是人生中的加法做得太多了，我们要从被填满的生活里被解脱出来。"世界很大，我还想看看"，不一定是为了丰富，而是为了挣脱，生活不是只有眼前的苟且，还有诗和远方……我为什么走上了和你一样不断引用俗语、诗歌的道路？

庞：那就别整那些有的没的。去远方一趟，你就拥有了诗和远方吗？不会的，你还是得回来面对眼前的苟且。旅行不是挣脱，不过是暂时的逃避。旅行不会帮人解决问题。

詹：旅行不必帮人解决问题，逃避本身就是它的意义。

庞：问题就出在有你这样高估旅行的意义的人，把它当作解决问题的方法。

詹：所以问题出在高估旅行的意义，但这没有证明旅行的意义被高估了。旅行不是一切，它只要是一种就可以了。

庞：旅行当然可以是一种，问题出在很多时候它被美化成了一切。它代表着见识，代表着有质量的生活，代表着身体和心灵的放松、再出发，代表着疲惫生活中的自我奖励和从这种疲惫当中挣脱出来的方法。可是旅行不是这么浪漫的，有质量的旅行需要非常认真地准备和实践，是很累的，而没有质量、说走就走的旅行，则可能因为没有质量，一样让人觉得累。白银马拉松越野赛因为极端天气和预警不足造成二十一人死亡的悲剧，我读到一篇很有感触的文章，说我们想要靠近自然、靠近野性，可是越想靠近，其实越需要文明社会中极致的保护与最专业的预警、补给、救援。当你把旅行当成解决问题的手段的时候，你既想要它陌生，又需要它熟悉，现代化的桃花源是不存在的。

詹：我小时候的旅行有两种，一种是去看现代化，一种是去看桃花源，它们都是我的诗和远方。说我们的逻辑问题又回到这里，是你高估了我们对旅行的期待，然后指责旅行满足不了这样过高的期待。从前读书的时候，特征是穷、精力旺盛、闲，那么就努力做攻略、当背包客打卡；现在工作，特征是没那么穷，但是忙、累。我上一个假期，就在北海道坐着火车漫无目的地从东到西，一直发呆，看连绵不断的雪、森林和海，挺快乐的。因为我本来不要求它是一切，就不存在高估。

庞：我怎么记得你在火车上坐着坐着，看山南山北降雪量变了，还疯狂地研究季风、洋流呢？你真的得到了休息吗？你看，你是什么样的人，你在旅行中还是什么样的人，旅行不会改变你，这就是为什么大家说结婚前一定要一起旅行一次，因为人的本性在旅行里显露无遗。

詹：当然是休息。它在提醒我，我在乎的东西不是只有合同，我甚至在乎季风和洋流。旅行使我重新回想起自己，让我的本性显露无遗,这不是很有意义吗?

庞:这些词让我害怕,用旅行找回自己?就好像人总会丢失自己,总要在旅行中去找,这有什么例子吗?

詹:在旅行中发现自己?《罗马假日》?

庞:没错,以为旅行总会像《罗马假日》,突然让人发现自己。事实是罗马古城天天有人去旅行,如果相机没被偷的话,大部分人能带上一些全是人的相片回去。把旅行描绘得这样浪漫、这样神奇,不是解脱,是在创造一种新的焦虑,让人把人生的答案归结于旅行。

詹:你知道吗?把旅行浪漫化,就是一种旅行的意义,因为有人用这种方法写了首歌,就叫《旅行的意义》。

庞:所以那首歌认为旅行有什么意义呢?

詹:"你离开我,就是旅行的意义"(唱),你看,我们对旅行的期待真的不高,还真就是暂时的空间上的移动而已。

庞:真的想要离开另一个人,光旅行不行,应该移居,所以旅行的意义被高估了。

詹:???

一川夜月光——高原青旅

犹疑再三，我还是不忍舍弃最后这个小小篇章，是关于我和朋友在藏族地区所建的小小青年旅舍，一个凡俗生活里小小的浪漫梦想。

从读本科的时候起，我跟着做农村和环保研究的教授，走过许多地方做社会实践。我在甘肃停下来，和两位藏族朋友一起，建起一间青年旅舍。

旅行走过许多地方之后，突然间它不再只是关于出发，而是像回家，像到达。那时我们想在藏族地区的草原推广环保理念，呼吁游客们珍惜生态脆弱的草原，但没有什么好的渠道，也没有资金。几个人几杯酒下肚，想到建家旅舍做大本营。酒醒之后，我们真就找地方、买地、修木房子、设计、装修、营业，都是自己动手动脑，或者找朋友们帮忙。建房子那两年，我号称为激发灵感，在全国和东南亚体验了好多青年旅舍、画了无数大饼蓝图。不过最后,因为经费不足,所有的设计蓝图,都没能实现。最后那栋在村舍间、小山前出现的三层小楼,平实无华,甚至没有一块三十米外能看清的招牌。但每次想起一生中最让我骄傲的事,不是高考、上哈佛,也不是获得 BB King[①]、辩论冠军,而是开了这家小旅舍。

临去法学院的那个暑假,小楼已经建好,我带着几个好朋友,住进了我们尚未开张的旅舍。我们几个和藏族大哥一起,开着皮卡车去兰州买家具。几个人都是小孩心性,椅子和床还没买上,先想买一个烧烤架,放在屋顶空荡荡的阳台上,晚上对着青藏高原苍茫的星空,喝着青稞酒,烤肉吃。

我们组装家具,申请营业执照,在小街巷里买藏式装饰品,贴上了打印出来的第一个招牌,第一次在预订网站上注册,然后在一个微醺的夜晚,为它写下了第一篇创业手记。

每到晚上八点,夕阳的余晖会为大山镀上暗红的颜色,这青藏高原上苍茫冷峻的群山,才终于有了一丝温柔的神色。

这里是五月的甘南,青藏高原的东部边缘,西接青海,北望敦煌,南临九寨的山原。五月里依然大风寒冷,晴雨不定,落雨便成雪,云吹散后,夜里会有漫天朗星。

甘南的中部,是小城夏河。雪山草原,环抱城中唯一的长街。

[①]指的是辩论王者,是"爱奇艺"说话达人秀节目《奇葩说》年度冠军的称号。——编者注

不贵的诗和远方——旅途记忆

一头连向城外，一头连向藏学府拉卜楞寺。我们的小小旅舍，便在长街近旁的小村里。

群山之外，是风格迥异的黄土高原。从兰州往西南穿过四公里的七道梁隧道，绵延的黄色梯田，就化为灰绿的大山。西去夏河边的临夏，回族世代居住的地方，四十余个清真教派划地而居。传说回民之前是七户养僧制，因此几乎每隔百米，就会有风格迥异的清真寺。

近旁的和政，是少有人知的古生物伊甸园。铲齿象用它的大铲牙，记录着这里一千五百万年前水草丰美的样子。

自此往南，就开始爬阶梯，上青藏高原了。

和黄河一样，大夏河在流经黄土高原以前，并非浑黄的颜色，在桑科草原，"弱小"的它还清澈见底。传说此地比邻西夏，因此名夏河。1709年夏天，第一世嘉木样活佛从拉萨归乡弘法，走到夏河边，在叫作扎西的草原上，见到叫扎西吉的藏族女子，在给叫扎西的牦牛挤奶……总之，这里集齐八个扎西，因此嘉木样活佛在此建寺，取名扎西奇，即吉祥汇聚之意。扎西奇寺就是后来俗称的拉卜楞寺。

彭措大哥给我讲过许多旧时故事。历史上，寺庙之于藏族群众，是一切生活的中心。入寺庙苦学佛法，期有大成，几乎是贫寒子弟和家庭跻身贵族之列的唯一机会。幼时贫苦的彭措大哥，在十二三岁的年纪，就出家为僧了。"可我还是没能看破红尘，后来又还俗了",讲到此处,大哥总是羞涩一笑,露出两个酒窝。

旧时拉卜楞寺,便是甘南的中心。传说它当年下辖百余寺,从甘肃、青海、四川,以至山西、北京。可惜群山不能为它隔绝历史。到民国年间,拉卜楞藏族军队与青海回族军队交战落败,四世嘉木样活佛归附兰州,甘南才成为甘肃的一部分。而后历经沧桑,七层佛殿曾被强拆为电影院,大佛像被砸来炼钢铁。

渡尽劫波,九十余间佛殿与万余间僧舍恢复原貌,日日有诵经声传出。数千佛教徒在此研习佛法,受到虔诚信众的供养。政教合一的历史远去,信仰依旧长存。

在这红衣佛教徒漫步街头的小城,我们搭起三层小楼,开始了自己的环保青旅梦。历经两个短暂的夏天和两个漫长的严冬,每根原木,每个窗框,几乎都是依靠彭措大哥和索南草大嫂的两双手。而今,"呼叫旱獭"已在山前,已在晨光之中。

我们想用传统的藏式风格、全木的房子,对环保NGO(非政府组织)的支持,对志愿者的帮助和培训,对环保生活方式的应用和推广,以一切可能的方式,为脆弱的草原,出一份力。

也许是因为三千米的海拔,每次爬上小旅舍的屋顶,我都会有怦然心动的错觉。在这里遥望远山明月,总有不期然的莫名感动……我们努力,我们做到了。

外公曾是驻藏十多年的老兵,在外公的故事里,自幼对青藏高原有原始的亲切。当他离去后,每每回到高原,想到能为它做点什么，就在心里当作了遥远的纪念。

两年前的冬天，我跟随逢时老师走进甘南高原，至今想来真是极为幸运的事。年轻的浮躁，突然就在苍茫的雪山和大哥、大嫂质朴的笑容里，找到了抚慰，我好像突然长大，懂得了为别人活着的快乐。和喜爱的人一起做一件有意义的事，多么开心，多么骄傲。

夜已深，彭措大哥还在认真做着每一张小木床。他闲下来休息的时候，我们会围坐在炉火旁，听他讲藏传佛教的故事。大嫂在一旁偷偷眨眼，跟我耳语"别听他乱说"。

大哥整晚赞美了宗喀巴大师和他的格鲁派，反倒让我喜欢上被驳倒的觉囊派，不求"自空"，而求"他空"，不见，就不会烦恼。

不过最后还是宗喀巴大师略高一筹，传说他十万长头磕到将尽，豁然见了佛光，聚上所有弟子，在大铜盆里倒进了所有人的酥油。交融无碍。

"他就这样讲起了缘起性空，"彭措大哥说，"就像我们此刻坐在一起，也是缘起。"

是啊！一切是缘，大哥憨憨的笑，大嫂俏皮的坏笑，让这十年前踏上总觉得神秘可畏的高原，此刻如沐夕阳，亲切无边。

那年（2015年）5月，甘南还很冷，我们几个刚从香港过去，立时被冻傻了，四五个人每晚把所有衣服裹在身上，挤在一张床上，实实在在地抱团取暖。白天在冷和流鼻血里醒来,装家具,刷油漆。吃的东西很单一,不是街口的牛肉面,就是自己在小煤炉上烤大饼。有一天,同去的伙伴非要做个让我们这些文科生啧啧称奇的物理实验,用纸叠成小盒子,放在炉子上热牛奶喝。结果盒子确实没有被烧毁,但是翻倒了,我们的新炉子从此一脸黑。那晚,大哥、大嫂说为了庆祝装修基本完成,要出门吃顿好的。我们已经在高原住了好几周,一时十分欣喜,满脑子是烤鸭、小龙虾,结果那天晚上,我们下了馆子,上来好几笼包子,不是牛肉的,就是韭菜的。

甘南的生活大抵如此。夏河县城不大,出了拉卜楞寺,就是长街连向村里。蔬菜很少,每天早上有小卡车把菜运上高原,在村里短暂停留,要早早去抢。有时候我们去大嫂家吃饭,她爸爸、妈妈都是当地藏民,纯朴的老阿爸、老阿妈,不会说汉语,只一个劲儿地给我们加茶加饼。酥油拌上米饭,不习惯的人难以下咽,习惯的人可能上瘾,放上白糖和人参果,吃起来又饱又暖。那时候旅舍还没有热水和暖气,我们每晚听大哥讲故事,喝些青稞酒,喝到身子暖了,立时就去睡,否则会冷得睡不着。白天除了干活,为了拍几张漂亮的宣传照,我们爬到寺庙对面的山上,碰上高原反应,坐下就站不起身。

可那是我人生中最快乐的时光之一。那年夏天,我收到一个综艺节目的邀请,要飞到南京去参加。大哥、大嫂不让我走,我说录节目时，我借机给旅舍打个广告（后来广告打了，可惜被剪掉了）。夏河只有隔天一趟去西安的航班，碧天之下，深绿的青藏高原和一旁渐渐泛有绿意的黄土高原，轮廓分明，回头一望还有雪山穿插其间。我目不转睛地望着那片山原，一时感到无限哀愁，觉得人生中不会再有这样纯粹的时光了。那次飞到南京，节目组给我们订了很好的酒店，我穿着好久没洗的藏式棉袍，一脸尘土，差点被酒店保安拦在门外，就好像突然从世外回到了现实。

大哥、大嫂是最快活又真诚的人。那时候我们凑的钱花得差不多了，装修起来捉襟见肘，但他们还是买了几万块的藏族手工编织毯，铺在大炕上。要问为什么，就是我们这里号称"藏式旅舍"，藏式房子就得是这样。除了坐毯，他们又叫我去买一样贵的挂毯。我满口答应，到了市集上，忍不住先逛了一家藏式衣装店，看中一条大围巾。猛然发现，围巾和挂毯差不多大小，花纹也是一般。我计议已定，买了围巾，先挂好了，才叫大哥、大嫂来看"花色"。结果他们连连说好，我才笑说，这围巾的视觉效果和挂毯一样，只是便宜了一百倍。那天大哥、大嫂一边夸我机智，一边心里放不下，我好说歹说，才让他们信服，这是装饰，不比铺在炕上的毯子，不是骗人。我自己，一边觉得好笑，一边觉得他们好实在。

我于布置旅舍的事，全无经验，床也钉坏了两张，但是大哥、大嫂对我的审美始终很有信心，被我忽悠忽悠，几乎言听计从。

三楼的窗帘，我不安分地每间各选了一个花色，各取了一个雅号，又有一番道理好讲。门帘又有四五种花色，哪个在中间，哪个在边上，我说要符合配色美学，大哥也全听我的。等我选定，他也不用锤子，"一指禅"一发力就用图钉把门帘钉上了。那天扯了布，我跟大嫂一起走远路，去村里唯一的裁缝家做窗帘。我们在裁缝家喝起了酥油茶，谁也不着急，一边聊天，一边看着那爷爷裁布。我坐在他家台阶上，望着他家小小一间院子，院子里有一棵开了花的梨树，在青藏高原的阳光下白得耀眼。

忽然间觉得生活真美。在香港那样人人步履匆匆的地方住了六年，这里的生活简单得如同幻觉。

我想起小时候喜欢的席慕蓉的一首诗：

我喜欢出发 / 喜欢离开 / 喜欢一生中都能有新的梦想

千山万水 / 随意行去 / 不管星辰指引的是什么方向

我喜欢停留 / 喜欢长久

喜欢在园里种下千棵果树 / 静待冬雷夏雨 / 春华秋实

喜欢生命里只有单纯的盼望 / 只有一种安定和缓慢的成长

此刻就是停留，就是长久，就是单纯的盼望。院子里只有一棵开花的树，但已足够。

离开夏河，我就去了哈佛读法学院，"新的梦想，千山万水"。

在法学院的日子很苦,一年到头,只有那么一两天,我给自己放假,去看看秋天和码头。波士顿的天也很蓝,秋天很清冷,我想起夏河,五月的夏河,和十月的波士顿一样,明亮的阳光,刮着清冽的寒风。不落雪的日子,也一样色彩浓烈,黄与绿的草原,穿红袍的佛教徒,白色的庙墙。

在法学院的日子过得很快,没有一天时间是够用的,窗外教堂的钟楼,每十五分钟就敲响一次,好像在不断提醒人时间的流逝,书读不完,连走神都不被允许。而夏河的日子却过得很慢很慢,起伏的高原上,略一匆忙就带着喘息。日影那么长,仿佛时间也被大风吹得呆了,只偶尔地流动。

我初去夏河开旅舍的时候,我妈不明白我们怎么选中了那里,除了缘分,夏河这个名字少有人知,想来不会成为旅游热门地点,交通不便,环境也艰苦,又没有什么打卡的景点,想不出谁会把珍贵的假期用在那里。

后来我妈去了一次,她就懂了。生活在那里,眼看着日子一点点慢慢地过,本来就是假期的意义。

去那里的人,都容易把日子过慢。我起初还有个计划,周围几座藏传佛教的寺庙也做了攻略,后来景点也不想去了,只一天天拖下去。我妈当然不改本性,是闲不住的,帮我们做义工,整天拖地刷碗,跟天南地北的游客聊天,组了团进藏旅游,跟荷兰学生学英语,跟印度游客练瑜伽。但她也拖延了,一天天不想回家，待了一个月又一个月，直到夏尽秋来大雪封山，旅舍歇业了才作罢。

我们办旅舍最初也有宏图大志，一家办好了，再办分店。可是办了几年，只有夏天营业，游客不多，价格也便宜，算来算去，总要三五十年才能回本，后来大家索性不算了。

我当初在电视台的一个演讲比赛上赢了，拿到十万块奖金，人生中第一个大投资以"不算了"告终，可谓失败。可是，那年我们开着大哥的皮卡车去兰州买家具，路上在小河边休息，望着青藏高原典型的巍峨凛冽的山，只觉得心里十分温暖。我真诚地想，二十几岁了，一直在读书，一直是社会哺育我、生活厚待我，而今我也终于做了一点小事，回报它了。

一路写来那些事，读书、考试、辩论、比赛，每每都会自问图什么，只有想清楚了图什么，才会知道该怎么去做。可是终于也有点什么事，你问，你图什么呢？你的回答是，不图什么。就想做一件有趣的、快活的事，不好吗？

以前读书久了，总觉得自己和社会之间是悬浮着的，没有烟火气的联系，好像它可以轻易地把我甩出去，我一直享受它的馈赠，后来是我在它当中谋生活，但我觉得，它不太需要我。直到那一刻，在买家具的路上，或者忍冻在屋顶看星星的时候，我觉得我不只和社会联系着，我和这里的山与水，也都联系着。

我们离开了故乡，又遇到新的故乡。我们总想要旅行，去新的地方，但也想停留和长久，想和土地产生联系，想远行好似归去。

一定不是只有双子座才会这样吧？自始至终，我们都有两个梦想，一个是出发，一个是停留。一个节奏缓慢，笑容痴痴淡淡，带着全副身心的慵懒。那里的愿望简单，如围坐炉火，只是安然等待。另一个跳跃忙碌，如一树斑驳秋叶，绚烂时亦迷茫。一个累了，会追问自己当初为什么想要远行；另一个散漫久了又会寂寞，会重新明白，园中种下了千棵果树，却等不及冬雷夏雨，住下一阵子便要走的。

我只得和夏河道别，且一别经年。它永远是一个遥远的安慰。可是这安慰很重要。我们走了很远的路，其实不过是为了这些偶然的停留，那一刻面对山河，觉得平日忙忙碌碌的生活全与自己无关了，这个平日不太确定是否和自己有关的世界，却又和自己有关了。我是它的一部分，我要拥抱它。

这仿佛是个毫无意义、一无所成的梦想，可是没有意义，有时候就是梦想的全部意义。一路上总想要不断得到，似乎又是为了得到一些，和得到完全无关的时刻。

后记——明日又茫茫

谢谢你看到了这里。

这本书写写停停，有时录节目，有时加班，又是两年过去了。整个过程中我还一直在怀疑，这本书真的值得写出来，被看到吗？可是，就像人生中许多其他的事情一样，想是想不出答案的，就一直写下来了，等待生活给我答案吧。

我对被邀请写这本书的机会，和对人生中许多其他意外的机会一样，充满感激，我觉得我是太平凡的人。这机会落到我面前，我只能尽力抓住，准备好了它又会被风吹走。也许这就是这些故事的全部价值，一个没有很多天赋、没有"煊赫旧家声"、没听说过学区房的小孩，在一个平凡的、期待和要求很少的，但鼓励和陪伴很多的、充满爱的家庭里长大，可以是独立和自信的。一个从小成绩平平、自我感觉不良好，也没有任何野心，但对外面的世界和书里的世界非常好奇，没有特别的目标但每一天坚持缓缓地努力的人，也可以去很多的地方，见很大的世界。

每一次，我爸跟我聊一个新想法、新可能的时候，我都觉得太远了，根本轮不到我，根本不可能够到，他就提醒我，想想五年前你在干吗，那时候你会想到今天吗？

那就等等看吧，人生的每一个五年，最后都不是我曾想象过的样子，但又仿佛都是。

我说世俗的成功给人自由，那种不被他人的说教干涉的自由，这个想法是发自内心的。当我开始考年级第一的时候，来教我该怎样生活的人就少了一半；当我考上哈佛以后，我妈身边就没有人给我介绍相亲对象了。但我接受很多不同意，以及各种不同意的理由。

对我来说，我没有什么更好的选择，我想要离开的地方不是故乡，是那种人们都觉得可以对三十岁不结婚的我指指点点的境遇。我下定决心要到离它很远的地方，活得精彩纷呈、玄妙莫测，一时律政圈，一时娱乐圈，让所有想要对我指点人生的人无从下嘴。

我的小学数学老师骂我是笨猪的时候，我也想过要向她证明自己的悲愤，不过，渐行渐远，这旅途中惊喜不断，她便早已不重要了。

世俗的成功是路径，但不是答案，要用这份自由，去追寻更多的自由、更丰富的人生、更大的世界才是。但在这长长的旅途里，仍要每一天、每一天地过，尽力享受，尽力学习，尽力玩、爱和快乐。

我和几个好朋友开公众号的时候，每个人写了一段自我介绍，这是我很喜欢的一段文字，是自己很造作但又最真实，很俗气但也最理想的样子。

一心想走高冷文艺路的"叨半仙网红体"的每一天：

道法自然，饿了就起。披上绘着橘红色大朵木芙蓉的不纯丝绵白袍，端过青花水云纹的塑料莲花香座，焚上一支有时提神醒脑有时静心安眠的平价藏香，再从高仿汝窑碧、青、苍、白四色茶盏中精挑一只秋意最浓的，倒上一杯牛奶，铺开十二色水溶铅笔并四五款鹅毛蘸水笔，在"深海"和"月光"色的墨水间彷徨片刻，细查了单向历，确知今日并非不宜读书，便可临窗坐下，"把人间万事，从头放下"，一心一意，读她的《证券法》。

她的人生信条是，大俗，大雅。

致 谢

终于到了写致谢的时候,这意味着本书历经多次拖稿,终于写完了,谢天谢地。

谢谢我的编辑们,邀请我,鼓励我,帮助我,以及等待我,终于把它写完了。虽然我已经多次错过合同中约定的交稿时间,但谁也没提罚款的事儿。他们只是每一年默默地问我,自序中的"我二十九岁了"是不是应该修改了。

谢谢他们包容我一些怪异的坚持,比如目录最重要的是要押韵之类,毕竟他们知道我"偏要勉强"。出一本书是人生中全新的体验,他们以对每一个细节的用心告诉我,把一本书呈现在世人面前,是要经过许多人漫长的共同努力的。这三年里,除了被催稿时,我们共度了一段快乐的时光。

谢谢我妈。从告诉她我要写这本书的那天起,我妈就热情地表示要参与到创作之中,要把她记忆里的趣事写下来,分享给我。然后便因此拖延至今，她也成为我拖延的"甩锅"对象。

那么也谢谢一下我爸，他为本书提供了许多重要的建议，虽然被采纳的不多，但他还是敬业地做着我的"事业粉"。

谢谢我的好朋友阿庞。我其实一直没有自信，不确定这本书的阅读体验能否达到有意思或是有趣。作为一个不太喜欢读书的朋友，阿庞很快地读完了这本书的初稿，告诉我"是好看的"，给了我极大的鼓励。

谢谢我的粉丝们，你们对这本书怀有期待，像编辑催稿一样，给了我动力。谢谢你们日后让我觉得分享是一件有意义的事。"平步客"们，希望你们日后平步青云，比我走得更高更远。

谢谢过往的日子里，所有给过我善意、启发、帮助的人，以及所有有趣的人，"啊！人生，原来就是，和那些事，和那些人，相遇的过程"。

就在我写完这篇致谢的时候，我妈告诉我，小时候住过的工厂要拆迁了。这一年因为疫情，我一直没有回家，故乡本就十分遥远，终于要消失不见。"故乡的面貌却是一种模糊的怅惘，仿佛雾里的挥手别离。"

告别，再出发。总是这样。你读完这本书，如我此刻写下这一页，小小的完成，下一刻又是新的开始。

"千山万水，随意行去"，永远不要低估自己可以走到的地方。趁着年轻，我偏要勉强。